社会工作介入：

迈向治理的
农民工社会管理

刘 艳 文　　著

SOCIAL WORK INTERVENTION:
SOCIAL MANAGEMENT OF
MIGRANT WORKERS TOWARDS GOVERNANCE

中国社会科学出版社

图书在版编目（CIP）数据

社会工作介入：迈向治理的农民工社会管理 / 刘艳文著. —北京：中国社会科学出版社，2020.12
ISBN 978 - 7 - 5203 - 7647 - 1

Ⅰ. ①社… Ⅱ. ①刘… Ⅲ. ①民工—社会管理—研究—中国 Ⅳ. ①D422.6

中国版本图书馆 CIP 数据核字（2020）第 255852 号

出 版 人	赵剑英
责任编辑	马 明　孙砚文
责任校对	王佳萌
责任印制	王 超

出　　版	中国社会科学出版社
社　　址	北京鼓楼西大街甲 158 号
邮　　编	100720
网　　址	http://www.csspw.cn
发 行 部	010 - 84083685
门 市 部	010 - 84029450
经　　销	新华书店及其他书店
印　　刷	北京明恒达印务有限公司
装　　订	廊坊市广阳区广增装订厂
版　　次	2020 年 12 月第 1 版
印　　次	2020 年 12 月第 1 次印刷
开　　本	710×1000　1/16
印　　张	15.75
插　　页	2
字　　数	235 千字
定　　价	88.00 元

凡购买中国社会科学出版社图书，如有质量问题请与本社营销中心联系调换
电话：010 - 84083683
版权所有　侵权必究

目　　录

第一章　绪论 …………………………………………………（1）
　一　问题提出 ………………………………………………（1）
　二　研究意义 ………………………………………………（8）
　三　研究框架 ………………………………………………（11）
　四　研究方法 ………………………………………………（12）
　五　创新与不足 ……………………………………………（16）

第二章　文献回顾与概念厘定 ………………………………（19）
　一　社会管理和治理研究 …………………………………（19）
　二　农民工社会管理研究 …………………………………（24）
　三　相关概念厘定 …………………………………………（34）

第三章　农民工社会管理的情境分析 ………………………（40）
　一　农民工流动的历史变迁 ………………………………（40）
　二　农民工流动的总体变化 ………………………………（45）
　三　农民工流动的个体故事 ………………………………（50）
　四　农民工流动的管理挑战 ………………………………（56）

第四章　农民工社会管理的实践考察 ………………………（59）
　一　农民工社会管理的历史变迁 …………………………（59）
　二　农民工社会管理的政策效果 …………………………（63）

三　农民工社会管理的模式思考 …………………………（79）

第五章　社会工作介入农民工社会管理的逻辑探寻 ……………（92）
　　一　社会工作介入农民工社会管理的必要性 ………………（92）
　　二　社会工作介入农民工社会管理的可行性 ………………（105）
　　三　社会工作介入农民工社会管理的基本内涵………………（112）
　　四　社会工作介入下农民工社会管理的主要特征……………（115）

第六章　社会工作介入农民工社会管理的行动框架………………（120）
　　一　社会工作介入的知识框架 ………………………………（120）
　　二　社会工作介入的行动框架 ………………………………（125）
　　三　社会工作介入的实践路径 ………………………………（135）

第七章　社会工作介入农民工社会管理的制度主义路径…………（138）
　　一　现行管理制度下的农民工生活 …………………………（138）
　　二　社会工作介入的主要策略 ………………………………（149）
　　三　社会工作介入的案例分析 ………………………………（155）

第八章　社会工作介入农民工社会管理的社会整合路径…………（167）
　　一　农民工社会整合的基本状况 ……………………………（167）
　　二　社会工作介入的主要策略 ………………………………（173）
　　三　社会工作介入的案例分析 ………………………………（179）

第九章　社会工作介入农民工社会管理的增能赋权路径…………（190）
　　一　农民工权能的基本状况 …………………………………（190）
　　二　社会工作介入的主要策略 ………………………………（197）
　　三　社会工作介入的案例分析 ………………………………（200）

第十章　结论与讨论 …………………………………………（214）
　　一　基本结论 ………………………………………（214）
　　二　几点讨论 ………………………………………（217）

参考文献 ……………………………………………………（223）

后　记 ………………………………………………………（245）

第一章　绪论

一　问题提出

改革开放四十年是我国大变革大发展的四十年。我国的政治、经济、文化和社会各领域均发生了翻天覆地的变化，社会主义市场经济体制、政治体制、社会体制得以全面确立，中国特色社会主义道路自信、制度自信和文化自信不断彰显，中国制造、中国经验唱响全球。四十年间不变的现实是：在经济体制转轨、政治制度转型和社会结构变动的宏观背景下，全国范围内大规模跨区域广泛流动的农民工现象始终存在。2018年国家统计局发布的《2017年农民工监测调查报告》显示，2017年全国农民工规模达到2.8亿人，比2016年增加481万人，增长1.7%，增速比2016年提高0.2个百分点[1]。当然，在这种宏大不变的脉络中也有一些不容置疑的改变：农民工流动区域在地理空间上发生了明显的位移；农民工群体的主力发生着时间维度的世代轮替；不管人们是否认同，农民工这一数量庞大、独具中国特色的群体深刻地影响和改变着人们的日常生活和社会的整体结构。

规模宏大且不断增长的农民工流动和迁徙为我国经济的腾飞、社会的发展、工业化和城镇化的快速推进提供了源源不断的动力，成就了享誉世界的中国速度和中国奇迹。在2004—2014年的十年里，我国的城

---

[1] 国家统计局：《2017年农民工监测调查报告》，http://www.stats.gov.cn/tjsj/zxfb/201804/t20180427_1596389.html。

镇化进程大概有25%是由农民工做出的贡献①。与此同时，农民工的大规模流动也给整个国家的社会治理特别是城市治理带来严峻挑战，考验着党和国家社会治理的智慧和勇气：第一，长期饱受排斥、无法融入城市社会的农民工正在成为社会管理中最重要的潜在风险。与农民工的巨大贡献形成鲜明对比的是，农民工在城市社会发展中获得的收益与回报相当少，就业、医疗、住房、社会保障和子女教育等问题长期困扰着农民工。在社会结构网络中，农民工群体长期处于产业边缘、城乡边缘和体制边缘，尽管身处城市，却很难以和城市户籍居民享有同等的就业权、社会保障权、公共服务权等权利，由此形塑了农民工双重社会身份、双重社会地位和双重社会生活的群体特征②。在社会制度与社会结构的长期排斥下，在传统与现代、农村与城市的急剧变迁中，在社会政策滞后、价值观念多元等诸多因素交织影响下，农民工的剥夺感不断蔓延、社会焦虑情绪逐渐滋生、社会价值观充满困惑、社会冲突意识不断强化，农民工自杀式讨薪、群体性维权事件不断增加，且伴随农民工第二代、第三代的成长，在民主政治浪潮、个体化浪潮的裹挟下，存在愈演愈烈的巨大风险。第二，由于社会体制没有能够有效地调和农民工向大城市流动的趋势与户籍制度改革的矛盾、农民工向沿海城市集聚的趋势与区域间资源配置政策的矛盾、农民工跨区域流动趋势与公共服务供给体制的矛盾等众多矛盾，农民工社会管理成为各级地方政府特别是大城市社会治理的共同性"难点"和"痛点"。人口的高速增长和落后的基础设施之间的巨大供需矛盾给大城市特别是北上广深等特大城市带来了巨大的公共服务需求以及基础设施压力，而城市的供应状况却明显不足，许多城市的公共设施和公共服务体系长期处于超负荷运行状态。在北上广深等特大城市，现有的基础设施、市场设施和公共服务供给体系是根据十多年前的人口规划来投资建设的，但现在实际上的人口增长已经远远超过了多年前的预测③。为缓解公共服务压力，北上广深等特大

---

① 蔡昉：《如何使城镇化成为不可逆的过程》，《财经智库》2016年第1期。
② 王祥兵：《农民工社会管理创新研究》，中国工人出版社2013年版，第3—4页。
③ 杨东平主编：《中国流动儿童教育发展报告（2016）》，社会科学文献出版社2017年版，第31页。

城市不得不推行人口、产业和功能的疏解政策，对人口流入进行行政调控。而这种做法显然既不符合人口自由流动的规律，也不符合政府职能转变的要求，因而饱受诟病。

为防范农民工问题可能引发的社会治理风险，进入21世纪以来，党和政府相继实施和调整了一系列直接或间接影响农民工权益的重大政策，并于2006年基本形成了一整套旨在改善农民工就业与生活问题，维护农民工合法权益，促进农民工社会融合的农民工政策，对农民工的劳动就业、社会保险、住房保障、卫生安全、教育培训等权益做出了相关规定。同时，在法律层面也开始逐渐承认农民工的社会地位，大力保障农民工的合法权益，2008年的《劳动合同法》赋予了包括农民工在内的所有劳动者平等就业的机会，2010年10月通过的《社会保险法》第95条更是明确规定"进城务工的农村居民依照本法规定参加社会保险"。这也是国家级法律中第一次在条款中对农民工的权益予以确认。党的十八大以后，伴随以人为本的新型城镇化战略的提出，中央政府开始以强有力的姿态推进农民工（农业转移人口）市民化。从党的十八大报告、《中共中央关于深化改革若干重大问题的决定》，到《国家新型城镇化规划（2014—2020年）》《关于进一步推进户籍制度改革的意见》，再到《关于实施支持农业转移人口市民化若干财政政策的通知》，以及最新的党的十九大报告，密集出台的中央政府文件都在"着意于如何有序地撤除阻碍这些'农业转移人口'进入普遍性的城市公共服务体系的户籍身份壁垒，推动他们和城市原住居民一样平等地共享城市经济、社会、文化生活的机会"[①]。

在过去的三十多年中，农民工以一种几乎被完全忽略的沉默，完成了从谋生存到求发展的完美蜕变，从最卑微到最不可或缺的华丽转身，对农民工的管理也从最初的严控、限流逐渐转向扶持、服务。政策制定者逐渐意识到，要想有效地引导农民工这一股社会力量，就不能依旧专注于追求眼前的利益，而是应该在更高的觉悟上谋求新形式

---

① 王小章、冯婷：《从身份壁垒到市场性门槛：农民工政策40年》，《浙江社会科学》2018年第1期。

的政策，尽最大努力朝着最有利的状况组合和塑造他们，以适应"流动的社会"给社会治理带来的巨大张力。特别是21世纪以来，国家法规和政策的出台与制定，体现了党和政府对农民管理的深刻思考与统筹谋划，反映了党和政府对农民工社会管理认识的深刻变化，农民工社会管理的重点从早期的以实现农民工有序流动的社会管控，逐步转向保障农民工合法权益保障以及促进农民工公共服务均等化的实现，寓管理于服务的农民工社会管理理念日渐明晰。在政策推行方面，城乡二元分割的劳动力制度得以明令禁止，《关于进一步推进户籍制度改革的意见》《居住证暂行条例》等系列户改新政得以在全国全面推行，居住证彻底取代了暂住证，不仅对农民工的自由迁徙权予以承认，还明确了其可享受到的基本公共服务，流动受到的体制制约全面消除，农民工群体面临的外在经济与政策条件得到明显改善，在制度的意义与逻辑看来，流动已经成为一个完全个人化的行为，是否流动、流往何处成为一种个体基于自身能力、资本、家庭等条件下的理性选择。但是个体流动制度的去约束化并不意味着农民工问题的全面解决。为农民工群体铺平城市生活的制度和政令虽然与日俱增，但是由于原则与人们的现实行动之间出现的巨大鸿沟，以及政策制定者多种利益意图导致的意识上的分裂，这些政策和调节正在以一种人们尚未发现的路径隐秘地发挥作用，以至于在城乡日益开放、人口流动日益频繁的新时空情境下，农民工问题不仅仍然在延续，而且正变得更加复杂化和尖锐化，农民工社会管理的任务更加艰巨和具有挑战性，主要表现在以下几个方面。

第一，农民工权益保障在现实层面仍未解决。尽管国家和地方层面的政策取得了一些成效，但是并没有从根本上解决农民工面临的各种问题，有些问题仍然亟待破题。以农民工工资拖欠问题为例，尽管在2003年时任国务院总理温家宝替重庆农妇熊德明讨薪事件后，国务院就提出要建立解决农民工工资拖欠的长效机制，印发了《关于切实解决建设领域拖欠工程款问题的通知》，并在全国掀起了声势浩大的"清欠行动"。最高法也出台相关规定要求对于农民工与用人单位的劳动争议纠纷，要快立案、快审判、快执行。但是到2017年，农民工工资拖欠问题仍然严重，每到年底仍然是各级政府严阵以待的重要工作任务，以至于2017年1月李克强总理不得不继续亲自为云南昭通农民工甘永荣讨薪，并将农民工欠薪问题定为2017年春节后第一次国务院常务会议的主要议题，亲自批示"要想办法拿出治本之策，决不能让广大农民工的辛勤付出得不到回报"。此外，农民工超时劳动、安全保护不足、工伤事故频发、职业病多发、文化生活匮乏、居住条件堪忧等经济、政治、文化、社会权益问题依然突出。

第二，农民工权利实现仍然存在困难。在法律层面，农民工已经取得了和城市户籍居民平等的社会地位，在顶层政策设计层面，农民工身为国家公民的社会权利已经进入政策文本。但是法律地位的平等并不意味着事实上的平等，政策文本的权利并不意味着事实上的权利，关键还在于法律和政策的落实。问题是受制于分割型的管理制度，地方政府不断强化的经济人理性等因素影响，期待各级政府主动向农民工倾斜资源只能是一种理想状态。对于农民工而言，受传统文化诉讼为非观念、长期以来弱势地位和非组织化状态的惯性影响，农民工主动维护自身权益的意愿和行动力明显不足。因此，农民工公民权利的普遍实现不管是客观上还是主观上都存在诸多亟待解决的问题。

第三，农民工机会平等成为新问题。近十年来，我国农民工权益保障政策的密集出台，最大的成果是对农民工社会权利的承认和认可，农民工作为国家公民的成员资格获得国家的确认，不再是社会结构中不被认可的"异类"。但是"成员"资格的确认对于解决农民工问题还远远不够。在市场经济条件下，市场在资源配置中起决定性作用，人们在充分竞争的市场制度中凭借自身市场能力获得相应的就业机会和经济社会地位，正如一些研究者指出的那样，农民工职业地位低于普通市民的原因并不是户籍身份带来的歧视，而是取决于人力资本尤其是教育的作用[1]。问题是农民工参与充分市场竞争的能力较差，

---

[1] 李培林、李炜：《农民工在中国转型中的经济地位和社会态度》，《社会学研究》2007年第3期；赵延东、王奋宇：《城乡流动人口的经济地位获得及决定因素》，《中国人口科学》2002年第4期。

而导致这种能力缺失的固然与个体因素有关,更多的原因还是长期以来城乡分割制度特别是城乡殊异教育制度的影响。换言之,由于历史的原因,农民工天然并不具有和城市居民同等的发展起点。因此,如何增强农民工的市场能力,让农民工获得与城市居民同等的发展起点,保证农民工的机会平等将是未来农民工社会管理必须着重解决的重要问题。

第四,农民工城市融入困难重重。尽管城乡二元体制日益消解,社会政策供给不断改善,身份排斥逐渐减弱,"社会交往内卷化、社会认同乡村化、就业渠道非正规化"等"半城市化"现象[①]在新老农民工身上均表现明显,农民工城市融入问题依旧真实存在,其城市边缘者位置没有因为外在制度环境的改善而变化[②]。刘传江将农民工的边缘化归纳为七个方面:工作性质边缘化、居住分布边缘化、社会地位边缘化、经济地位边缘化、社会心态边缘化、继承性边缘化、家庭模式边缘化。[③] 受人口基数大这一国情限制,现阶段我国的工业化水平还无法满足所有农民工均等化公共服务的目标,因此农民工"半城市化"现象势必在较长一段时间内仍将客观存在。如何在实际生活中满足农民工城市工作、居住而产生的需要诉求,拓展其社会交往的网络及其质量,化解其与相关利益者之间的各种社会矛盾,进而实现社区治理秩序新均衡,仍然是农民工社会管理的重要问题。

显然,我们迫切需要反思当前的农民工社会管理,特别是要思考农民工社会管理政策为什么不能产生预期的效果?除了不断完善政策,还有什么途径可以实现农民工社会管理的善治目标?在反思的过程中,人们注意到一个重要现象,那就是随着农民工问题逐渐受到政府和社会的重视,在沿海地区(上海、深圳、广东等)专业社会工

---

① 王春光:《农村流动人口的"半城市化"问题研究》,《社会学研究》2006 年第 5 期。
② 邓玮:《话语赋权:新生代农民工城市融入的新路径》,《中国行政管理》2016 年第 3 期。
③ 刘传江:《农民工生存状态的边缘化与市民化》,《人口与计划生育》2004 年第 11 期。

作在促进农民工融入方面的行动和项目日渐增多。东莞市从2011年开始推行"白玉兰女工驿站——企业女员工关怀计划",该项目由东莞市蓝天关怀公益服务中心负责实施,通过安排社工和社工助理进驻企业,从女工的学习、恋爱、婚姻、家庭、社交、自我提升等方面入手,运用优势视角发掘女工的潜能,为企业女工提供各类专业服务,通过丰富企业女工的精神文化生活,使其树立"自尊、自信、自立、自强"的自主意识。2011年7月16日,由《南方都市报》和中国扶贫基金会联合各界力量发起举办的"新候鸟计划"正式启动。东莞、佛山、珠海、江门四城联动,通过设置"新候鸟"社区服务点,为珠三角外来务工子女提供四点半课堂、心理圆桌等课外服务。"新候鸟计划"的基本模式为由企业或个人直接出资捐助一个"新候鸟服务点",当地政府提供场地、给予政策支持,《南方都市报》负责联系社工提供服务,呼吁社会各界齐关注,献爱心,整合各方资源,将力量最大化,政府、企业、公益组织、市民都可以参与进来。由南都公益基金会实施的以改善农民工子女(新公民)成长环境为宗旨的资助项目——"新公民计划"影响更为深远。该项目在全国范围内展开,主要包括两方面内容:一方面,资助民间组织开展为农民工子女服务的公益项目,包括:农民工子女道德辅导项目、学业辅导项目、健康成长指导项目、就业服务项目、生活方式辅导项目、社会交往指导项目以及改善农民工子女成长环境的研究和政策推动项目;另一方面,按照每所学校资助资金150万元至200万元的标准直接捐资兴办新公民学校,探索社会捐资、公民参与、民办公助的新公民学校办学新路子。

社会工作为农民工提供服务的兴起,在实践中为农民工社会管理提供了一种新的可能。实践既需要理论的指导,也需要理论的解释。农民工社会管理实践的发展迫切需要从理论上回答为什么农民工社会管理需要社会工作的介入,社会工作为什么可以成为农民工社会管理的一种新的可行力量,社会工作将如何介入现有的农民工社会管理实践,社会工作将给农民工社会管理带来何种变化等一系列问题。

二 研究意义

在经济发展进入新常态、社会发展进入新阶段的当下，社会工作作为一种社会治理的重要力量，其作用被不断认识和重视。根据农民工流动的新变化、农民工需求的新情况，以职业化、专业化与社会化的社会工作重新观照和不断创新农民工社会管理，是加强农民工社会管理创新的必然选择。

第一，推动社会工作介入农民工社会管理是对国际移民管理经验的有力借鉴。西方国家在城市化的进程中同样面临大规模的农村劳动力进城带来的社会问题激增、社会矛盾加剧、社会冲突增多和社会风险加大等一系列社会治理问题。顺应社会的治理需求，社会工作在西方社会萌芽，从最初的中产阶级自发组织的爱心慈善捐助，逐渐发展成为一门专门助人的专业和职业，其专业组织、专业队伍、专业价值、专业方法使之在解决社会问题、缓和社会矛盾、应对社会风险方面具有独特的作用和显著成效。在现代市场经济体系国家治理过程中，社会工作作为一项重要社会制度，与社会政策并驾齐驱，成为履行国家责任和满足公民福祉的有效工具。西方发达国家一方面通过社会政策建立起完整的福利体系来确保向公民提供基本的社会保护和福利权益；另一方面通过社会工作建立起富有效率和活力的社会福利传送机制来最大限度地满足公民的多样化、差异化需求。社会政策和社会工作的双管齐下提供了与市场相对的一种保护主义反向运动，有效地化解了私人资本和市场力量的负面影响，弥补了在社会福利提供过程中出现的市场失灵、政府失灵，从而增进了社会的公平正义，提升了人民的福利福祉，有效实现了社会整合和社会团结。我国专业的社会工作虽然起步晚，但社会工作很早就将农民工作为其重要的工作对象，在解决农民工困难、维护农民工权益、推进农民工城市融入等方面，社会工作发挥着极其重要的作用。我国农民工社会管理虽然有着自己独特的历史情境，但是仍然可以从西方国家的经验中获得丰富的借鉴之处。

第二，推动社会工作介入农民工社会管理是我国社会治理体系建设的必然要求。2002年党的十六大提出加强社会建设的战略任务以后，社会治理问题逐渐受到高层的重视。2004年党的十六届四中全会通过的《中共中央关于加强党的执政能力建设的决定》中第一次明确提出，"加强社会建设与管理，推进社会管理体制创新"[1]。2007年党的十七大报告进一步明确"建立健全党委领导、政府负责、社会协同、公众参与的社会管理格局"[2]。2011年我国第一份关于社会管理的正式文件——《关于加强和创新社会管理的意见》正式出台。2012年党的十八大报告在论述中国特色社会主义事业总体布局时，正式将社会建设纳入其中，提出加快形成党委领导、政府负责、社会协同、公众参与、法治保障的社会管理体制，加快形成政府主导、覆盖城乡、可持续的基本公共服务体系，加快形成政社分开、权责明确、依法自治的现代社会组织体制，加快形成源头治理、动态管理、应急处置相结合的社会管理机制[3]，系统地构建起中国特色社会主义社会管理体系。2013年中共十八届三中全会通过的《中共中央关于全面深化改革若干重大问题的决定》专用一节论述了"创新社会治理体制"[4]，把社会体制改革纳入全面深化改革的主要任务，把社会治理纳入国家治理体系和治理能力现代化的总目标，社会管理进入"社会治理"的新阶段。2017年十九大进一步提出"建立共建共享的社会治理格局"[5]。在短短的十几年中，党和国家应对社会复杂性政策话语发生了明显的转变，但不管是社会管理还是社会治理，都饱含

---

[1] 《中共中央关于加强党的执政能力建设的决定》，《人民日报》2004年9月27日第1版。

[2] 胡锦涛：《高举中国特色社会主义伟大旗帜 为夺取全面建设小康社会新胜利而奋斗》，《人民日报》2007年10月25日第1版。

[3] 胡锦涛：《坚定不移沿着中国特色社会主义道路前进 为全面建成小康社会而奋斗》，《人民日报》2012年11月18日第1版。

[4] 《中共中央关于全面深化改革若干重大问题的决定》，《人民日报》2013年11月16日第1版。

[5] 习近平：《决胜全面建成小康社会 夺取新时代中国特色社会主义伟大胜利》，《人民日报》2017年10月28日第1版。

着政府和社会组织（社会工作组织）对社会公共事务进行合作治理的内在意蕴，都要求发挥社会组织（社会工作组织）的管理（治理）主体作用。正如李培林教授指出的，"现代社会管理既是政府向社会提供公共服务并依法对有关事务进行规范和调节的过程，也是社会自我服务并且依据法律和道德进行自我规范和调节的过程"[①]。农民工社会管理作为社会治理的难点和重点，尤其需要发挥社会工作组织社会治理主体的角色和功能。

第三，推动社会工作介入农民工社会管理是满足农民工需求，提升农民工福祉的必然选择。从农民工群体的整体而言，农民工进城，不仅是身体和劳动进城，更是各种需求的全面进城。在脱离了农村公共服务体系之后，为了保证城市生存的基本条件，农民工迫切需要政府为其提供基本的就业、住房、教育、医疗、社会保障等公共服务。而且随着农民工由个体流动转向举家流动，从城市适应到城市融入的阶段转换，这些服务和保障的需求呈现出数量不断增强、水平不断提升的趋势。就农民工群体内部而言，农民工在流入城市后，在城市产业分工体系的影响下会因先天禀赋、个体努力程度的差异而产生内部的职业分化、收入分化乃至阶层分化等"二次分化"。随着新生代的崛起，农民工群体还在经历群体的代际更替与变迁。总之，当下农民工不再是铁板一块，而是在群体内形成众多的亚群体，这些不同亚群体的价值观念、行为方式、对公共服务的需求、对社会治理的参与显然都存在明显的差异。如果还按照以往那样，简单将农民工视为一个同质性的整体，无视农民工需求的差异化，单纯依赖政府制度创新及其服务提供，显然既是不科学的，也是缺乏效率的。面对农民工及其需求的多元性、异质性、复杂性变化，社会工作将更有助于满足时刻存在和变化着的农民工需求，让农民工更好地分享社会发展的成果，提升农民工的社会福祉。

---

① 李培林：《创新社会管理是我国改革的新任务》，《理论参考》2011年第3期。

三　研究框架

本书将农民工社会管理置于社会工作的宏大视野，紧扣社会工作介入农民工社会管理主题，在对农民工流动与农民工社会管理现状进行基本分析基础上，着力从理论上探讨社会工作介入农民工社会管理何以可能、何以可为、如何而为等问题，以期构建起社会工作介入农民工社会管理的行动框架。然后在行动框架的指导下，通过实证案例着重探讨在农民工城市融入的政策限制、社会限制和个体限制下，社会工作介入农民工社会管理的主要实践路径。在以上思路的指导下，本书的篇章安排如下：

第一部分：研究准备（第一、二章）。

第一章为绪论，主要是提出问题，介绍选题的时代背景，指出社会工作介入农民工社会管理的现实意义和理论意义。

第二章为文献回顾与概念厘定，对当前学术界相关研究成果进行系统梳理，准确阐述从传统社会管理到最新的社会治理的理论流变，并对已有的农民工社会管理研究成果进行梳理，在此基础上充分把握农民工社会管理的目标，以及农民工社会管理的发展方向。

第二部分：现状研究（第三、四章）。

第三章　农民工社会管理的情境分析。主要是运用历年国家统计局的农民工监测数据、课题组的两次问卷调查数据和农民工口述史等方法，对农民工流动作历史与现状的全方位分析，从而把握农民工流动的历史脉络和现状特征及其对农民工社会管理的挑战。

第四章　农民工社会管理的实践考察。着重从制度供给角度分析我国自改革开放以来，农民工社会管理制度的演变过程和当前政策存在的不足，阐明制度变革的困难，进而分析农民工社会管理变革可行的制度空间和有利的突破方向。

第三部分：理论思考（第五、六章）。

第五章　社会工作介入农民工社会管理的逻辑探寻。在阐明社会工作介入农民工社会管理的必要性和可行性的基础上，分析社会工作介入农民工社会管理的基本内涵和主要特征。

第六章 社会工作介入农民工社会管理的行动框架。主要尝试从知识框架、行动框架和主要路径层面建构社会工作介入农民工社会管理的总体框架，为社会工作介入农民工社会管理实践提供理论支撑。

第四部分：实证分析（第七、八、九章）。

第七章 社会工作介入农民工社会管理的制度主义路径。在深刻剖析我国现行农民工社会管理制度对农民工城市融入和个体发展的限制后，以前文的理论分析为指导，提出该路径下的具体策略，包括服务供给、就业帮扶、政策倡导等，并通过案例分析这些策略的具体成效。

第八章 社会工作介入农民工社会管理的社会整合路径。在深刻剖析农民工社会整合问题及其对农民工城市融入和个体发展的限制后，以前文的理论分析为指导，提出该路径下的具体策略，包括跨群体沟通、社区活动参与、自组织建设、亲子关系疏导等，并通过案例分析这些策略的具体成效。

第九章 社会工作介入农民工社会管理的增能赋权路径。在深刻剖析农民工自身观念认识、能力习惯对其城市融入和个体发展的限制后，以前文的理论分析为指导，提出该路径下的具体策略，包括教育培训、现代行为观念培育、心理疏导等，并通过案例分析这些策略的具体成效。

第五部分：终章（第十章）。主要对本书的基本结论、相关讨论以及今后研究的努力方向等进行总结和分析。

四　研究方法

本课题在研究中综合运用了文献研究、问卷调查、深度访谈、内容分析、参与观察等多种研究方法。

1. 文献研究法

文献研究是社科研究最重要的研究方法。为了全面把握前人的研究成果，课题组成员在国家图书馆、湖南省图书馆、中国知网查阅了大量的文献，主要包括2000年以来社会管理、社会建设、社会工作、农民工、流动人口方面的书籍以及相关核心期刊论文、硕博士论文、报纸等，除了深入了解我国农民工社会管理和社会工作的理论研究成果，还特别注意搜集了农民工社会管理案例、社会工作机构服务农民工的具体案例等材料。

2. 问卷调查法

为准确了解农民工在城市中的生活状况，课题组先后于2013年4月至5月和2016年春节开展了两次侧重点各不相同的问卷调查。第一次问卷着重了解农民工城市生活状况、经济状况、社会保障状况、社会参与状况、对现有管理政策的态度与评价以及政策需求等。第二次问卷调查在沿用第一次调查问卷的基础上，对问卷内容进行了相应的拓展，重点增加了有关农民工社会服务接受状况的有关内容。第一次问卷调查经由政协系统分别在长沙、株洲和郴州三地的农民工集中的社区、企业进行发放，一共发放问卷1500份，回收问卷1200份，剔除填答不完整的问卷，有效问卷1013份。第二次问卷调查员由湖南农业大学社会学专业和湖南女子学院教法系、湖南涉外经济学院管理系家住农村的大三学生担任，在对学生进行培训后，由学生利用寒假在老家完成，为提高样本的广泛性，每位学生只要求完成10份问卷。此次调查一共发放问卷800份，回收723份，剔除填答不完整的问卷，有效问卷为610份。

根据调查数据分析，调查对象的基本特点如下。

在性别结构方面，男女各占一半左右。2013年调查样本中男性561人，占55.4%，女性452人，占44.6%。2016年调查样本中男性350人，占比57.4%，女性260人，占比42.6%，两次调查性别比略有差距，但差距不大，显然女性流动外出务工已经成为一种社会常态。

在年龄结构方面，农民工正在"老去"。2013年20岁以下的农民工占比为9.7%，21—30岁的农民工占比最高，为51.5%，31—40岁的农民工占比20.9%，41—50岁的农民工占比15.2%，50岁以上的农民工占比为 2.7%；2016 年农民工的年龄分布有所变化，20 岁以下的农民工占比为 6.6%，21—30 岁的农民工占比依然最高，为 42.6%，但较之 2013 年下降 8.9 个百分点，31—40 岁的农民工占比 20.0%，41—50 岁的农民工占比 24.9%，较之 2013 年增长 9.7 个百分点，50 岁以上的农民工占比为 5.9%，较之 2013 年增长 3.2 个百分点，农民工年龄结构逐渐老化。

在受教育水平方面，大专以上学历者日渐增多。2013 年小学及以下文化程度农民工占比 6.9%，初中、高中文化程度占比 86.6%，大专及以上文化程度占比 6.5%；2016 年小学及以下文化程度农民工占比 9.5%，初中、高中文化程度占比 72.4%，大专及以上文化程度占比 18.0%，两次调查的结果有所差异，但总体趋势相同，接受过初中、高中教育的农民工是农民工的主体，拥有大专及以上文化程度的农民工数量逐渐增多（具体情况见表 1-1）。

表 1-1　　2013 年、2016 年两次问卷调查农民工的基本特点

		2013 年		2016 年	
		样本数	占比（%）	样本数	占比（%）
性别	男	561	55.4	350	57.4
	女	452	44.6	260	42.6
年龄	16—20 岁	98	9.7	40	6.6
	21—30 岁	522	51.5	260	42.6
	31—40 岁	212	20.9	122	20.0
	41—50 岁	154	15.2	152	24.9
	51—60 岁	23	2.3	32	5.2
	61 岁及以上	4	0.4	4	0.7
受教育程度	小学及以下	70	6.9	58	9.5
	初中	323	31.9	254	41.6
	高中（含职高）	554	54.7	198	30.8
	大专及以上	66	6.5	110	18.0

续表

		2013 年		2016 年	
		样本数	占比（%）	样本数	占比（%）
婚姻状况	未婚	478	47.2	176	28.9
	已婚	500	49.4	414	67.9
	离婚	21	2.1	16	2.6
	丧偶	14	1.4	4	0.7
政治面貌	中共党员	92	9.1	54	8.9
	民主党派	9	0.9	12	2.0
	共青团员	361	5.9	148	24.3
	群众	551	54.4	396	64.9

3. 深度访谈法

为全面了解农民工的社会管理状况，借助政协系统调研的机会，在长沙市、郴州市举行了农民工代表座谈会两次，人力资源与社会保障、民政、住建、公安、工会等单位主要领导和社区干部、工厂负责人会议 3 次。同时，单独走访社区居委会、社会服务站和社会服务机构，对社区居委会工作人员、社会工作机构负责人和工作人员进行了系列访谈。其中，社会工作机构创始人 2 人，社会工作机构负责人 4 人，社会工作机构工作人员 20 人，社区党委书记 3 人，社区居委会负责流动人口工作的专干 5 人。除了面对面访谈，还利用微信和 QQ 等即时通信工具，围绕相关主题进行了网上访谈。

为了解农民工的情况，还对部分农民工进行了个案访谈。主要有两个路径，一是在问卷调查中，由问卷调查员选择愿意接受访谈的农民工，开展包括生活状况、社会服务、社会政策以及社会工作等内容的开放式访谈；二是利用 2015—2016 年春节期间，通过亲友关系介绍，对 10 位外出农民工进行同一人的多次访谈，从历时性角度了解其外出流动的过程、生活经历、生活体悟等。这些故事记录的是农民工个体命运的悲欢离合，相比宏观的数据虽然有失精确，但是却有助于我们更好地理解宏观数据的结果，消除数据带来的文献感，因为任何伟大的历史都是由无数渺小的个体组成的，而对于置身于社会结构之中的个人而言，即使是能力再强的社会成员，其自身的行动仍受到社会结构的掣肘，个体的困扰后面实则隐含社会结构的重大变迁。

4. 内容分析法

内容分析法是一种对文献内容进行系统、客观地定量分析的研究方法，或者说是一种将大量定性资料转变为定量资料并进行数据分析的方法。本研究搜集了全国范围内53家参与到农民工社会管理工作中的社工机构的文本资料。这些文本资料包括机构概况、机构服务项目等。通过对这些资料进行编码，将其转变为定量资料并进行分析，借此把握我国社会工作机构及社会工作者服务农民工的状况。

5. 参与观察法

为更深入更准确了解社会工作机构在农民工社会管理过程中如何开展活动，研究者还以志愿者身份积极参加了三个社会工作机构的相关活动，试图以局内人身份来观察农民工项目的实施全过程，即长沙工之友的"儿童阅读"、home共享家的"小候鸟计划"、长沙培源社工的"异家亲"项目。在此过程中，一方面，获得和农民工迅速有效的接近路径，得以和农民工保持良好的互动关系，近距离观察农民工的生活，全面而真实地把握其生活需求，并通过随时可以进行的聊天对话，对农民工参与社会管理的优势进行察觉和理解。另一方面，通过直接参与社会工作机构的活动，得以作为局内人观察社会工作机构在项目运营中所做的种种努力，全面掌握社会工作机构的日常工作、机构运作、项目策划、项目执行、项目评估等，获得对社会工作机构介入农民工社会管理的第一手经验材料。此外，通过和机构内工作者的有效互动和深度访谈，得以更全面了解社会工作者在项目运行中的一些看法。

五　创新与不足

农民工社会管理和社会工作都不是新鲜的学术话题。但是将两者联系在一起，建立起紧密联系仍然值得讨论。

1. 研究的创新之处

一是选题较为新颖和贴合实际，具有一定的前瞻性，具有较强理论意义和实践意义。社会治理创新是党中央提出的一项重大战略任务，是社会建设和国家治理体系建设的关键内容和核心任务，农民工社会管理恰恰是社会治理创新的"硬骨头"。社会工作介入农民工社会管理可以看作对社会治理范式的一种创新，不仅对解决农民工问题有着重要的现实意义，而且回应了国家战略层面的研究需要，对我国现代化社会治理体制改革实践有着极大的示范作用，如果能在农民工社会管理创新中概括提炼出有益经验，那么整个社会治理体制改革将更有的放矢、有例可循。

二是研究视角创新。以往对农民工社会管理的研究大多偏重于从管理学和社会学的角度作理论探讨，本课题基于社会工作的视角对农民工社会管理进行重新梳理，将社会工作与农民工社会管理相结合，并从理论和实务双重角度来分析社会工作介入农民工社会管理的路径。不同于管理学和社会学，社会工作视角更注重管理主体、管理对象与管理环境之间的良性互动，尤其是农民工在管理中的角色转型和优势发挥。不同于单纯的理论探讨，理论与实务的双重角度探讨，实现了理论与实践的有机联系。这种新的研究视角为农民工社会管理研究提供了一个新的分析维度，推动了农民工社会管理研究的发展。

三是研究内容创新。本课题研究不满足于现有对农民工社会管理问题的简单描述以及对社会工作介入农民工服务的实务工作研究，而是试图通过在准确把握农民工流动与需求变化、农民工社会管理问题与挑战的基础上，建构起社会工作介入农民工社会管理体制的理论基础、行动框架和实践路径，并在此基础上着重运用社会工作理论和社会工作实务来阐释社会工作介入农民工社会管理的制度主义路径、社会整合路径和增能赋权路径，在研究内容上具有特色，对丰富农民工社会管理研究具有一定的理论完善意义。

四是研究方法创新。为获取有效的资料，本研究不仅采用了国家统计局的外部数据，还充分运用多种社会调查研究方法对社会工作介入农民工社会管理进行科学研究，特别是综合运用了问卷调查、个案访谈、集体访谈、内容分析、参与观察等特殊方法，形成了一系列文本资料和数据资料，这些资料为本书提供了坚实的材料基础，也丰富了农民工社会管理研究的方法特色。

2. 研究的不足

一是理论分析与阐述不够。政治学、管理学、人口学、社会学等诸多理论都可以用来探讨社会工作介入农民工社会管理，本研究没能进一步对此进行进一步研究。

二是计量方法使用不足。本研究所采用的系列调查数据，可以采用多种计量方法展开详细研究，但是受制于方法的适用性，没能进一步做认真细致的分析，在计量方法的运用上存在不足。

三是国内外比较研究不足。国内外社会工作机构在推进农民工社会管理过程中积累了丰富的实践经验，受资料收集难度的影响，对不同管理介入的模式梳理还有待进一步深入研究。

第二章 文献回顾与概念厘定

农民工社会管理对于我国社会主义现代化建设具有重大的现实意义。三十多年来，学界对此领域始终保持着高度关注，并形成了丰富的研究成果。本研究梳理了管理理论的发展历程，介绍了新近的社会治理理论思想和我国农民工社会管理的相关研究成果，并进行了简短评述。

一 社会管理和治理研究

人类对社会管理的实践探索历史，始终伴随着对社会管理的理论思考，国内外学者对社会管理和社会治理的研究一直方兴未艾，形成了丰富的理论成果。

1. 社会管理研究

社会管理现象自古有之，对社会管理的研究是社会科学的经典议题。但是，长期以来人们对社会管理的概念并没有准确的定义，百度百科对社会管理词条的解释是：社会管理，外文名称 public administration，主要是政府和社会组织为促进社会系统协调运转，对社会系统的组成部分、社会生活的不同领域以及社会发展的各个环节进行组织、协调、指导、规范、监督和纠正社会失灵的过程[①]。社会管理在广义上，是由社会成员组成专门机构对社会的经济、政治和文化事务进行的统筹管理；在狭义上，仅指在特定条件下，由权力部门授权对不能划归已有经济、政治和文化部门管理的公共事务进行的专门管理。

---

① 百度百科，https://baike.baidu.com。

这一概念的界定是建立在社会概念的广义和狭义区别的基础上，广义的社会始于自然社会，和民族国家的范围重合，包括政治、经济、文化、生态环境和社会生活等众多子系统。从这个角度来说，广义的社会管理实际上是对整个社会大系统的管理，即对国家的管理，它包括政治管理、经济管理、文化管理、生态环境管理和社会生活管理等众多领域。狭义的社会通常指的是整个社会或国家这个大系统中的社会生活子系统，即社会学所言的社会生活系统。因此，狭义的社会管理特指对社会系统的管理。

传统的社会管理理论倾向于认为，社会管理是政府职能所在的社会管理，即社会管理是由国家单一中心实施的对社会系统的管理，其管理权威来自国家的强制力量，在内涵上更接近"统治"的含义，强调的是政府通过对民众的统治和控制来实现社会秩序的稳定。在这一认识的指导下，政府视社会为机器，视管理对象为社会这台机器中的零部件。为了维持这台机器的高效运转，必须将管理对象去人格化，既不承认管理对象的独立意志，也不尊重管理对象的个体权益，而只是要求管理对象要机械地服从社会发展的需要。

传统社会管理思想的缺点显而易见。不承认管理对象人格，不尊重管理对象合理诉求的社会管理不仅不能合理地调节社会中复杂的利益关系和疏解社会矛盾，反倒会挤压社会矛盾。虽然一时之间，社会矛盾因为受到压制而不会显现出来，但随着时间累积，它极容易被引爆，从而造成非常严重的社会后果。应星的一项著名研究向我们展示了传统社会管理模式下被压制的社会矛盾如何在瞬间爆发，最终引起县城民众对县政府的攻击。[①] 由于传统社会管理思想的种种弊端，学术界开始重新认识社会管理，并进而促使社会管理思想的嬗变。

破除"政府万能论"迷思，是社会管理思想转变的重要内容。现代社会管理理论倾向于认为，社会管理的主体除了政府部门，还包括市场、社会组织以及公民个人，即通常所说的第一部门、第二部门和

---

① 应星：《"气场"与群体性事件的发生机制——两个个案的比较》，《社会学研究》2009年第6期。

第三部门都是社会管理的主体。这样做的好处在于将政府从巨大的责任负担和舆论旋涡中解救出来。不过，它仍然是以管理的主体，而不是管理的对象为中心，这决定了社会管理思想仍然没有实现突破。与此同时，一些学者开始寻求新的突破，进而提出了社会治理的思想。

2. 社会治理兴起

20世纪90年代，全球化和后工业化导致社会多元素的剧烈变迁，社会问题变得日益复杂且充满不确定性，这种转变给社会管理带来了新挑战，提出了新要求。在公民社会日益强大、国家和市场失灵失效、信息技术革命、社会转型加剧等诸多因素的影响下，以詹姆斯·罗西瑙、罗伯特·罗茨、格里·斯托克为代表的西方政治学家、经济学家赋予了"governance"新的内涵，并迅速掀起了一场席卷全球的新治理运动。在这场运动中，治理理念代替了统治理念，通过合作、协商、确立认同和共同目标、建立伙伴关系来实施对公共事务的管理，维护正常的社会秩序的观念被越来越多的国家和公众采纳，并进而首先在西方发达国家掀起了一场公共治理改革。1995年，全球治理委员会发表题为《我们的全球伙伴关系》的研究报告，报告对治理做出了准确界定，这一界定也被学界公认为是最具代表性和权威性的定义：治理是各种公共的或私人的机构管理其共同事务的诸多方式的总和。它是使相互冲突的或不同的利益得以调和并且采取联合行动的持续的过程。这既包括有权迫使人民服从的正式制度和规则，也包括各种人们同意或以为符合其利益的非正式的制度安排[①]。这一定义表明，治理方与治理的对象不再是二分对立的主体，而是相互支持的行动主体。治理对象的权益被认真尊重，而协调、实现乃至发展这种权益成为治理的最终目标——这是社会治理与社会管理的本质差别所在。

社会治理理论作为一个理论流派，其最前沿的理论观点有以下四种。

第一，新公共服务理论。该理论的出现主要是为了纠正传统社会管理思想中工具理性浓重而价值理性缺失的弊端。具体而言，其目的是

---

① 宋方青：《社区治理：在硬法与软法之间》，《现代法治研究》2016年第1期。

"促进公共服务的尊严和价值,将民主、公民权和公共利益的价值观重新肯定为公共行政的卓越价值观"。① 在新公共服务理论学派看来,社会治理的根本是为公民服务,而公共利益是社会治理的价值导向。他们主张要尊重公民的权利,公共治理机构应该在公民授权的基础上为公民提供优质的公共服务。在此过程中,公民个体不再只是组成社会这台机器的螺丝钉,而是一个个具有人格的个体。帮助无数个社会个体实现个人利益成为一件重要性不亚于实现集体利益的重要任务。与此同时,它尤其鼓励公民表达需求,参与治理,以模糊治理方与被治理对象之间的界限区别,进而形成"人人治理为人人"的大治理格局。

第二,网络化治理理论。该理论的出现主要是为了纠正传统社会管理思想过分倚重科层制的弊端。为避免科层制的弊端,一种适应多元化主体、关注外部环境的更加灵活的网络结构逐渐形成,其核心思想包括以下三个方面基本内容:一是网络是由各种各样具有各自目标的、在地位上平等的行动者构成;二是网络成员之间是相互依赖的;三是为了实现各自的目标,网络行动者必须采取合作的行动策略。② 根据以上思想,社会治理主体的格局不再是以政府为主的单中心,而是以多重行动者共同构成的多中心。在这种治理格局下,垂直层次繁多的科层制组织形式被扁平的网络制组织形式替代,而政社之间的关系也开始由等级依附关系向平等关系转变。③

第三,整体性治理理论。网络技术改变了治理的空间结构,消除了组织的边界,使沟通联络更为便捷方便,社会问题的复杂性和棘手性、社会资源的有限性迫使各治理主体走向合作共享,以实现治理最优化。而技术上的进步使得不同地域、不同主体的行动者之间展开紧密协作,实现公共服务上的无缝衔接成为可能。整体理论敏锐地觉察

---

① [美] 珍妮特·V. 登哈特、[美] 罗伯特·B. 登哈特:《新公共服务:服务,而不是掌舵》,丁煌译,中国人民大学出版社2004年版,第11—16页。
② [美] 詹姆斯·N. 罗西瑙:《没有政府的治理》,张胜军译,江西人民出版社2001年版,第2—3页。
③ 韩兆柱、翟文康:《西方公共治理理论体系的构建及对我国的启示》,《河北大学学报》(哲学社会科学版)2016年第4期。

到这一变化，进而提出了协作治理、整合治理的主张。①

第四，数字导向的治理理论。数字化变革在日益深入人们的生活与生产过程，也给政府的治理提供了新的工具。通过信息技术、大数据、云计算等工具，电子政府、智慧城市开始崛起，政府机构逐渐"成为一个网站"。而在此"网站"上，公民、企业以及社会的其他部分能够方便快捷地接入国家行政系统，这使得受行政部门控制的渠道减少，个体、企业与政府机构打交道的方式也更加直接。这不仅实现了透明的社会治理，而且有利于公民群众实现自我治理。

新公共服务理论指明了社会治理的根本在于服务而不是管理，其终极目标不仅在于公共利益的实现，也在于治理对象个体利益的实现，并且后者与前者之间有辩证统一的关系，不可将其分割开来。网络化治理理论则指明了治理方与治理对象之间关系是平等的，且治理方与治理对象之间的界限并非不可逾越，治理对象在很大程度上参与到了治理当中。而整体性治理理论以及数字导向的治理理论则为如何在技术上实现社会治理的目标提供了方法指引。

总结以上社会管理和社会治理的核心观念，可以发现两种思想存在以下两个根本性差异。其一，是否承认管理/治理对象的主体性。社会管理将管理对象视为无人格的客体，进而不承认管理对象的利益诉求，漠视管理对象的需求。而社会治理则视治理对象为有人格的行动主体，以回应治理对象的需求，乃至发展治理对象的利益为目标。其二，是否采取二元对立的方法划分管理/治理对象。社会管理将管理者与被管理者截然分为两个群体，而在社会治理理论看来，两者之间并不存在截然分明的界限。

尽管社会治理思想与社会管理思想之间存在以上根本性差异，但是有的学者仍然认为，无论是理论的发展还是实践的发展，都表明社会治理是在社会管理基础上的进化和发展，是对社会管理的深化。②

---

① 韩兆柱、翟文康：《西方公共治理理论体系的构建及对我国的启示》，《河北大学学报》（哲学社会科学版）2016年第4期。
② 王思斌：《社会治理结构的进化与社会工作的服务型治理》，《北京大学学报》（哲学社会科学版）2014年第6期。

本研究并不打算介入"社会治理究竟是不是社会管理"的争论，因为从理论发展来看，社会管理与社会治理本就关系紧密，难以割裂。本研究所要探讨的是社会工作介入农民工社会管理可以视为在社会管理转向新型社会管理——社会治理的基础上进行的探讨。

二 农民工社会管理研究

目前国内专门针对农民工社会管理的文献甚少，但农民工社会管理与农民工研究难以分割，较多的研究将农民工社会管理视为农民工问题解决的策略。因此，本部分的研究综述主要试图从多样化的农民工研究中去把握农民工社会管理的研究成果。

1. 社会融入视角

从社会融入视角探讨农民工社会管理源自农民工城市融入与农民工市民化的研究脉络。农民工城市融入/市民化是2003年以来农民工问题研究的一个重要议题，众多学者从再社会化、现代性、社会资本、政策制度、社会关系网络等不同研究范式出发，运用文献研究、实证调查等不同研究方法对农民工城市融入现实状况、困境与障碍、模式选择、代际变迁以及路径选择、推进策略等展开了深入的研究和探讨，呈现出解释范式与研究旨趣复杂多样、理论研究与实证分析齐头并进、研究著作与论文硕果异彩纷呈的丰收景象。而对于农民工在城市融入过程中面临的巨大困境，学界大致形成了三种主要的解释范式：现代化的解释范式、制度主义的解释范式与社会网络的解释范式，[1] 而前两种解释范式所关注的影响因素又被谢有长总结为社会结构因素和农民工主体因素。谢有长和宁陶认为，农民工问题是在这种社会与个体、行为与制度的竞争与张力过程中逐步进行的。[2] 社会结

---

[1] 梁波、王海英：《城市融入：外来农民工的市民化——对已有研究的综述》，《人口与发展》2010年第4期。

[2] 谢有长、宁陶：《农民工在城市适应过程中的阻碍因素分析》，《经济与社会发展》2005年第12期。

构因素的影响主要是来自二元户籍制度及其附带的二元社会保障、社会福利制度。① 此外还包括诸如市民及城市管理者的偏见与歧视、城市传媒的污名化与忽视以及城市社区的隔阂等阻碍农民工城市融入的社会性因素。② 主体因素的障碍主要是农民工普遍存在经济资本、社会资本和人力资本不足，严重影响到他们融入城市社会的能力和自信。③ 此外，社会网络解释范式还从农民工所拥有或卷入的社会资本、社会关系网络方面进行阐释，并得出了农民工的社会资本匮乏限制了其自身获取其他资本，并进而影响其城市融入的结论，④ 以及正式社会网络能够促进农民工城市融入，而非正式社会网络会限制农民工城市融入的结论。⑤

因应城市融入视角分析的逻辑，社会管理被视为通过推进农民工城市融入、终结农民工问题的有效路径，而推进农民工社会管理的设想主要是从改进制度、鼓励沟通、提升主体性三个层面展开。庄士成提出，城镇化发展和农民工市民化存在"政府推动"和"市场拉动"的双重动力机制，推进城镇化和市民化的进程既要体现制度变迁的"自上而下"的城镇化与市场力量诱导的"自下而上"的城镇化的有机结合⑥，也应从经济、社会、制度、文化心理角度构建新生代农民工的融入机制。⑦ 姚进忠提出，在农民工城市融入的服务体系建构中不仅要明确服务主体的职责，实现功能发挥和实质服务，更要重视挖掘农

---

① 庄士成、王莉：《社会融合困境与城镇化"陷阱"：一个经济社会学的分析视角》，《经济问题探索》2014年第11期。
② 许传新：《"落地未生根"——新生代农民工城市社会适应研究》，《南方人口》2007年第4期。
③ 庄士成、王莉：《社会融合困境与城镇化"陷阱"：一个经济社会学的分析视角》，《经济问题探索》2014年第11期。
④ 钟水映、李魁：《农民工市民化过程中的现代式社会资本构建》，《东北大学学报》（社会科学版）2007年第6期。
⑤ 朱考金、刘瑞清：《青年农民工的社会支持网与城市融入研究——以南京市为例》，《青年研究》2007年第8期。
⑥ 辜胜阻、易善策、李华：《中国特色城镇化道路研究》，《中国人口·资源与环境》2009年第1期。
⑦ 王佃利、刘保军、楼苏萍：《新生代农民工的城市融入——框架建构与调研分析》，《中国行政管理》2011年第2期。

民工自身的能量，实现内外结合与自我成长。[1] 张国胜提出，要帮助农民工在血缘、地缘关系之外增加新的在城社会网络，尤其是鼓励民间组织和志愿者组织帮助农民工加强与城市社会的沟通交流。[2] 刘巧兰提出，解决日益凸显的农民工城市融入问题，应该基于合作治理框架，以平等协商为前提，以农民工需求为导向，构建政府主导治理模式以统筹社会融入过程，架构其他多元主体合作共治格局以拓宽社会融入渠道，增强新生代农民工主动融入意识以深化社会融入程度。[3]

随着新生代农民工占比越来越高，返乡归根的乡土情怀越来越淡薄，城市融入正成为越来越多农民工的最大诉求。因而，社会融入视角的分析将在农民工社会管理研究中占据越来越重要的地位。从社会融入视角的相关研究得出一个显而易见的结论，那就是实现城市融入应当被看作是农民工社会管理的关键目标。

2. 社会权利视角

农民工城市弱势群体身份的一个重要表现是其社会权利的缺失，尤其是市民身份上的权利处于极度匮乏的状态。关信平指出，在城市生活中农民工身份存在"四重弱势"[4]，即作为移民的"外来人弱势"、作为劳工的"市场弱势"、作为农民进入城市的"乡下人弱势"、作为没有本地户口而在居住地公共管理和公共服务体系中的弱势地位。王刚认为，农民工在平等发展权、政治发展权、经济发展权、社会发展权和文化发展权方面均存在严重缺失。[5] 刘爱玉将农民工市民权的缺失状况归纳为非正规工作、社会保障的有限性与不平等性、政治参与和利益代表不足、家庭分离的居住形式、平等教育权缺失[6]等几个方面。

---

[1] 姚进忠：《福利多元：农民工城市融入服务体系建构的社会工作行动研究》，《中国行政管理》2018 年第 1 期。

[2] 张国胜：《农民工市民化的城市融入机制研究》，《江西财经大学学报》2007 年第 2 期。

[3] 刘巧兰：《合作治理：新生代农民工社会融入路向选择的新框架》，《行政科学论坛》2016 年第 9 期。

[4] 关信平：《论权利公平基础上的非户籍人口服务与管理》，《西北师大学报》（社会科学版）2015 年第 3 期。

[5] 王刚：《农民工发展权保护研究》，《哈尔滨师范大学社会科学学报》2018 年第 1 期。

[6] 刘爱玉：《城市化过程中的农民工市民化问题》，《中国行政管理》2012 年第 1 期。

柯凯铢在对劳资冲突问题的分析中指出，现阶段我国还没有真正确立起劳动三权，劳动三权（团结权、谈判权和争议权）还仅仅是劳动者的道德权利，是导致劳资关系冲突、工潮迭起、群体性罢工事件的根本原因[①]。唐有财还进一步警告说，"如果治理仅仅是一味地讨论权利，却没有赋予权利的具体内容，则在流动人口的权利期待超出城市供给能力的情形下，治理的张力会大大增强，进而也会导致政府特别是基层政府与流动人口之间更激烈的冲突与矛盾"。[②] 因此对农民权利缺失予以有效回应，既是农民工社会管理的题中应有之义，是农民工社会管理的最终落脚点，更是检验农民工社会管理成败的主要依据。

在社会权利理论和本土社会现实的双重启发下，也有学者试图对我国农民工政策范式展开相应研究。姚进忠通过对1978—2012年中共中央、国务院政策公报中有关农民工的社会政策内容进行分析后发现，政策建构的逻辑已经发生了从流动控制向制度吸纳的转向。[③] 遵循社会权利逻辑，注重社会公平，强化农民工的主体性，建构城乡一体化的社会政策，是今后农民工社会政策建构的方向。[④] 关信平指出，地方政府在农民工社会管理与服务中动力不足的根源在于地方政府在政策执行中遵循实施工具理性原则而非社会公平原则，因此推进农民工社会管理与公共服务应该着重强调在"权利公平"基础上落实"基本公共服务均等化"原则。唐有财提出，要将权利落实为具体的待遇，在政策设计中必须为权利赋予问题提供具有操作性的方案，并尽可能地建立待遇实现和推进的时间表。[⑤] 林闽钢提出，要落实农民工社会服务国民待遇应该从基本公共服务均等化理念出发，建立以居

[①] 柯凯铢：《私法自治视角下现阶段我国劳动关系社会治理研究——以新生代农民工为例》，《东南学术》2015年第3期。

[②] 唐有财：《双重转型、双重张力与流动人口治理框架的建构》，《社会科学》2015年第6期。

[③] 姚进忠：《农民工社会政策的建构逻辑与未来走向——基于1978—2012年政策文本》，《北京理工大学学报》（社会科学版）2015年第5期。

[④] 同上。

[⑤] 唐有财：《双重转型、双重张力与流动人口治理框架的建构》，《社会科学》2015年第6期。

民身份证和居住证为核心的农民工社会服务管理制度,同时建立与"两证"相关联的"社会服务包"。①

从社会权利的视角出发,农民工社会管理的关键在于从制度上认可并保护农民工的合法权益。与城市融入视角的分析相比,社会权利视角的分析更专注于正式制度乃至非正式制度中的不平等现象对于农民工权利实现的影响,而对于制度如何影响其城市融入则不太关注。

3. 管理学视角

农民工社会管理在很长一段时间中一直是以政府为唯一主体的管理行为,从国家层面看,我国农民工社会管理演进大致可分为局域性的流量管理、流动控制与定点管理相结合、社会管理制度与契约管理制度相结合三个历史阶段②。随着政府对市场和社会关系认识的变化,农民工社会管理先后出现"复合主体管理""城乡协同管理""合作型社会管理"等不同模式③,具体而言"复合主体"模式强调有机整合政府、企业和社会组织的力量,以户籍制度改革理顺城市社会管理体制④;"城乡协同管理"模式主张建立农民工社区、多部门合作和促进后发地区的非农化就业⑤;"合作型社会管理"模式强调在社会管理中国家和社会、政府和公民的责任共担、资源共享⑥。从实践来看,农民工社会管理走向"合作型社会管理"已经成为必然的新趋势,这意味着政府在农民工社会管理中的绝对主导功能逐步弱化⑦。

---

① 林闽钢:《"社会服务包"的理念与方法——城市流动人口管理与服务再探讨》,《人民论坛》2015年第5期。

② 郑英隆:《改革开放30年来我国农民工管理的演进、动因与启示》,《经济管理》2011年第4期。

③ 高新宇、张登国、汪国华:《社会保障权生命周期视角下新生代农民工社会管理研究》,《中国青年研究》2014年第9期。

④ 郑杭生、陆益龙:《开放、改革与包容性发展——大转型大流动时期的城市流动人口管理》,《学海》2011年第6期。

⑤ 田北海:《农民工社会管理模式转型与创新路径探讨》,《华中农业大学学报》(社会科学版)2011年第2期。

⑥ 原会建:《合作型社会管理模式下农民工子女的社会资本建构》,《中国行政管理》2011年第5期。

⑦ 刘世定、王汉生、孙立平、郭于华:《政府对外来农民工的管理——"广东外来农民工考察"报告之三》,《管理世界》1995年第6期。

从地方实践来看，通过对户籍制度、居住证制度、积分入户制度等管理制度的组合选择，各地形成了一批极具特色的农民工社会管理模式，其中以北京"户居分治"模式、成都的"城乡一体"模式、上海和东莞的"多段联通"模式最具代表性。在基层工作中业已形成居住地封闭管理、聘用单位与居住地双重管理、社区化管理、网格化服务管理、工会维权管理等不同管理模式①。在工作机制上，形成了"输出—输入地"间的网络建设、社区机制的建立与利用、后发地区的非农化就业策略、多部门合作机制。②从发展趋势上看，我国农民工社会管理模式经历了管理目标由计划调控向促进融入、管理对象由"入侵者"向"新市民"、管理格局由各自为政向协同管理、管理方式由限制向服务的转型。

尽管农民工社会管理正在从单一的政府主导的模式走向多主体、多中心的模式，无论是在理论上还是实践中都成为一种普遍共识，但这种转变仍然面临诸多困境，城乡分治的惯性思维依然存在，城乡二元分割的社会体制尚未彻底破除，农民工社会管理机制尚不成熟等问题依然存在。正如唐有财指出的那样，"较之以往刚性和粗放的管理模式，城市社会对农民工的管理方式上显得更为柔性化和人性化，管理技术更加精细化和隐性化，但管理技术的改进并没有从根本上解决农民工社会管理中的深层次张力"③。这种深层次的张力一方面是由于城乡有别的政策和制度设计使得地方政府可以名正言顺地在居住、就业、社保、教育、医疗以及土地、产权等方面"歧视"外来农民工，不为其提供平等的社会公共服务④。另一方面是由于政府条块分

---

① 田北海：《农民工社会管理模式转型与创新路径探讨》，《华中农业大学学报》（社会科学版）2011年第2期。
② 占少华：《农民工的管理与服务机制探析——以"中国农民工反贫困项目"为例》，《青年研究》2005年第5期。
③ 唐有财：《双重转型、双重张力与流动人口治理框架的建构》，《社会科学》2015年第6期。
④ 项继权：《城镇化的"中国问题"及其解决之道》，《华中师范大学学报》（人文社会科学版）2011年第1期。

割导致的冲突。① 在诸多社会公共服务仍由地方财政买单的前提下，地方政府对于外来农民工群体提供公共服务动力不足，而对地方政府权力与利益的有效约束机制也尚未建立起来。这使得农民工的管理呈现区域之间相互割裂的状况。

从管理学的视角来看，农民工社会管理的成效不仅取决于制度规定，更取决于地方政府在实际政策执行过程中的管理行为。地方政府对农民工群体的歧视性限制是导致农民工社会管理成效不佳的主要原因，因此改进农民工社会管理的关键仍在于进一步改变政府单独主导农民工社会管理的格局以及进一步推动地方政府管理技术的柔性化和人性化。

4. 社会组织视角

发挥社会组织社会管理的主体作用，是国家治理体系和治理能力现代化的重要内容。当前存在的农民工社会管理难题实际上是社会结构方面的问题，即弥散的农民工个体无法通过社会组织实现个体与社会的有效衔接，集中表现在农民工社会组织参与不足、农民工自组织能力欠缺、社会组织服务农民工不足，由此导致农民工在利益表达和社会参与方面缺乏组织化的渠道。高新宇等发现，在农民工社会管理中社会各类组织管理功能存在明显差异：企业管理功能经历了从约束式管理、卷入式管理到参与式管理的裂变，网络组织从外缘式管理向内隐式管理发展，中介组织从选择式管理到嵌入式管理进行改变，媒体从边缘性管理到前台性管理，政府则是核心管理与弹性管理逐步并存。② 围绕如何从社会组织的角度推进农民工社会管理，学者们进行了广泛的研究，主要成果集中在四个方面。

一是要发挥基层组织的社会管理作用。王阳、陈昌军认为，中国共产党的党建文化是农民工社会管理的重要资源，通过在外来人口中

---

① 唐有财：《双重转型、双重张力与流动人口治理框架的建构》，《社会科学》2015年第6期。
② 高新宇、张登国、汪国华：《社会保障权生命周期视角下新生代农民工社会管理研究》，《中国青年研究》2014年第9期。

设立党支部的方式能有效带动农民工参与社区治理。① 鲁可荣等对桐琴镇的个案剖析发现，加强融合性组织和"两新组织"建设，发挥多元主体的协同作用，是创新农民工社会管理体制的重要经验②。二是要发挥工会、妇联、共青团组织的作用。戴长征、余艳红认为，工会组织是包括农民工在内的工人群体实现民主权利的重要渠道，但工会组织尚不能完全适应农民工政治参与的要求，应该努力促进工会组织的变革以适应此要求。③ 鲁可荣等指出，流动团支部在促进新生代农民工社会融入等方面发挥着重要作用，加强农民工流动团支部建设为新生代农民工社会管理提供了现实路径。④ 三是要发挥社会组织特别是社会工作机构的作用。社会组织是农民工利益的表达渠道和组织载体，虽然整体的社会环境在不断优化，但社会组织大多仍处于无权或弱权状态。杨慧、苏腾以山东临沂零工市场为例，指出要重视和引领融合社会公益类事业单位与农民工社会服务两大元素的事业单位性质农民工社会服务机构的发展。⑤ 四是要发挥农民工自组织的自我管理、自我服务的作用。我国体制改革释放出来的社会空间和社会资源为农民工自我管理的兴起提供了生存土壤，农民工日益增强的主体意识以及日益多样的社会需求为农民工自我管理发展提供了持续的内生动力，在流动精英的组织和带动下，农民工自组织不断出现，已经成为农民工社会管理中的重要力量。赵妩在对余姚市流动人口管理的实证考察中发现，建立由流动人口组成的"调委会"，以"老乡服务老乡"的方式来开展流动人口的自我管理，对于化解流动人口的矛盾纠

---

① 王阳、陈昌军：《党建协同、组织互嵌与人口流入型地区治理——以上海市奉贤区高桥社区为例》，《上海城市管理》2017 年第 5 期。

② 鲁可荣、周洁、刘红凯：《新型城镇化中外来农民工社会融入服务及社会管理机制创新——基于浙江省武义县桐琴镇的调查》，《华中农业大学学报》（社会科学版）2013 年第 6 期。

③ 戴长征、余艳红：《流动人口工会政治参与的困境及对策》，《科学社会主义》2015 年第 4 期。

④ 鲁可荣、杨亮承：《新生代农民工社会融入与社会管理机制创新》，《山东青年政治学院学报》2012 年第 4 期。

⑤ 杨慧、苏腾：《新型农民工社会服务机构评价——以山东临沂零工市场为例》，《人民论坛》2014 年第 32 期。

纷，引导流动人口合理表达诉求，增强主人翁意识有着极为重要的作用。① 不过由于政府对农民工自组织缺乏足够充分的信任，当前农民工自组织的发展面临许多问题。杨舸指出，当前农民工组织化仍然存在政策缺失、组织化程度较低、政府认同程度低等问题，应该通过完善立法机制、建立多元化的组织支持体系、完善组织参与社会管理机制等方式让农民工在阳光下组织起来②。

社会组织视角的分析与社会融入视角的社会网络分析范式的不同之处在于，它格外强调多种正式组织吸纳农民工群体中的成员，并通过这部分"先进者"的作用带动农民工群体的发展，而对于普通农民工群体如何通过组织实现和发展个体的正当权益关注不够。

5. 群体分化视角

农民工群体并不是高度同质的群体，而是充满异质性、内部分化严重的群体。罗峰总结农民工的异质性认为，农民工从横截面看形成了雇用就业者和自营就业者两个基本群体、管理者和游民两个特殊群体；从纵向面看形成了第一代、第二代及第三代（新生代）农民工群体；从流动状态看形成了长期在外和周期流动两个群体。③ 许多学者注意到农民工异质化现象对农民工社会管理的挑战，提出分群体进行社会管理的策略。如罗峰认为，农民工社会管理应该根据农民工异质化、多样化需求及供给能力建立多层次、针对不同类型人群的、城乡一体的社会治理体制④，在机会均等、权利平等原则下根据农民工的流动范围及特殊需求，建立动态、异地相衔接的管理和服务体系。⑤ 欧阳慧等认为，不区分地域差异和群体差异的落户

---

① 赵妶：《社会融合视角下流动人口服务管理路径探析——以余姚为例》，《浙江工商大学学报》2015年第4期。
② 杨舸：《社会管理创新语境下农民工组织化问题研究》，《江西社会科学》2013年第6期。
③ 罗峰：《流动中的农民异质化及其社会治理》，《湖北大学学报》（哲学社会科学版）2014年第1期。
④ 同上。
⑤ 同上。

政策实施难度较大，应该改变传统的以城市规模为主要维度的落户政策，在尊重农民工意愿的基础上，按照"城市压力+农民工条件差异"分区域分群体推进，通过综合考虑城镇资源环境承载能力、产业支撑能力以及农民工群体自身的条件差异，制定更具针对性的落户政策。[①] 此外，还有学者注意到，"散工"群体在生产形态、劳动关系、空间分布、社会交往、劳动保障、生活居住和政府期待上的独特表现，认为其形塑出一种不同于正式就业农民工的生产政治的"混合政治"形态[②]，有必要在现有积分入户政策基础上，探索增加适应"散工"工作特征、生活方式、组织管理、社会保障、价值期待等方面的积分入户政策，建立以劳动贡献、纳税情况置换公共服务体系的民生福祉供给新政策。[③]

群体分化视角下的研究成果，其主要贡献并不在于为农民工社会管理困局提供了多少科学分析，或为农民工社会管理改善提出了多少有益的建议，而在于启示了人们不能将农民工群体视为一个同质性群体，应该在承认其群体异质性的基础上展开其他分析。

综合来看，学术界对农民工社会管理的研究既有理论层面的深入阐释，也有基于实证调查的细致分析；既有宏观层面的探索，也有典型案例的解剖，所涉内容非常宽泛、视角非常多样，并涉及社会学、管理学、人口学、政治学等众多学科，为我们研究农民工社会管理提供了宝贵的理论资源，但在研究的系统化、经验材料的挖掘以及具体可操作性方案设计等方面仍然有提升空间。尤其是农民工正在发生由流动者向定居者转型、农民工社会管理的主要矛盾从政策缺失向政策执行不足转变的当下，如何推进农民工社会管理体制创新并努力实现共建共治共享，无疑在理论上和实践中均是需要予以关注和探讨的话题。

---

① 欧阳慧、邹一南：《分区域分群体推进农民工差别化落户城镇》，《中国软科学》2017年第3期。
② 聂娟、李超海：《"散工"群体的生存状态与社会治理——以广州的实地调查为例》，《学术研究》2014年第12期。
③ 同上。

三 相关概念厘定

本书在研究和写作过程中，将涉及诸多概念，为了更好地帮助分析和理解，为本书研究做好铺垫，这里有必要就农民工社会管理、社会工作概念做一简要说明。

1. 农民工社会管理

农民工社会管理是我国社会管理的重要方面。王祥兵认为，农民工社会管理主要是指以保障农民工基本权益，促进农民工实现城市融入为目的的社会管理活动，而该活动又可以分为具体的工作内容和抽象的管理机制两个方面。[①] 这一定义对农民工社会管理的目的、内容和体制进行了较好的界定，但是没有明确指出农民工社会管理的主体，其实质仍然是将农民工社会管理看成以政府为单一主体的管理活动，显然存在未能准确把握农民工社会管理从传统以政府为单一主体的管理行为转变为多主体的治理行动的不足。区别于传统意义上的以政府为单一主体的农民工管理，本书将农民工社会管理的概念界定为：为回应农民工现实需求，保障农民工正当权利，促进农民工城市融入和自身发展而进行的主体多元化、管理专业化、服务柔性化的管理实践活动，其目标短期在于实现农民工的城市融入，增进身为国家农民工的福利福祉，长期目标在于实现农民工管理的善治，促进共建共治共享治理格局的形成。从特征来看，农民工社会管理至少包括以下几个特征。

第一，人本化。以政府为单一主体的农民工管理较为强调运用以产疏人、以房管人、以证管人等管制性手段来对农民工进行管理，其本质还是一种以"维护城市安全，排除社会隐患"为根本目的的管理。在某种意义上，以政府为单一主体的农民工管理无法避免工具价值侵蚀理性价值的后果。农民工社会管理将对农民工的管理视为一个利益调和与持续互动的过程，强调以"人"为本的管理理念，始终

[①] 王祥兵：《农民工社会管理创新研究》，中国工人出版社2013年版，第16页。

将回应农民工公民权利实现和市民身份转变的强烈需求作为管理目标，在医疗、卫生、教育等方面积极回应与解决农民工的困难，切实维护农民工的公民权益。

第二，网络化。农民工社会管理与以政府为单一主体的农民工管理的根本差异在于前者不采取二元对立的方式划分管理者和被管理者，政府部门不是唯一的管理主体，被管理者也是重要的社会管理主体之一。社会组织视角的研究表明，不仅以社工机构为代表的社会组织能够在农民工社会管理中发挥重要作用，而且通过农民工自组织进行自我管理，同样能够取得良好效果。因此，农民工社会管理坚持网络化发展方向，将治理主体多元化作为实现管理目标的重要抓手，注重引入社工机构等行为主体以及提升农民工的自组织和自我管理水平，并着力促使多元主体之间形成紧密合作，相互依赖的网络关系。

第三，专业化。农民工社会管理应坚持专业化发展方向，将具有专业化管理与服务能力的机构吸纳到农民工社会管理工作当中。政府管理视角的研究表明，农民工社会管理应该向管理方式柔性化和人性化、管理技术精细化和隐性化发展，而群体分化视角的研究同样指明了农民工社会管理还应做到差异化，对不同的农民工群体采取不同的社会管理策略。管理专业化是对管理差异化、柔性化、人性化、精细化和隐性化的最佳浓缩。然而，提供专业化的社会管理并不是地方政府的强项，而以社会工作机构为代表的社会组织往往在此方面表现突出，因此，坚持专业化发展方向也要求发挥社会工作机构的力量，不过它的落脚点仍在于利用社会工作机构的专业性，实现管理的专业化。

2. 社会工作

社会工作自诞生以来一直没有停止过对自身本质的探讨，但是对"社会工作是什么"的界定迄今为止仍然没有明确的答案。"社会工作的学科性质和专业本质并不是单一的或固定的，而是随着社会工作专业的历史发展而不断扩展的。在专业的历史发展过程中，社会工作的专业本质总是通过社会救助方面的社会实践活动、专业化的助人活动、社会保障与社会福利体系的制度要素、社会改革与后现代主义的社会思潮四个维度和途径得到综合体现的。"[①] 起初，人们认为社会工作是一种个人的慈善事业，是社会中上层人士基于人道主义或宗教信仰自发对社会上贫苦与不幸者的慈善施舍。从19世纪末开始，随着慈善组织运动、睦邻友好运动的推进，社会工作开始出现专业化特征，人们认为社会工作是由政府或私人社团为改善社会弱势成员的生活境遇而进行的专业服务。进入20世纪，国家（政府）对社会福利事务干预的强化在推动社会工作走向规范化和专业化的同时，也使得对社会工作本质的认识出现了把社会工作与社会福利、社会救助、社会服务等概念等同的趋势。第二次世界大战以后，社会科学领域出现了明显的"本土化运动"，社会工作的本土化倾向日益明显，由此导致不仅各国（地区）对社会工作的理解和定义有所不同，而且就是一国（地区）之内，随着时代的推移和社会的变迁，人们对社会工作的认识也存在某种差异，社会工作概念认知的多样化理解状况成为普遍现象。当前，国际通用的概念是2014年墨尔本世界社会工作大会提出的"大社工"概念，其具体的表述是：社会工作是"一个以实践为本的职业及学科，它推动社会变迁和发展，增强社会凝聚，赋权并促进人的解放；社会正义、人权、集体责任和尊重多样性等是社会工作的核心准则；基于社会工作、社会科学、人文科学和本土知识的理论，社会工作促使人和外在结构能够应对人生挑战并增进福祉"。[②] 从这一定义不难发现，社会工作已经从为特殊群体服务转向促进社会发展，成为一种面向所有人群提供社会服务与社会福祉的重要社会制度安排。

社会工作在中国呈现出普通社会工作、行政性社会工作和专业性社会工作并存发展的特征。所谓普通社会工作是指离退休人员和在职人员在社会上的无报酬的服务和专业活动，以及人们在单位内部的本

---

① 范燕宁：《社会工作专业的历史发展与基础价值理念》，《首都师范大学学报》（社会科学版）2004年第1期。
② 葛道顺：《社会工作转向：结构需求与国家策略》，《社会发展研究》2015年第4期。

职工作之外的服务活动。① 所谓行政性社会工作在某种意义上就是"中国特色的社会工作",主要是指数量庞大和组织机构发达的民政、工会、青年团、妇联组织等政府机关和群团组织为帮助生活上有困难的人摆脱困境的工作。所谓专业性社会工作则是指由受过社会工作专门培训的人员秉持社会工作价值观、运用社会工作方法开展的服务活动,② 其显著特点是以专业为基础。本书所指的社会工作特指的是专业性社会工作(在行文时本书统一称作社会工作)。

社会工作从1988年前后传入我国后,学界对社会工作的认识也在不断发生变化。1988—2000年,国内高校纷纷开办社会工作专业,学界的主要议题在于解释与传播西方的社会工作理念,社会工作"助人自助"的本质基本成为共识。2000—2007年,政府在逐渐认识社会建设重要性的过程中开始对社会工作的作用有所认知,学界掀起社会工作内涵和外延的讨论,社会工作的专业化成为重要议题。2008—2015年,汶川地震后社会工作作为一种独立的救助力量登上历史舞台,社会工作的专业功能进一步凸显,合法性地位进一步确立。2016年至今,社会工作研究进入反思与重构阶段,"中国社会工作开始进入自己的怀疑和批判时代"③,有学者认为,社会工作"助人自助"的本质表述已经不能够涵盖中国社会工作的内涵,且在中国语境下往往使社工理论与社工现实呈现两张皮的尴尬,由此提出"利他使群"的中国化表达。"所谓'利他使群',就是要让社会工作在助人过程中,秉承利他主义的基本原则,以修复服务对象社会关系为最终的目标,帮助服务对象面对困境、分析化解矛盾、最终解决问题,并在此过程中培养其自我解决问题的能力,使服务对象能够返回其作为社会人的本质属性中去,实现社会工作真正向社会的回归。"④ 这一表述体现出一种非常强烈的宏观性、政治性诉求,是对将社会工作视为解

---

① 王思斌:《我国诸社会工作之内涵及其比较分析》,《中国社会工作》1998年第1期。
② 同上。
③ 夏学銮:《论社会工作的内涵和外延》,《萍乡高等专科学校学报》2000年第2期。
④ 任文启:《利他使群:社会工作本质的中国表述》,《社会建设》2016年第1期。

决社会问题的社会技术与工具理性的超越,赋予了社会工作参与"社会建设"和"社会治理"的中坚力量和价值理性。

不同的学者对社会工作的理解也具有较大差异。孙志丽等对国内学者有关社会工作的定义进行了分析,发现国内对社会工作的理解至少包括八种,分别是作为专业学科的社会工作、作为福利事业的社会工作、作为调整"社会关系"的社会工作、作为"具有价值取向的技术"的社会工作、作为"道德实践"和"政治实践"的社会工作、作为"建构"的社会工作、作为"助人"的社会工作、作为"利他主义"的社会工作。[1] 概念的多元导致人们觉得社会工作难以把握、不可捉摸,其实这正是社会工作具有丰富内涵的表征。尽管对社会工作的理解,不同的学者有自己的解释,但仍然可以从这些不同理解中大致把握社会工作本质的四个层次:一是专业性的理解,把社会工作视为一种专业的服务活动;二是艺术性的理解,把社会工作视为一种助人艺术;三是文化性的理解,把社会工作视为一种道德政治;四是科学性的理解,把社会工作视为一种实践科学。"当我们把社会工作的本质视为一项专业活动时,旨在强调其专业知识、方法与技巧,这更多地体现为一种实操性的服务技术;作为一种助人艺术,可谓对专业助人的反叛,要求社会工作者深度探求服务对象的需求,在助人过程中注重想象力、直觉等的运用,呈现出助人的审美之维;作为道德政治的社会工作,面向社会结构中的压迫性权力文化网络,揭示出社会工作服务的道德规范系统与政治伦理情景;作为实践科学的社会工作是对前者的深化,除了凸显出科学证据相比于社会工作者实务经验的重要意义以外,更为强调的是为了全面应对社会工作实践中的一系列基本问题的综融性努力。"[2]

3. 社会工作介入

社会工作介入是本研究试图提出的一个理论性概念,主要用于揭示农民工社会管理改革的可能方向和基本模式。社会工作介入作为一

---

[1] 孙志丽、张昱:《社会工作本质研究述评》,《前沿》2011年第17期。
[2] 黄锐:《重申社会工作本质:四个维度》,《学海》2018年第6期。

个理论性概念，主要强调的是农民工社会管理要注重将社会工作视为重要管理主体，运用社会工作方法来实现善治。社会工作介入应当成为创新当前农民工社会管理的新视角。这里的社会工作介入指的是坚持以社会工作为中心、以社会工作为方法来创新农民工社会管理。社会工作介入农民工管理不仅仅是开展活动，而是运用社会工作的价值理念重塑农民工社会管理理念，运用社会工作理论指导农民工社会管理实践，运用社会工作方法开展农民工社会管理活动的过程。显然，社会工作兼有价值性和方法论双重意涵。其中，社会工作的价值性含义指的是社会工作之于农民工社会管理的价值品性，是指社会工作尊重人权、以人为本、助人自助、优势视角等核心价值理念对于农民工社会管理过程与行动者而言所具有的共同的价值理性含义，包括：把社会工作价值理念融入农民工社会管理精神内涵中，使农民工社会管理过程充满应有的柔性和温度，在确定农民工社会管理目标时，使目标更加贴近农民工的需求，并得到农民工的接受认可以及参与；加速农民工社会管理的行动主体（政府、社会、民众）思维方式和工作习惯的转变，运用社会工作接纳、差别化、生态系统理论等理念，在问题的解决中更关注问题的成因，更注重能力建设和机会公平，在回应农民工对社会资源合理分配需求的基础上提升农民工主体性力量，实现农民工自治。社会工作的方法论含义指的是以社会工作为载体和技术手段，助力农民工社会管理的质量，加强农民工社会管理的治理创新，体现社会工作的功能属性，指社会工作机构及其社会工作者以农民工服务为基础，综合运用宏观、中观和微观层面的各种专业及其本土化的助人自助与能力建设方法，与政府、社会、民众合力解决农民工城市融入过程中面临的诸多困境遭遇，帮助农民工建立尊严感、社区感和可持续的社会生活。从这两个层面出发，本研究中所涉及的社会工作介入，不仅是对农民工社会管理内涵的重构，更将农民工社会管理的深层意涵与社会工作的核心特质连接起来。

第三章　农民工社会管理的情境分析

　　流动的时代是农民工社会管理最大的情境。因此，考察农民工社会管理离不开对农民工流动状况的考察。我国三十余年的农民工流动史可以分为三个阶段，而每个阶段的流动特征都对当时的农民工社会管理提出了具体要求。当前我国农民工流动处于以新生代为主体的多元异质性阶段，这一阶段的总体变化特征决定了当前我国农民工社会管理所要解决的主要问题是农民工城市融入和个体发展的问题，进而对当前的农民工社会管理改革提出了新的要求。

一　农民工流动的历史变迁

　　虽然早在20世纪70年代就出现过以集体形式外出务工的农民工流动现象，但规模巨大的农民工群体流动现象是在改革开放之后才兴起的。本研究将分三个阶段回顾我国农民工流动的历史。

　　1. "离土不离乡"的就地转移阶段

　　这一阶段主要是20世纪80年代初期到80年代末。1980年5月31日，邓小平在同中央负责工作人员谈话中公开肯定了安徽省凤阳县小岗村"大包干"的做法，1983年中央下发文件，要在全国推行这种社会主义集体经济的生产责任制，截至1984年，90%以上的农村地区完成了家庭联产承包责任制。这场改革实现了农村土地所有权和经营权的分离，使家庭重新成为农业生产和核算的基本单元，农业生产从规模化的集体经营模式重回自耕农家庭经营模式，由此改变了因为土地的平均分配带来的普遍性劳动力投入过密化,① 极大地提高了农业生产效率,使农村劳动力过剩的问题由原先的隐性状态日益转为显性状态,大量从农业生产中释放出来的劳动力开始将目光投向非农业部门。据测算,20世纪80年代中后期,每年有1亿—1.5亿的农村剩余劳动力。② 受到城市经济改革滞后、城乡二元户籍及相关福利制度的限制,绝大部分农村剩余劳动力在基于利益与风险的权衡下,选择离土不离乡的方式,在本地乡镇寻找非农就业机会。出于增加就业与财政收入的目的,各级政府对这种"离土不离乡"的农村剩余劳动力转移模式持积极鼓励的态度,并将扶持乡镇企业与小城镇建设作为重要的经济工作来抓。1984年3月,中共中央、国务院转发《关于开创社队企业新局面的报告》,同意将社队企业改为乡镇企业,并提出了发展乡镇企业的若干政策,③ 由此蓬勃发展的乡镇企业造就了当时"离土不离乡,进厂不进城"的劳动力转移模式,1984—1988年,乡镇企业平均每年吸收农村剩余劳动力1260万人,占当时转移总量的84%。④

蓬勃发展的乡镇企业虽然表现出强大的吸纳农村剩余劳动力的能力,但远远不足以满足农民庞大的就业需求,相当一部分富余劳动力试水跨地区的城市就业,特别是在有外出谋生之传统的地区,如温州、义乌、东阳等。当然,城市也并未向农民关紧大门,一些高度危险、体力繁重的工作(如煤矿采掘、码头搬运等)被挑选出来向农民开放,并成为当时改革用工制度、提高经济效益的"先进经验"。1984年起国家开始允许农民进入城市工作,并在"自筹资金、自我照顾"的条件下开展业务。⑤ 1984年6月,国务院颁布了《矿山企业实行农民轮换工制度试行条例》。1984年10月,劳动人事部和城乡

---

① 黄宗智:《中国农村的过密化与现代化》,上海社会科学院出版社1992年版,第86页。
② 李刘艳、吴丰华:《改革开放以来我国农民市民化阶段划分与展望》,《经济学家》2017年第8期。
③ 张毅、刘力进:《乡镇企业是转移农村剩余劳动力的基本出路》,《中国工业经济研究》1991年第2期。
④ 黄祖辉:《我国农业劳动力的转移》,《中国社会科学》1992年第4期。
⑤ 马雪松:《从"盲流"到产业工人——农民工的三十年》,《企业经济》2008年第5期。

建设环境保护部联合发布《国营建筑企业招用农民合同制工人和使用农村建筑队暂行办法》。1984年12月，劳动人事部发布了《交通、铁路部门装卸搬运作业实行农民轮换工制度和使用承包工试行办法》。各种文件规定基本上是非正式的就业方法，如合同工作和临时工作，并将农民限制在繁重和艰苦工作，恶劣环境以及工作和低地位工作的地区。其背后的政策意图是希望农民进入城市从事城市居民不愿意做的各种工作，并且减轻城市向农民提供劳动力再生产的责任，① 由此埋下我国二元分割劳动力市场、农民工权益严重受损，农民工社会管理问题重重的伏笔。不过，由于这一时期农民工群体规模相对较小，且大多仍留在本地，传统农民工社会管理的弊病还没有显现出来。

2. "离土又离乡"的民工潮阶段

这一阶段主要是20世纪90年代初至2002年。1992年邓小平的南方谈话和党的十四大后，城市经济体制改革正式开始全面铺开，经济体制向市场经济加速转轨，经济增长进入加速阶段，中国改革开放和现代化建设进入一个新的历史阶段。伴随对外开放进程的推进、外向型经济发展战略的全面实施，城市和工业对劳动力的需求激增。特别是沿海地区的"三资"企业如雨后春笋般出现，不仅将当地的剩余劳动力迅速吸纳完毕，一些沿海发达地区甚至通过将村庄整体变为工业园区②或纳入城市成为城中村③的方式，彻底"消灭"了农村和农民，城市规模迅速扩张，大量的就业岗位虚位以待。而中西部乡镇企业却因为效益下滑、破产改制等诸多原因不断萎缩，吸纳劳动力能力下降④，导致大量已经就地吸纳的劳动力被抛出。与此同时，随着农村经济体制改革激励作用的衰减和国家对农业、农村投资的减少，农民税费负担的增加，农民的生存压力日益沉重。在城市拉力和农村

---

① 宁夏、叶敬忠：《改革开放以来的农民工流动——一个政治经济学的国内研究综述》，《政治经济学评论》2016年第1期。
② 折晓叶、陈婴婴：《村庄的自然城镇化》，《中国社会学年鉴1995—1998》，社会科学文献出版社1998年版，第119—129页。
③ 李培林：《巨变：村落的终结——都市里的村庄研究》，《中国社会科学》2002年第1期。
④ 林毅夫：《解读中国经济》，北京大学出版社2008年版，第148页。

推力的共同作用下,中西部农村剩余劳动力开始"离土又离乡"地大量向东部城市和乡镇迁移,由此形成大规模跨区域流动的"民工潮"。根据相关调查数据(见图3-1),1989年,外出农民工为3000万人,1993年增加到6200万人,1995年达到7000万人,春运农民工返乡时一票难求,农民工群体正式形成。在此期间,跨省异地转移成为主要方式,农民工从中西部地区向东部沿海发达省份转移,从农业向非农产业转移的格局正式奠定。[①]

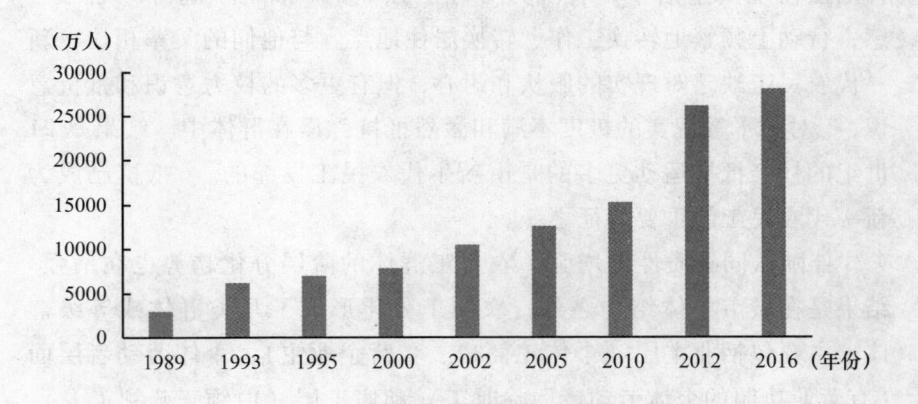

图3-1 主要年份的农民工数量情况

数据来源:根据《国家统计年鉴》与《农民工监测调查报告》整理而得。

从"离土不离乡"到"离土又离乡",流动模式的改变给我国农民工社会管理带来了诸多新的挑战。例如,农民工的异地管理问题、社会治安问题、异地社会保障问题等考验着地方政府的管理智慧。然而,传统的社会管理模式根本无法应对这些挑战,这促使我国政府不得不开启农民工社会管理转向的序幕。

3. 新生代为主体的多元异质阶段

进入21世纪,农民工流动出现了许多新的变化,其中最重要的变化是农民工主体的代际更替,第一代农民工因年龄原因陆续返回农

[①] 江立华:《农民工的转型与政府的政策选择》,中国社会科学出版社2014年版,第3—11页。

村，出生于 1980 年后的新生代农民工逐渐成为流动的主体。与老一代农民工相比，新生代农民工在制度身份上依旧是农民，但由于他们大多是从校门直接走上外出务工的道路，既没有务农经验和知识，也没有从事农业生产的动机和愿望；既不认同农民的身份，也不认同农村的生活，在价值观念、自我认知、打工目的、定居意愿、文化需求等方面都与父辈迥然不同，成为"介于生活者与生存者之间"和"介于回归乡土与定居城市之间"[1]的摇摆群体。新生代农民工的这种摇摆在现实生活中，表现为心理上强烈的"漂泊"感和"焦虑"感，行动上频繁地转换工作、转换居住地点。与他们的父辈相比，新一代农民工缺乏对现实的服从和耐心，但有更多的权力意识和抵抗意识，[2] 对不平等现实的极度不满和激烈抵抗弥漫在群体中。结果是 21 世纪的社会抵抗运动更多的是由新生代农民工发起的。[3] 抵抗已成为新一代农民工的重要特征之一。

伴随认同异质性的增强，农民工群体的阶层分化趋势也在增强。结果是在城市主体结构之外，农民工分化形成了几类群体或等级群体，主要包括业主层（个体工商户、私营企业主）、个体劳动者层面（有营业执照的个体劳动者、临时工）和雇工层（白领、蓝领工人）。此外，农民工在流动方向上也呈现出多元化的趋势，即大规模外流与大规模回归并存。2003 年底，广州东莞首次出现了"民工荒"，此后珠江三角洲和长江三角洲多地报道出现"民工荒"现象。频频出现的"民工荒"与"返乡潮"同之前汹涌的"民工潮"形成鲜明对比，其背后的原因固然有外向型经济面对全球金融危机时对农民工的危机转嫁，但更重要的是以新生代为主体的农民工不断觉醒和日益理性，对农民工工资长期不变和各种歧视性待遇敢于"用脚投票"抗争。

新生代农民工的崛起是农民工代际演变的必然结果，意味着传统

---

[1] 王春光：《新生代农村流动人口的外出动因与行为选择》，《中国党政干部论坛》2002 年第 7 期。
[2] 符平：《漂泊与抗争：青年农民工的生存境遇》，《调研世界》2006 年第 9 期。
[3] 程小娟：《艰难的历程：20 世纪 80 年代以来入城农民的文学镜像》，《华北水利水电学院学报》（社会科学版）2006 年第 3 期。

农民工问题在新的阶段有了延续、演变和发展,给农民工社会管理带来了许多新的挑战。面对权利意识觉醒、城市融入要求更强烈但具体利益诉求又多元化的新生代农民工,地方政府不得不继续改革农民工社会管理以应对新的挑战。

二 农民工流动的总体变化

根据对2011年以来国家统计局发布的《全国农民工监测调查报告》、国家卫生和计划生育委员会流动人口司发布的《中国流动人口发展报告》的有关数据,以及课题组2013年、2016年两次问卷调查数据的深入分析,发现:受到经济社会发展的影响、政策环境变化的制约,当前农民工流动在规模、结构、空间分布等方面呈现以下特征。

1. 农民工总体规模不断扩大

根据国家统计局历年公布的《全国农民工监测调查报告》显示,2011—2017年,我国农民工年均增长约562.3万人,到2017年末总量达到2.87亿人,农民工总量规模呈现持续增长的总体态势。就增速而言,2011—2015年增速持续回落,到2015年增长速度进入谷底(1.3%)[①],2016年开始增速逐步回升,至2017年增速为1.7%(见图3-2)。

在农民工总量中,外出农民工规模从2011年的15863万人增长到2017年的17185万人,本地农民工规模从2011年的9914万人增长到2017年的11467万人。从增速上看,本地农民工增速始终高于外出农民工增速,2016年两者相差3.1个百分点,为2011年以来之最。2017年情况发生了较为明显的变化,2017年外出农民工增速提高,达到1.5%,比上一年提高1.2个百分点;与此同时,本地农民工增速回落,2017年增速为2%,比上一年减少1.4个百分点,比本地农民工增速高0.5个百分点,为历史最低(见图3-3)。可以预

---

① 相关的研究认为,2015年农民工规模的波动是由于短期经济波动、农民工在流入地的落户规模增加、个别特大城市的人口疏解误差调整等多种因素共同作用的结果。具体参见国家卫生和计划生育委员会流动人口司编《中国流动人口发展报告2016》,中国人口出版社2016年版,第4页。

>>> 社会工作介入：迈向治理的农民工社会管理

见，在今后较长一段时期，大规模的农民工外出流动依然是我国经济社会发展的一个重要现象。

	2011年	2012年	2013年	2014年	2015年	2016年	2017年
规模	25777	26261	26894	27395	27747	28171	28652
增速	4.4	3.9	2.4	1.9	1.3	1.5	1.7

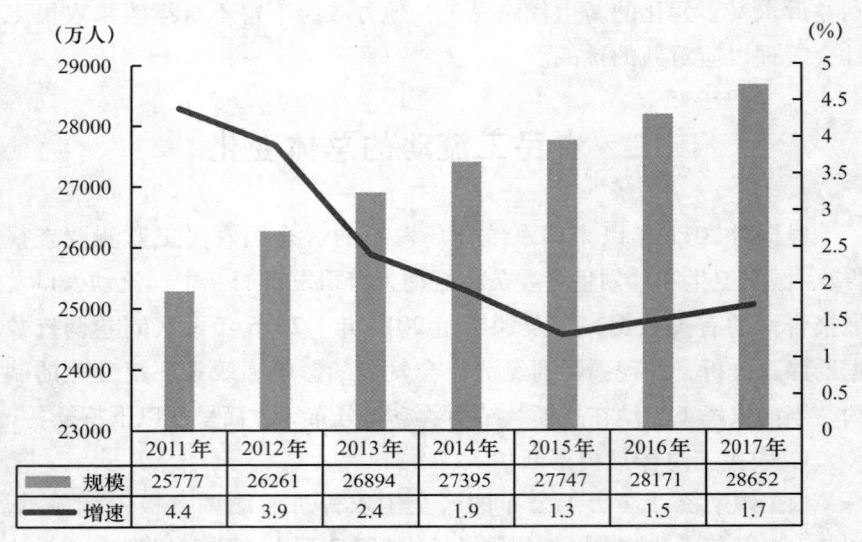

图3-2　2011—2017年农民工总量及增速

数据来源：根据历年国家统计局公布的《全国农民工监测调查报告》整理获得。

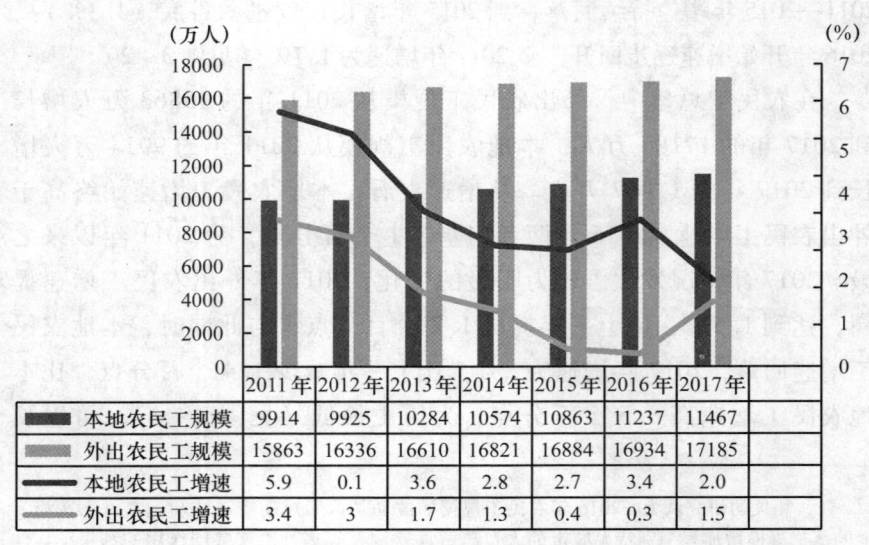

	2011年	2012年	2013年	2014年	2015年	2016年	2017年
本地农民工规模	9914	9925	10284	10574	10863	11237	11467
外出农民工规模	15863	16336	16610	16821	16884	16934	17185
本地农民工增速	5.9	0.1	3.6	2.8	2.7	3.4	2.0
外出农民工增速	3.4	3	1.7	1.3	0.4	0.3	1.5

图3-3　2011—2017年本地农民工和外出农民工规模及增速比较

数据来源：根据历年国家统计局公布的《全国农民工监测调查报告》整理获得。

2. 省内流动为主趋势持续增强

外出农民工跨省流动比重持续下降，2011—2017年分别为50.3%、46.8%、46.6%、46.8%、45.9%、45.3%、44.7%，省内流动比重则逐年上升，2011—2017年分别为49.7%、53.2%、53.4%、53.2%、54.1%、54.7%、55.3%（见图3-4），新增外出农民工主要在省内流动，2017年省内流动农民工增量占外出农民工增量的96.4%。

	2011年	2012年	2013年	2014年	2015年	2016年	2017年
省内流动	8390	8689	8871	8954	9139	9268	9510
跨省流动	7473	7647	7739	7867	7745	7666	7675
省内流动比重	52.9	53.2	53.4	53.2	54.1	54.7	55.3
跨省流动比重	47.1	46.8	46.6	46.8	45.9	45.3	44.7

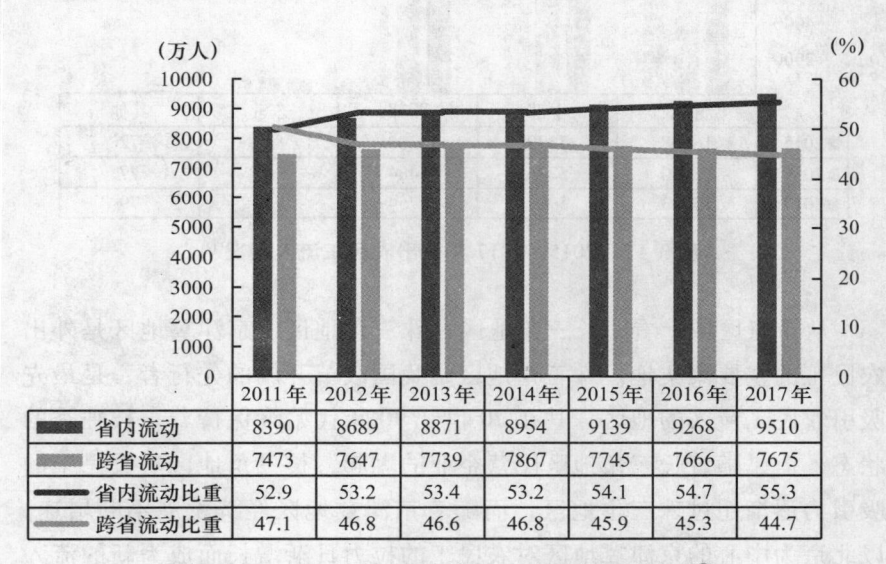

图3-4　2011—2017年农民工流动方向及比重[①]

3. 空间分布东稳西增日渐明显

受经济社会发展的区域不平衡性影响，长期以来我国农民工的流入地分布明显呈现出向东部地区集中的态势，全国农民工监测数据显示，2015—2017年在东部地区务工农民工总量变化不大，分别为16008万人、15960万人和15993万人，在外出农民工总量中的占比分别为94.8%、94.2%和93.1%（见图3-5），尽管在绝对数量上和外出农民工总量的占比有逐年降低的趋势，但仍然保持着相对的稳定，农民工"孔雀东南飞"的格局基本不变。

---

① 数据来源：根据历年国家统计局公布的《全国农民工监测调查报告》整理获得。

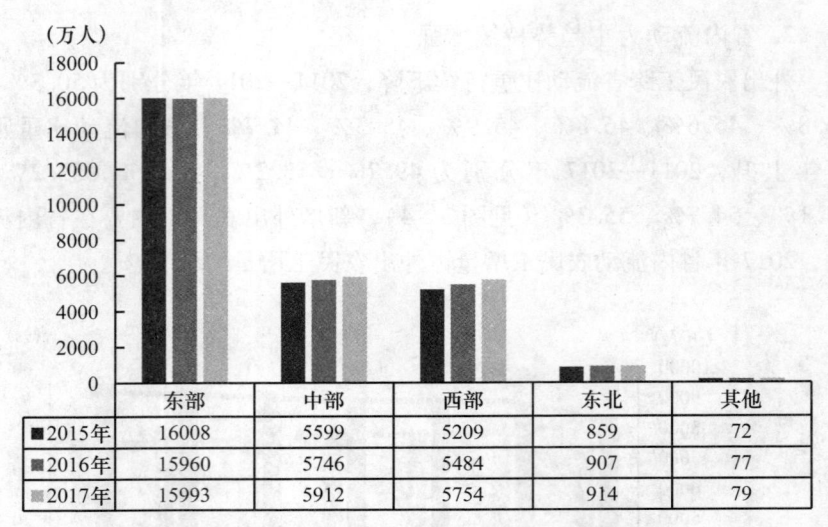

(万人)	东部	中部	西部	东北	其他
■2015年	16008	5599	5209	859	72
■2016年	15960	5746	5484	907	77
■2017年	15993	5912	5754	914	79

图3-5 2015—2017年外出农民工流入状况①

从重点区域上看，长三角地区、珠三角地区、京津冀地区是外出农民工的主要聚集地。珠三角地区是我国改革开放的先行者，是最先吸引农民工流入的地区，其在20世纪90年代始终保持着一枝独秀的状态，但是随着长三角地区民营企业的崛起，长三角地区对农民工的吸引力逐渐超过珠三角地区，而随着京津冀地区经济发展不断增速，以北京为中心的京津冀地区对农民工的拉力日渐增长而成为新的流入中心，由此形成三分天下的农民工流入格局。鉴于农民工流动对经济格局变化的灵敏性反应，随着我国经济增长格局的变动，三大流入中心的人口流动格局必将呈现出新的此消彼长的关系。

4. 长期流动和长期稳定并存

大量农村人口长期离开农村在城市居住、生活和工作已经成为一种普遍的社会事实。课题组调研发现，农村常住人口数量锐减，许多新建的房屋常年关门闭户。一位60岁的村支书这样描述乡村生活："平时不管白天还是晚上，村子里安静得几乎听不到人声，几天才会有那么一辆两辆汽车进村。过年的时候，村子才会活过来，路上的小

---

① 数据来源：根据历年国家统计局公布的《全国农民工监测调查报告》整理获得。

汽车嘀嘀不停地按喇叭，吵闹得像菜市场，堵车半个钟头一个钟头的是常事。""过年回家，过完年回城"已经成为农村中青年人的一种固定生活模式，不遵循这种生活模式的人往往会被视为异类。2013年的调查数据显示，有5年以下外出经历的农民工占比为48.5%，6—11年的占比为26.0%，12年以上的占比为25.3%；2016年的调查数据显示，有5年以下外出经历的农民工占比为22.9%，6—11年的占比33.8%，12年以上的占比43.3%，显然大多数农民工具有长期外出打工的经历，且随着时间的推移，农民工外出打工的年限在不断增长。与之相适应的是，农民工在当前打工城市的居住时间也在不断增长，2013年的数据显示，在当前城市居住时间为两年以下的农民工占比39.3%，3—8年的占比为48.6%，9年及以上的占比12.0%；2016年的数据显示，在当前城市居住时间为两年以下的农民工占比25.9%，3—8年的占比为47.2%，9年及以上的占比为26.9%，两相比较，在当前打工城市居住时间9年及以上的占比增长了14.9个百分点，这说明农民工长期在同一个城市居住和生活的趋势日益明显。

5. 家庭化流动趋势日渐增强

与早期单独外出、候鸟式迁徙的流动方式不同，当前农民工家庭化流动趋势显著增强，成为农民工流动的一个重要结构特征。全国流动人口动态监测数据显示，自2011年以来，举家外出农民工占全部外出农民工的比例持续提高，尤其是对于新生代农民工而言，绝大部分夫妻会一起流动，而携带子女乃至老人的比例也在不断提高[①]。《中国流动人口发展报告2016》的数据显示，一方面，越来越多的农民工子女在流入地出生，而不是流出地出生。与2010年相比，2013年流动人口子女在流入地出生的比例上升了23个百分点，达到58%[②]。另一方面，在流出地出生的儿童也越来越多地随父母迁出。2015年，全国义务教育阶段在校生中，随迁子女达1367.1万人，留

---

① 国家卫生和计划生育委员会流动人口司：《中国流动人口发展报告2016》，中国人口出版社2016年版，第8页。

② 同上书，第9页。

守儿童2019.2万人，农民工子女的随迁率为40.37%，留守率则接近60%①。课题组的研究结果也显示了同样的趋势：2013年的调查数据显示，农民工单独流动的比例为42.1%，夫妻共同流动的占比为26.4%，夫妻和子女共同流动的占比为10.5%；2016年调查数据显示，农民工单独流动的比例为25.3%，比2013年下降16.8个百分点，夫妻共同流动的占比为34.9%，比2013年上升8.5个百分点，夫妻和子女共同流动的占比为27.1%，比2013年上升16.6个百分点（如图3-6所示）。种种数据显示，农民工家庭化流动趋势正在不断增强，农民工家庭内部长期分离现象正在得到改善。

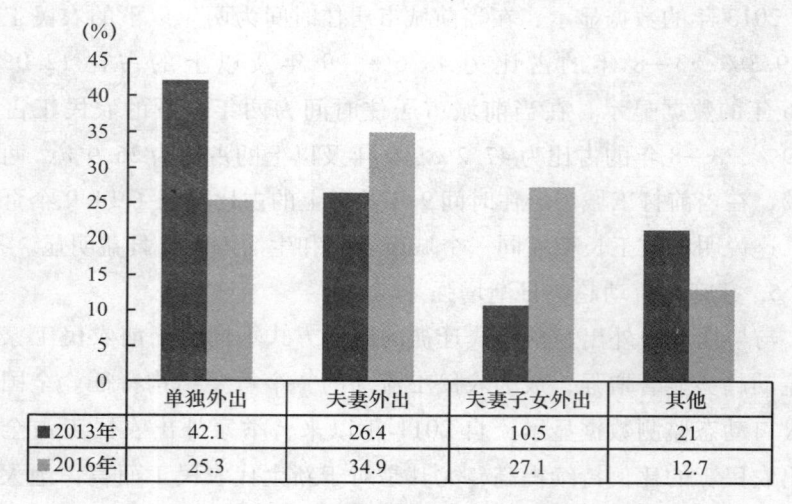

	单独外出	夫妻外出	夫妻子女外出	其他
2013年	42.1	26.4	10.5	21
2016年	25.3	34.9	27.1	12.7

图3-6 农民工外出方式变化

数据来源：课题组2013年、2016年农民工调查数据。

三 农民工流动的个体故事

农民工流动的数据本质上是一种宏大叙事的传统，其内涵就是对农民工这一宏大历史事件的诠释，是一种全景式的、群体式的分析方

---

① 《农民工子女随迁率持续增长 15年内或赶超留守率》，财新网，edu.qq.com/a/20161227/025658.htm. 2016-12-27。

略。但是仅仅从宏观上来理解农民工，对于社会管理而言是远远不够的。因此，在通过问卷和国家统计局的数据来了解农民工状况的基础上，我们试图通过访谈来倾听农民工个体口述的故事。这些故事记录了农民工个体所面临的困局。

1. 为教育而流动的保安

谢某，保安，湖南湘西人，1975年生，离异，有一男孩，9岁。他外出打工的原因是"因为孩子要上小学了，家门口的小学只有两个老师，十来个学生，觉得不很好"。为了让儿子接受城里的教育，老谢在长沙某单位做了一名保安。"工作每天要三班倒，一个月只有1400元，算上每个月的停车管理费每个月1800元左右。最好的一点是孩子可以在单位的院子里玩耍，环境好，还有小孩玩耍的游乐设施，上班的时候不用担心孩子的安全。单位的人素质比较高，没有看不起人的，孩子也可以和单位院子里的孩子玩。"因为户口不是本地的，老谢的儿子在入学的时候遇到了困难，差点不能入学。"单位的人帮了大忙，我们差点错过了报名的时间，最后半天的时间去的学校，好多要交的证明材料都没有办法办，本来是上不了的，起码要再等一年，要交社保的证明，我们刚来长沙哪里有社保证明？而且就算有社保证明，也要等学位，有剩余的学位才能轮得到。"为了孩子不耽误一年，老谢"大着胆子"向负责管理自己的领导提出了请求，没想到单位领导还真给帮了忙。"单位和学校原来是有合作关系的，保卫科的科长出面以单位职工的名义提出入学申请，所以排顺序的时候就放在前面，没有放到外来务工人员子女那一类，很多材料要求就放松了。"保安的流动性大，单位的保安来来去去换了一茬又一茬，谢某却一直没有考虑过换工作。"我没有什么大本事，做这个稳当，不要老搬家，对孩子好。换个工作换个地方，孩子上学就会是个问题，不是每次都能这么幸运地解决读书的问题。"因为收入不高，老谢在工作之外还试图跑过摩的，给别人打零工，"只要能够赚到钱的事情，我都愿意去做。苦一点没有关系，孩子能够比我有出息就行。"

像老谢这样为了孩子流动的外出农民工并不少见。"为教育而流动"已经成为农民工流动的一个客观存在的微观机制，为了保障子女的受教育权益，农民工宁愿以牺牲部分工资收入为代价来获得一份相对稳定的工作，从而换取其随迁子女入读公办学校的机会。① 然而，这些代价是不公平的城乡教育制度所带来的，本不应由农民工群体去承担。

2. 只想赚钱的地铁工人

沈某，1971年出生，湖南永州人，2012年前在广东东莞一家鞋厂做事，2012年来到长沙地铁工地。老沈有两个孩子，女儿读初中，儿子读小学，家里还有年近七十的父母，妻子在家照顾孩子和老人。他来地铁工地是因为这份工作比其他工作赚钱多。"出来做事就为了多挣几个钱，孩子还在上学，家里还有老人，用钱的地方多，必须好好做事，一年挣的钱才够用，不好好做事一家子得喝西北风。除了想挣钱，没有别的想法。"老沈最关心的是每个月能否按时领到工资，对于其他事情，他认为和自己没有什么太大的关系。他说来工地签了合同，不过他没有仔细看过合同内容，也没有要过合同，只是把身份证给劳资员检验过后就签字按手印了。"这种合同都是打印好的，大家都一样，看不看合同都没有什么关系，只要谈好每个月给多少钱就行了。"不过事实上他还是考虑过如何处理可能出现的工资拖欠风险的。"现在国家对拖欠工资管得很严的，一般像这种大工地都不会拖欠工资，不可能不给，只不过有可能少给，或者迟十几天给。比如说这个月应该发3000元，他发2800元，还有两百块钱不给你。比如加班费，过年过节也跟平时一样的算加班费。还有就是本来25日发工资，他拖到下个月发，一直拖一个月的工资不发。为了两百块钱，为了这拖的一个月工资，你不可能去闹，也不可能去告，忍一忍就过去了。要是做了一年，拖了三四万块钱，他要不给的话，没法子过日子，我肯定要去理论、去闹、去告……反正我们光脚的不怕穿鞋的，你不让我好过，那干脆大家都不要想好过了。"

老沈的案例能够代表很多在建筑、制造等行业农民工的情况。外

---

① 李超、万海远、田志磊：《为教育而流动——随迁子女教育政策改革对农民工流动的影响》，《财贸经济》2018年第1期。

出农民工多数是上有老下有小，负担着一家人的生计，他们在城里做着最苦最累的工作，就是为了能多挣点钱，养活一家大小。对于与工作无关的事情，他们并不关心，对于别人的冷眼和歧视，他们也不放在心上。在他们的眼里，只要能够按时领工资，就一切安好。只要能够按时发工资的工作就是好工作。他们清楚地认识到，出来打工是为了赚钱，不是为了其他，"只要工钱到手，其他不要多在乎，在乎也没有什么用处"。国家每年开展的清查拖欠工资行动，尽管没有根治工资拖欠问题，但在国家行动下顶风作案发生大规模拖欠农民工工资的行为还是大量减少，从而极大地增加了农民工打工的安全感。与此同时，在现实生活中，农民工个体也发展出了自身应对问题的智慧，他们采取了一种算经济账而非算道理账的策略来应对实际遭遇的工资问题。对于可接受范围内的少支付工资，许多农民工像案例中的老沈那样，一般不会过分追究，也不会去寻求政府部门帮助，尽管他们明确知道资方行为并不合理。在这个问题上，农民工更倾向于算经济账而不是去算道理账，因为花费大把的时间和精力不一定能追回数目不多的工资，不如把这些时间和精力用来多做工来获得更多的收入。农民工这种基于生活的策略行为显然是一种个体无力抗争组织的具象，它表明如何切实保障农民工的权益仍然是一个任重道远的任务。

3. 从留守儿童到农民工的"90后"

小彭，1991年出生，湖南娄底人。十七岁以前，小彭是中国庞大的留守儿童大军中的一员。两岁的时候，母亲跟着父亲一起出去打工，他是跟着外公外婆长大的。由于成绩不好，觉得升学无望的小彭在高二的时候选择了辍学，跟着叔父到福建学做装修。"现在做装修不像以前那样好做，价格都压得很低，做得辛苦，又没有什么赚的……想换个事情做，但是不知道做什么好，没有什么方向，在学校里学的东西都用不上，做事情还是得重新和别人去学。家里的亲戚朋友都是做装修的，想学点其他的还是挺难的。家里人想让我先考个驾照，开出租或者帮人运货，但是那个也很辛苦，我还没有想好，先考了再说吧，总能用得着。"

像小彭这样从留守儿童成长起来的新一代农民工已经成为当前农

民工的主体，他们比之父母有着更多的受教育经历，大都是从学校直接进入城市打工，他们对工作的期望远高于其父辈，但是囿于自身知识结构、社会背景等因素，他们的实际就业状况甚至不如他们的父辈。从小彭和沈某的对比可以明显看出，新老两代农民工群体的差异。这种代际之间的差异使得农民工问题的表现形式、逻辑机理等都发生了深刻变化，从而对农民工社会管理构成新的挑战。

4. 超龄务工的老一代农民工

老刘，1953年出生，湖南衡阳人。采访的时候他在苏州的一个房地产工地负责绿化。他的经历比较复杂，去过很多地方，做过搬运工、帮厨、摩的司机、保安等各种工作，他自嘲"能够生钱的事情都做过"。在不断拼搏努力的岁月里，老刘和他的妻子用辛勤劳作赚来的钱成就了子女的前途，让他们成为有体面工作的城里人。但是，生活的艰辛让年轻人不仅没有能力为老刘养老，反而还要老刘和妻子对其援助。老刘的妻子一直在给儿子带孩子，老刘如今仍在为儿子结婚买房欠下的债务打工。老刘在外多年，也曾经有机会购买社会保险，"但是买不满十五年，做人事的说那就还是一样领不到养老金，只能合并到农村的养老保险。一个月要交三百块，合并到农村养老保险，多不了几块钱，觉得不划算，最后就没有交了"。只有农村新型养老保险的老刘，因为儿子的欠债，对于未来的晚年生活显得很悲观，"养老保险一个月只有70块，买油买盐都不够……走一步算一步吧，能动的时候尽量多做点，小病就忍一忍，要真是得了大病，最好的方法是自己早点解脱，不拖累子女，反正人早晚都是要死的"。

老刘的情况不是个例，从统计数据来看，农民工的平均年龄已经从2013年的35.5岁提高到2017年的39.7岁，其中50岁以上农民工的占比正在逐步提高，2017年50岁以上农民工占全部农民工的比重已经高达21.3%。这意味着农民工正在逐渐老去，超龄农民工正在日渐增多，并在未来成为一个重要群体。这部分农民工之所以在年老之后还要出来务工，其主要原因无非在于或减轻子女负担，或积累养老费用，他们年老体弱但仍然背井离乡外出打工，其身体状况和权益保护状况令人担忧。

5. 回归乡村的装修包工头

老吴,1955年出生,湖南衡阳人。老吴是最早一批外出打工的农民工,从1985年开始,到2015年,老吴在广东佛山、顺德一带打工整整三十年。2015年春节过后,老吴没有继续像往年一样和儿子一起外出。老吴的儿子有三个孩子,分别为9岁、8岁和6岁,一直是老吴的妻子在照顾。这两年妻子身体不太好,照顾三个孩子很吃力,老吴决定回家搭把手,让儿子和媳妇放心到外面务工。调查的时候,老吴刚刚从市场买回来一批油茶树苗,准备在家后面的山上种上油茶。在他的计划中,除了油茶,他还将种一些花木,家门口的鱼塘准备养鱼,家中的五亩田准备种两季水稻。"种点田,种点菜,附近有人家搞装修接点活,一家五口的日子基本应付得过去,儿子可以安心赚点钱存点钱。外出打工比在农村种田强点,但赚钱的速度赶不上花钱的速度。要在城里买个房子,农村打工的得存很多年的钱。别看我现在60岁了,我的身体在家门口再干个七八年应该不成问题。"由于老吴一直是在家装行业,自雇的工作性质,他没有参加社会保险,只参加了国家统一推行的新型农村养老保险和新型农村合作医疗,每个月能够领到55元的养老金。对未来的生活,老吴希望是帮儿子把孩子带大,尽量减轻儿子的负担,"做得动一天,就做一天,做不动了的时候再麻烦儿女吧"。

随着人生周期进入老年阶段,第一代农民工的晚年生计已经成为我国经济社会发展中一个不容忽视的社会问题。以经济回报为目的的职业生涯使得他们中很少有人能够真正实现市民化,他们中的一些人像案例中的老刘一样,年老体衰却仍然奔波在外务工,成为超龄农民工,更多的人则像老吴一样选择返乡养老,但都不得不活到老干到老,都面临严峻的养老困境,"干到干不动为止"的艰辛与悲情,是其社会保障缺失、劳动权益保护短缺和养老资本匮乏的产物。[1]

---

[1] 杨朝清:《"干到干不动为止"背后的农民工养老困境》,《中国职工教育》2015年第9期。

四 农民工流动的管理挑战

农民工流动中出现的流动速度和频率加快，空间分布日益广泛，持续时间不断增加，家庭化流动趋势加强等新情况、新变化和新问题，以及农民工流动中的诸多困局对农民工社会管理的理念、目标、内容、方法与手段等都提出了新要求。

1. 农民工社会管理理念亟待转变

农民工长期持续的流动事实表明，农民工已经成为城市生活中的一个重要社会群体。如果城市仍然像过去那样，将农民工视为需要防范管理的对象，寄希望于通过各种方法与手段来管住农民工，让其按照城市发展的需要来行动，显然不再现实。在经年累月的生活历练中，农民工不仅提高了职业经验与技能，增强了就业能力，在经济资本、社会资本方面也有所增长。一些优秀分子甚至成为创业创新的时代弄潮者。相应地农民工参与社会生活、表达利益诉求、要求社会资源分配、期待获得平等待遇的要求和呼声也越来越高。因此，农民工社会管理必须及时调整管理理念，走出过去将农民工从单纯的管理客体的理念取向，转而视其为拥有丰富资源和能力的社会管理主体，通过健全社会参与机制，畅通利益表达渠道，提高农民工参与社会管理的能动性。当农民工有机会参与影响到他们生活的决策时，社会管理的目标才能得到更好的实现。

2. 推动农民工城市融入日渐重要

农民工长期定居城市不仅是城市化健康发展的需要，也是许多农民工及其家庭的强烈愿望。然而，受结构性障碍因素的影响，农民工在城市流动中出现了职业身份与社会身份转换的错位，生活地域边界、工作职业边界和社会网络边界的背离，在城市中形成了一个独特的边缘群体或边缘阶层。这种格局如果继续存在，不仅有可能带来市民化的中断，还会带来巨大的社会秩序风险。在农民工流动持续增长的情况下，不断推动农民工城市融入将是农民工社会管理的根本目标。实现这一目标，不能靠等待和拖延，只有让农民工群体在城市分层体系结构中占据应有的位置，取得相应的地位、资源，农民工才能真正对城市产生归属感、认同感，农民工的城市融入才能落到实处。农民工社会管理应以农民工享受国民待遇为原则，对社会政策体系进行创新改造，对农民工就业、社会保障、子女教育、医疗、住房等一系列具体制度做出整体性的安排，帮助农民工在城市站稳脚跟。

3. 面向家庭的服务体系亟待建立

农民工流动不仅是个人的行为选择，更是整个家庭理性计算后的共同选择。农民工家庭化流动趋势的不断增强，不仅带来大量的流动儿童，也将带来大量的流动老人，这一现象使得城市社会日渐取代农村社会成为农民工生老病死等日常生活的主要场域，势必给农民工社会管理带来新的问题。比如随迁老人离开熟悉的生活场景，可能出现沟通交流困难、城市适应不良、日间照料不完善、医疗需求和医疗负担加重等问题。适应农民工的家庭化流动趋势，将家庭作为社会服务体系建设的政策目标，制定面向农民工家庭的扶助政策，兼顾农民工、随迁子女、随迁老人和家属等各种群体的需要，将他们的服务需求、发展诉求一并纳入农民工社会管理服务体系中。

4. 农民工子女教育亟待增强

随着农民工流动规模的扩大，随迁进入城市的儿童的规模也越来越大，农民工子女教育管理的重要性日渐凸显。农民工随迁子女教育不仅是受教育权问题，更为重要的是涉及安全、健康、归宿、亲情、自尊、社会交往等在内的多种心理需求和社会化风险问题。因此，除了继续推进"两免一补"的教育政策，保证农民工子女能够平等接受义务教育，更为重要的是以农民工子女需求为本，以实现农民工子女社会性发展为重，在社区建设中通过推进社区教育多方法、多策略地满足农民工子女在学习适应、社会适应、社会认同、心理调节和文化跨越等多个方面独特的需求。具体而言，不仅要向农民工子女开放社区原有的各种类型的学校、文化组织、妇女协会、儿童协会等机构以及图书馆、博物馆等公众设施，在社区建设中加大农民工聚居区内教育设施和场所的投资建设，还要通过新建、重组、合并、共建方式成立具有法人资格的农民工子女教育中心、农民工子女权益保护工作委员会、农民工子女活动指导中心等,形成体系完备的社区教育组织架构与开展服务的载体。

5. 政府的社会管理技术亟待创新

农民工流动的新变化,进一步加大了农民工社会管理的难度。在无法对现有的政府管理系统进行结构性改变的前提下,积极利用信息技术的发展提升社会管理水平已经成为农民工社会管理的迫切需要。首先,农民工高频率、广地域性的流动,使得实现农民工流动动态掌握难度增大,社会风险在时空范围内的可控性变得日益困难,迫切要求政府借助新的信息技术,特别是最新的云计算技术,建立起反应迅速的社会应急处置机制,以实现对社会冲突矛盾的及时调处,对群体性事件的快速反应。其次,农民工高频率、广地域性的流动,使得解决农民工问题日渐复杂和艰巨,不仅涉及不同地域范围,还涉及不同政府层级、不同政府部门。迫切要求政府利用新的技术平台和手段来加强信息的快速共享,消除管理壁垒,实现不同地域之间、不同部门或者层级间资源的有效整合,形成部门间、上下级组织间的联动协同管理机制,形成农民工社会管理的合力。最后,农民工社会管理仅依靠突击运动式、粗放式管理已经无法实现管理预期,迫切要求政府运用大数据技术来加强前瞻性管理和源头性管理,变事后封堵为事前防范,变行政管理为服务管理,提升管理的回应性。

第四章　农民工社会管理的实践考察

社会管理实践总是要随社会现实的变化而变化，但又常常滞后于社会现实的变化。我国农民工社会管理的实践伴随农民工社会流动发展阶段的变化发生了显著的阶段性变迁。然而，从顶层设计到地方实践、从文本内容到生活实践的政策执行过程中，我国农民工社会管理的政策效果并不尽如人意，未能有效满足农民工群体融入城市和实现个体发展的需求。

一　农民工社会管理的历史变迁

尽管农民工的流动从一开始就在政府目光之内，但是很长一段时间中央政府主要是从城市发展和工业发展的角度，单纯对农民的流动行为进行控制，城市经济发展的需要决定政府对农民工的态度和管理措施。真正承认农民工的重要作用，将农民工作为有血有肉的公民对待，从城市化、工业化和现代化的战略高度对农民工及其问题展开治理始于 21 世纪。从历史的角度，可以将农民工社会管理的变迁过程粗略地划分为三个阶段。

1. 控制防范阶段

这一阶段主要指 2000 年之前。在 20 世纪 70 年代末至 80 年代初期，由于大量下乡知识青年返城和下放职工带来沉重的就业压力，导致城市发展所需劳动力资源充足，农民工进城只会加重政府劳动力市场管理负担，因此，地方政府极力凸显农民工进城的负面信息（诸如挤占城市公共资源、违法犯罪、影响市容等），称之为"盲流"，① 对农民外出务工实行严格控制措施，明令"严格控制农村劳动力流入城市""严格控制使用农村劳动力"，各地大量清退农民工和计划外用工。80年代中期以后，城市就业压力缓解，促使政府开始放松严格控制农民工进城的政策，特别是1985年1月1日颁布的《关于进一步活跃农村经济的十项政策》提出，"在各级政府统一管理下，允许农民进城开店设坊，兴办服务业，提供各种劳务。城市要在用地和服务设施方面提供便利条件"。同时，从1985年开始，统计部门正式将农村外出劳动力作为统计指标纳入统计体系。这两个事件标志着政府正式承认农民外出务工权利这一事实。而到了90年代初期，以劳动密集产业主导的外向型经济迅速发展，经济发展急需大量廉价农村劳动力作为发展红利和竞争优势，因此政府适时松绑了一系列限制农民工进城务工的政策，农民工流动出现了一次高峰期。然而，随着1993年国有企业体制改革启动，在大批国有企业职工下岗给城市带来就业压力的背景下，为保证下岗工人就业，又通过限制与歧视性的准入政策来转嫁就业压力。1994年劳动和社会保障部发布的《农村劳动力跨省流动就业管理暂行规定》（劳部发〔1994〕458号）指出，当本地劳动力无法满足要求，并符合特定条件时，用人单位才可跨省招用农村劳动力。

回顾历年的政策，不难看出，政府在这一阶段实际上秉持的是极端的工具主义取向，将农民工单纯地看作实现政绩的工具。用则取之，不用则弃之，完全不承认农民工在城市建设中的贡献，而仅将农民工问题看作一个"农村剩余劳动力"转移的问题②，农民工的政策安排始终围绕国家经济发展（特别是城市经济发展）战略而进行，属于配合市场经济体制改革的附属领域，农民工始终被当作城市建设和城市经济发展所需要的劳动力而非公民来对待。③ 这一点，从这个

---

① 任贤良、熊小立：《盲流还是潮流？——对农村劳动力流动的深层思考》，《农村经济》1989年第6期。
② 王小章、冯婷：《从身份壁垒到市场性门槛：农民工政策40年》，《浙江社会科学》2018年第1期。
③ 刘爱玉：《城市化过程中的农民工市民化问题》，《中国行政管理》2012年第1期。

时期出台的有关农民工政策的文件名称即可看出。

2. 保护补偿阶段

这一阶段主要指2002—2012年。从2002年开始,中央政府开始意识到改革在实现经济高速发展目标的同时,也导致部分农村社会群体的利益受损等负面效应,推动社会的全面进步成为党和政府新的关注点。在经济社会转型的过程中,受制于城乡二元结构,农民工在就业、子女入学、住房、劳动权益、社会保障等诸多领域的基本权利呈现不同程度的缺失,成为典型的弱势群体。为改善农民工弱势地位,农民工社会管理的政策目标开始转向清理和取消针对农民工的流动与就业的歧视性规定和政策限制,2007年7月,劳动和社会保障部等部委与国务院发展研究中心联合发出了《关于进一步开展农村劳动力开发就业试点工作的通知》,提出取消对农民进城就业的不合理限制。

十六大报告明确指出,"农村富余劳动力向非农产业和城镇转移,是工业化和现代化的必然趋势,要求消除一切不利于城镇化发展的体制障碍和政策,为农村富余劳动力进城创造良好环境",农民工和城镇职工"同享权利、享同权利"的呼声高涨,为农民工维权成为政府乃至全社会的热点问题。2002年,劳动和社会保障部下发了《关于开展农民工工资支付情况专项检查的通知》,开始对农民工工资支付情况进行专项检查。2003年4月27日,国务院以375号令公布了《工伤保险条例》,将农民工纳入保险范围。2003年9月,国务院办公厅转发《关于进一步做好进城务工就业农民子女义务教育工作的意见》,将进城务工就业农民工子女义务教育工作纳入当地普及九年义务教育工作范畴和重要工作内容。2004年1月1日,《中共中央、国务院关于促进农民增加收入若干政策的意见》提出,地方政府要切实把对进城农民的职业培训、子女教育、劳动保障及其他服务和管理经费,纳入正常的财政预算。2006年3月28日,国务院发布《国务院关于解决农民工问题的若干意见》,针对已经出现的农民工问题,包括农民工工资偏低与拖欠、劳动管理、就业服务、社会保障、卫生安全、权益保障机制、农民工培训和农民工子女教育等方面存在的突出问题,提出了一系列的政策应对措施。以上一系列政策表明,在十六大以后,中央政府已经意识到了既往农民工社会管理政策的错误,而开始加强对农民工的保护和补偿。

《国务院关于解决农民工问题的若干意见》(以下简称《意见》)是我国政府第一次全面、系统地认识和解决农民工问题,特别是《意见》将农民工定义为"产业工人的重要组成部分",标志着农民工在机制上基本上获得了公民的应有权利。此后的政策,均是在此基础上着眼于如何在现有条件(包括现有户籍制度)下,尽可能地解决、满足农民工在经济、社会、政治、文化等多方面的各种需求,农民工的需求取代劳动力供求关系成为政策制定的基准。尽管如此,农民工作为社会公民的角色身份并没有得到清晰明确的承认,《意见》虽然提到"户籍管理制度改革",但落户仍然不具有普遍意义,而只是一种象征意义。《意见》提出要"逐步地、有条件地"解决长期在城市就业和居住的农民工的户籍问题,"小城市"和"小城镇"要"适当"放宽农民工落户条件,大城市要积极稳妥地解决符合条件的农民工户籍问题,对农民工中的劳动模范、先进工作者和高级技工、技师以及其他有突出贡献者,应优先准予落户。也就是说,即便是《意见》也允许地方政府合法地设置各种身份壁垒,将绝大部分农民工群体挡在市民化的行列之外。[①]

3. 共享公平阶段

这一阶段指 2012 年至今。党的十八大以来,共享发展理念日渐深入人心,人人共建、人人共享的经济社会发展状态成为党和政府追求的治理目标。在共享发展理念关照下,中央政府着力加快顶层制度设计,相继出台多项政策和文件,全面推进户籍制度改革、推进农业转移人口市民化,促进农民工子女义务教育、农民工就业服务、基本养老、基本医疗卫生、住房保障等城镇基本公共服务全覆盖,并在中央财政转移支付上对农民工市民化给予支持,确保农民工与社会其他群体一起分享机会、分享资源、分享权利,通过共建共享实现共同富裕。党的十八大会议明确提出,要把"加快改革户籍制度,有序推进农业转移人口市民化"作为新型城镇化发展的主要任务,"推动农业人口非农化、非农人

---

① 王小章、冯婷:《从身份壁垒到市场性门槛:农民工政策40年》,《浙江社会科学》2018年第1期。

口市民化"。2014年，国务院发出《国务院关于进一步做好为农民工服务工作的意见》，提出着力稳定和扩大农民工就业创业，实施农民工职业技能提升计划；着力维护农民工的劳动保障权益，努力实现农民工工资基本无拖欠；着力推动农民工逐步实现平等享受城镇基本公共服务和在城镇落户；着力促进农民工社会融合，并且进一步明确了解决农民工突出问题的路线图和时间表。《国家新型城镇化规划（2014—2020年）》《关于进一步推进户籍制度改革的意见》提出，以农业转移人口为重点，统筹推进户籍制度改革和加快实现基本公共服务均等化；2016年《关于实施支持农业转移人口市民化若干财政政策的通知》从建立健全农业转移人口市民化的财政政策体系来支持市民化的有序推进；同年10月《国务院办公厅印发关于推动1亿非户籍人口在城市落户方案的通知》（国办发〔2016〕72号），保障非户籍人口在城市落户，健全配套政策。2016年6月《关于进一步做好为农民工文化服务工作的意见》出台，要求逐步实现城镇基本公共文化服务均等化，到2020年，在城镇常住的农民工及其随迁家属能平等享受城镇基本公共文化。

显然，我国中央政府从就业保障、合法劳动权益、住房、基本公共服务、医疗保障、农民工子女教育、社会权利等方面制定与执行推动农业转移人口有序市民化的顶层制度设计，旨在有序地消除阻碍农民工进入普遍性的城市公共服务体系的制度和身份壁垒，体现出强烈而明显的推动农民工和城市原住民平等地共享城市经济、社会、文化生活的机会，在公平正义社会环境下共建共享经济社会发展成果的治理意图，彰显了国家努力建构农民工与城市社会和谐相互、共生共荣的治理图景的努力和意蕴。

二 农民工社会管理的政策效果

中央政府启动的农民工社会管理改革在理念上实现了根本的转变，在制度层面为农民工城市融入铺平了道路，但是制度建构仅是政策作用的开始，并不意味着政策功能的实际发挥和政策效果的实际显现，因为文本形态和政府话语体系下的公共政策转化为现实形态的政策目标的过程并不是一个直线的过程。① 正如《劳动合同法》实施后，大部分农民工仍然没有签订劳动合同一样，依靠中央政府文件来解决农民工问题效果并不理想。

1. 户籍管理：难以敲开大城市之门

为解决人口流动频繁引发的人口管理问题，中央政府一直在试图探索适应流动性社会的人口管理模式，以改变长期以来以户籍制度为基础、以暂住证制度为主体的人口管理模式。从探索路径而言，中央的人口管理探索走的是一条从地方到中央的道路，通过支持地方实践形成经验再上升到国家层面的顶层设计。这也是我国改革的重要路径和主要经验。2014年7月24日，国务院颁布《关于进一步推进户籍制度改革的意见》（以下简称《意见》），提出全面实施居住证制度，并根据城镇规模，因地制宜实施差别化落户政策。随后2015年10月21日，李克强总理签发中华人民共和国第663号国务院令《居住证暂行条例》，从而正式将原来地方实践探索的农民工居住证制度确认为一项国家政策。

居住证制度将"暂住"改为"居住"，消除了政策文本上对外来人口的语言歧视，对居住登记与服务、权益享有等有关问题做出了正式的制度规范，同时设计了全面放开建制镇和小城市落户限制，有序放开中等城市落户限制，合理确定大城市落户条件，特大城市建立完善积分落户制度的户口迁移政策，为持证人迁移落户提供了一条可预期的通道。较以往的暂住证管理而言，居住证管理制度有了长足进步，特别是它迈出了向农民工群体提供基本公共服务的关键一步，意味着农民工社会管理模式从以往单纯的以人口管理为主转向以公共服务供给为主，为农民工共享城市经济社会发展成果提供了制度规范。因此，新的居住证制度被普遍视为我国户籍制度改革的重大进展，被政策制定者、学者、社会公众寄予厚望。但是，从文本上来看，《关于进一步推进户籍制度改革的意见》更多的是对户籍制度改革的规范性文件，而非强制性文件，《意见》中有多处"有条件的地方""逐步"等模糊性表述，既没有对"有条件的地方"给予明确规定，也没有规定"条件"的具体指向，也

---

① 贺东航、孔繁斌：《公共政策执行的中国经验》，《中国社会科学》2011年第5期。

并未指明"条件"具体是什么,因而地方政府在政策设计和执行中的回旋空间相当大,造成《意见》的法律效力欠缺。虽然其后的《居住证暂行条例》在法律效力上得以提高,但是它对居住证办理条件的规定显然要比其核心内容——农民工在居住地享有基本公共服务和便利的规定要更具操作性。在农民工享有基本公共服务和便利的实施方面,它更多的是提供一个制度框架,而把具体内容、具体实施等方面的内容放在地方各级人民政府特别是县级人民政府身上。

从政策落实来看,在国家《关于进一步推进户籍制度改革的意见》出台后,各省市陆续跟进出台了进一步推进户籍制度改革的意见,在《居住证暂行条例》颁布后,地方也陆续修订了居住证管理办法及其实施细则、流动人口管理条例等相关政策(如表4-1所示)。从政策落款时间看,地方政府出台的政策相比国家政策在时间上滞后较为明显。以《关于进一步推进户籍制度改革的意见》为例,我们考察了上海、广东和湖南三个省政策的出台时间,中央出台的时间是2014年7月24日,《湖南省人民政府关于进一步推进户籍制度改革的实施意见》的出台时间是2015年5月11日,与中央政策之间的滞后时间约为10个月,《广东省人民政府关于进一步推进户籍制度改革的实施意见》的滞后时间刚好11个月,《上海市人民政府关于进一步推进本市户籍制度改革的若干意见》滞后时间为21个月。不管文本内容,仅是从落实时间可以看出,政策落实的反应弧长就足以让政策效果有所折扣,农民工实质受惠有限。

表4-1　　　　上海、广东、湖南三地出台的居住证管理政策

地区	出台的政策
上海	(1)《上海市人民政府关于进一步推进本市户籍制度改革的若干意见》 (2)《上海市居住证管理办法》(2017年上海市人民政府令第58号) (3)《上海市实有人口服务和管理若干规定》(2012年9月12日上海市人民政府令第86号公布,2017年修正) (4)《上海市居住证积分管理办法》(沪府发〔2017〕98号) (5)《上海市居住证积分管理办法实施细则》(沪人社规〔2017〕43号) (6)《持有〈上海市居住证〉人员申办本市常住户口办法》(沪府发〔2012〕12号)

续表

地区	出台的政策
广东	(1)《广东省流动人口服务管理条例》 (2)《广东省推动非户籍人口在城市落户实施方案》（粤府办〔2017〕24号） (3)《关于认真贯彻落实广东省推动非户籍人口在城市落户实施方案的通知》（粤公通字〔2017〕190号） (4)《关于印发〈广东省流动人口居住登记和居住证管理工作规范（试行）〉的通知》（粤综治委人口办〔2017〕11号）
广州	(1)《广州市人民政府关于进一步推进户籍制度改革的实施意见》（穗府〔2016〕3号） (2)《广州市积分制入户管理办法》（穗府规〔2016〕6号） (3)《广州市积分制入户管理办法实施细则》
湖南	(1)《湖南省实际居住人口登记和服务规定》（2016年3月17日湖南省人民政府令第278号） (2)《湖南省公安厅关于印发〈湖南省居住证申领发放办法〉的通知》（湘公发〔2016〕50号） (3)《湖南省人民政府办公厅关于印发〈湖南省常住户口登记管理办法〉的通知》（湘政办发〔2016〕12号）
长沙	(1)《长沙市人民政府关于进一步推进户籍制度改革的实施意见》（长政发〔2015〕31号） (2)《长沙市常住户口登记管理规定》（长公通〔2016〕71号）

从各地政策文本上看，居住证制度作为一项国家制度安排已经得以确认，无论是在以人口流出为主的地区，还是在人口大量流入的特大城市，在居住证的门槛设计上都遵循了"低门槛、广覆盖"的原则，只要是满足在当地居住半年的条件均可以申请办理居住证。文本在居住证持有人可享受的基本公共服务和便利方面的表述，也与中央保持高度一致。同时，地方政府也充分利用了中央政策的回旋余地和可操作空间，对中央政策进行了政策细化或再规划。然而，在这个从中央到地方的过程中，农民工社会管理的政策目标已经发生较大的变化，特别是在上海、广东等农民工流入高度集中之地。

从表4-2中不难看出，在居住证持有人落户方面，上海、广州等特大城市的高门槛控制性措施仍然十分明显,居住证积分管理倾向于年轻、高学历、高收入等较为优秀的人群,而相对弱势的大批农民工群体虽然在文本层面享有平等的制度通道,但受制于自身的学历、收入等经济社会条件和人力资本条件,其真正获得户口的希望实则十分有限。以农民工流入大市广州市为例,积分入户的基本条件中没有技术职称的要求,但是却对年龄做出了不超过45岁的明确规定,将年纪大的农民工排除在外。这表明政策欢迎的是年轻的、能够创造社会财富的劳动力,这种政策的背后显然是地方政府维护自身利益的行为逻辑在发挥隐蔽的作用。

表4-2 上海、广州、长沙三地的落户政策

地区	申请落户基本条件	备注
上海	持证人员申办本市常住户口,应当同时符合下列条件:(一)持有《上海市居住证》满7年;(二)持证期间按照规定参加本市城镇社会保险满7年;(三)持证期间依法在本市缴纳所得税;(四)在本市被评聘为中级及以上专业技术职务或者具有技师(国家二级以上职业资格证书)以上职业资格,且专业、工种与所聘岗位相对应;(五)无违反国家及本市计划生育政策规定行为、治安管理处罚以上违法犯罪记录及其他方面的不良行为记录	在每年办理落户数量方面,本市对持证人员申办常住户口实行年度总量调控,符合条件的持证人员按规定排队轮候办理。超出当年调控人数总额的,依次转入下一年度办理
广州	申请积分制入户人员应同时具备以下基本条件:年龄不超过45周岁,在本市有合法稳定住所,持本市有效《广东省居住证》,在本市合法稳定就业或创业并缴纳社会保险满4年,符合计划生育政策,无违法犯罪记录	申请人总积分满60分(可随积分制入户指标体系进行调整)可申请入户。市来穗人员服务管理部门根据申请人在本市缴纳社会医疗保险、办理居住证时间排名和年度积分制入户指标总量,确定拟给予入户人员名单。在本市缴纳社会医疗保险时间排名相同的情况下,按照在我市连续办理《广东省居住证》的时间排名。凡经两轮排名后排序相同的,作并列排名处理。凡并列排名者具有同等积分制入户资格

续表

地区	申请落户基本条件	备注
长沙	在长沙市区合法稳定就业并有合法稳定住所（含租赁），同时按照国家规定在本市参加城镇社会保险满一年的人员，可以申请将本人及其共同居住生活的配偶、子女、父母的户口迁入居住地城镇地区；在四区县市有合法稳定住所（含租赁）的人员，可以申请将本人及其共同居住生活的配偶、子女、父母的户口迁入居住地城镇地区	符合条件均可入户

在城乡发展、地区发展不均衡和公共服务水平非均等化的背景下，为引导人口合理流动，防止人口过度向特大城市和发达地区集中，户籍制度改革坚持以"开门"与"设槛"相统一，使之与城市公共资源和环境空间承载力提升相适应，本身是无可厚非的。即使像美国这样的发达国家，外来人口要完全进入迁入地社会权利体系也是有条件的，比如在教育权利方面，就包括"等待期要求""固定时点居住要求""真诚居住要求"等最为常见的限制条件。站在流入地城市的角度而言，这样的做法似乎合情合理，但是却隐藏着明显的社会不公：年轻人、富人、高学历者和高技能者能够获得市民待遇，年长者、穷人、低学历者、低技能者则被城市抛弃。而农民工群体往往是低学历、低技能者，以上入户门槛实则将农民工挡在了城市化大门之外。

当然，农民工群体并非在所有城市都入户难。我国政策设计者希望能够重点推进中小城镇的发展，限制特大城市的发展，因此《国务院关于进一步推动户籍制度改革的意见》提出，"全面放开建制镇和小城市落户限制，有序放开中等城市落户限制，严格控制特大城市人口规模"，并在此基础上提出一种基于城市规模的差别化的落户政策，按照人口数量，全国的城镇被分为建制镇和小城市、中等城市、大城市、特大城市4类，城市规模越大，落户门槛越高，大城市、特大城市实行积分入户。上述政策具有明显的中小城市导向，试图通过阶梯化的落户政策缓解特大城市的人口压力,引导农民工到中小城镇就业,从而解决农民工落户问题。现代经济的核心特点是强大的、不以人的意志为转移的规模经济效应,它具体体现在城市(特别是在大城市)具有更强的投资规模经济效应、劳动者和企业的专业化效应,以及劳动者自身经验积累和相互之间的学习效应。[1] 正是这种客观存在的经济规律在背后发生作用,形成当下城市规模越大,农民工流入的意愿越强烈的现实状况。经济越发达,教育医疗等资源越充沛,提供的就业和发展机会越多,对农民工的吸引力也就越大,相反,中小城镇能够提供的就业机会少,公共服务水平也低,对农民工的吸引力远远不如大城市。"六普"数据显示,约四成的流动人口居住在500万人以上的特大城市和超大城市,约17%的流动人口居住在300万—500万人的较大城市,约35%的流动人口居住在100万—300万人的大城市和50万—100万人的中等城市,仅有10%的流动人口居住在完全取消落户限制的小城镇,显然流动人口的分布具有明显而强烈的大城市偏好。有研究指出,我国人口在2000年到2010年间正快速地向大城市集聚。[2] 从农民工的流动方向可以看出,由于缺少高效吸纳劳动力的产业,中小城市的政府试图通过鼓励农民工返乡、推动农民工就地就近城市化等措施推动农民工在中小城市落户以提高户籍人口城镇化率的政策目标并未得到有效实现,小城镇对于落户即使没有任何限制条件,农民工仍然不愿意就近在小城镇落户,北、上、广、深的生活虽然十分艰辛,流动的人群仍然前仆后继。我国农民工城市落户政策设计并没有观照农民工群体的自身需要,以至于出现了这种农民工流动方向与落户政策开放方向相矛盾的情况。

2. 公共服务:难以实现均等化之路

农民工市民化的核心是平等地享有城市居民的经济和社会权利,其中户籍的转换为"形",获得均等公共服务为"实"。十八大以后,中

---

[1] 陆铭:《提高城市化水平,跨越中等收入陷阱》,载杨东平主编《中国流动儿童教育发展报告(2016)》,社会科学文献出版社2017年版,第31—32页。
[2] 毛其智、龙瀛、吴康:《中国人口密度时空演变与城镇化空间格局初探——从2000年到2010年》,《城市规划》2015年第2期。

共中央、国务院出台了一系列推动农民工共享城镇基本公共服务的政策措施，先后印发了《国家新型城镇化规划（2014—2020年）》、《国务院关于进一步推进户籍制度改革的意见》（国发〔2014〕25号）、《国务院关于进一步做好为农民工服务工作的意见》（国发〔2014〕40号）、《居住证暂行条例》（中华人民共和国第663号国务院令）、《国务院关于统筹推进县域内城乡义务教育一体化发展的若干意见》（国发〔2016〕40号）、《国务院关于实施支持农业转移人口市民化若干财政政策的通知》（国发〔2016〕44号）等法规、文件。在上述法规和文件的指引下，发改委、公安、司法、教育、人社、国土、住建、文化、卫计等部门相继印发了相关配套文件，进一步明确了具体要求和政策措施，城市公共服务体系正式向农民工打开了大门，做出了接纳的姿态。

　　如上文所指的那样，中央政府的政策执行效果并不好。中央政府的制度设计在很大程度上是由抽象的原则组成的，地方政府在落实中央政策的过程中拥有相当大的自由裁量权，所提供的公共服务水平和质量取决于各地政府的财力、地方利益、政府责任、服务意愿等诸多因素。在理想的状态下，国务院的意见从宏观层面对如何推进基本公共服务做出部署后，地方层面应该要确保该项工作取得实际成效，出台更加具体的、更富有操作性的政策，进而各地的居住证应该成为农民工合法平稳地转变为城市人、本地人的制度阶梯，附着于居住证上的公共服务和社会保障内容设计应该以促进市民化为根本目标，着重优先满足农民工的刚性需求，实现以福利准入代替户籍准入。但这仅是理想状态，是理论上的美好逻辑，在实践逻辑上各地政策的执行过程不仅没有实现农民工平等享有基本公共服务的目标，而且实质上通过居住证、积分制等具体机制把城市里的居民从原来的本地与外来两大类进一步细分为本地户籍人口、居住证积分高的人口、居住证积分低的人口、没有居住证的人口等不同群体，并且按照由高到低依次递减公共服务的数量和质量，由此在城市中形成了一种新的公共服务供给的差序格局。这种差序格局的基础实际上仍然是以户籍制度作为基本框架，并没有改变基于户籍制度的社会权利与社会资源配置方式，地方政府在资源配置时仍然是以本地户籍居民为主要考虑对象。

地方政府在公共服务供给方面的不公平首先体现在财政投入上。社会政策的落实必然需要公共财政的支持，然而在农民工社会管理政策落实的财政投入问题上一直未得到明确。例如，中央政府在《关于进一步做好为农民工服务工作的意见》中明确提出，加大农民工公共服务等经费投入，建立政府、企业、个人共同参与的农民工市民化成本分担机制和财政转移支付同农民工市民化挂钩机制，统筹考虑农民工基本公共服务的资金需求，将农民工工作经费纳入各级政府公共财政预算支出范围。上海在其地方文件中则没有提及经费投入问题，仅在"做好农民工随迁子女的教育工作"一条中提及通过政府购买服务等方式落实公益性民办学校义务教育阶段的支持经费。湖南在政策文本上与中央保持了较高的一致性，但是基本沿用中央的文件表述，并没有进一步从农民工公共服务等经费占公共财政预算支出比例、各级财政分担比例等角度明确财政责任。在实际执行中，区县政府承担了农民工教育、文化公共服务的终极财政责任。而分税制财政体制决定了区县政府的财政收入十分有限，因此最后真正落实的农民工公共服务等经费极为有限，而大部分资金被投入为市民提供公共服务的地方上去了。

地方政府厚此薄彼的行为主要受制于我国当前的社会保障制度。现代社会中社会保险资金需要中央层级的收支管理系统来进行资金归集、保值增值，形成抵御老龄社会这类系统性风险的资金池。但目前我国仍实行收支以县市级统筹为主，社保资金名义上是省级统筹，但实际上只在县、市层级上实现了统收统支，省级往往只掌握调剂资金。社保统筹层次低，各地政策办法不一，对农民工参加城镇职工养老保险带来三大影响。一是影响转移接续特别是跨省的转移接续。以养老保险为例，广东省东莞市养老保险统筹基金缴费费率为11%，低于湖南省的12%，按照当前的政策，统筹基金需要按12%的费率进行转移，如从东莞转移至湖南，则东莞需要补贴1%的统筹基金。而如果农民工退保的话，仅带走个人账户资金，统筹账户的资金并不能带走，而是直接划入当地社保统筹基金中。因此，广东省社保部门向湖南省转移社保统筹基金的积极性不高，甚至鼓励农民工退保以减少社保统筹基金转移数额。二是影响企业和农民工参保积极性。与东莞相比，湖南省用人单位承担的社会保险总费率高出17.55个百分点，养老保险费率高出9个百分点。大部分从沿海转移到湖南的企业和农民工对此都十分不满。三是影响地方政府拓宽参保面的积极性。有的地方为降低企业成本，改善投资环境，把降低社保要求作为招商条件，甚至借保护企业之名抵制社保费征收。在实践中，农民工用退保、拒保等实际行动表达了对碎片化社会保障的强烈不满，社会保障部门尤其是流出地的社会保障部门纷纷陷入征缴扩面难、转移接续繁杂、投诉纠纷不断等诸多困扰之中，农民工社会保障权益的实现难度实际上进一步增加而非减少。总而言之，由于种种原因，城市地方政府在推动城乡公共服务均等化方面既无力也无心，从而使得中央的这一意图无法得到落实。

3. 劳动就业：难以消除就业歧视之殇

农民工在就业领域遭受的不平等待遇，包括同工不同酬、不签订劳动合同、不提供基本社会保险、不能平等参与劳动力市场竞争等一系列歧视性问题是近十年来农民工社会管理的重点内容。2006年《国务院关于解决农民工问题的若干意见》明确提出，"尊重和维护农民工的合法权益，消除对农民进城务工的歧视性规定和体制性障碍，使他们和城市职工享有同等的权利和义务"。此后，在党和国家的高度重视和强力推动下，《劳动合同法》《就业促进法》《社会保险法》等实体法律相继颁布和施行，农民工的就业权利得到强有力的法律保障，农民工在劳动力市场面临的制度壁垒被降低，但是这并不意味着农民工就能公平地获得就业机会。

长期形成的农民工就业歧视在事实上并未完全消失，只是相比以前更加隐蔽。主要表现在以下方面：第一，隐性地通过学历和户籍门槛将农民工排除在主要劳动力市场之外。以我国政府部门招聘为例，由于政府部门工作稳定，工作条件较好，且有长远的晋升预期，公务员岗位一直被视为金饭碗。虽然我国国家公务员考试基本不对户籍设限，但是省市公务员考试却往往会对户口设限，不招录外省外市人员，除非外省外市人员拥有本科以上学历。第二，隐性地通过户籍门槛将农民工排除在新兴行业之外。近年来我国互联网行业发展迅速，进而带动了一批新兴行业就业，其中一些行业收入较高，例如网约车行业。然而，一些地方在行业准入上仍然实行对农民工的限制。如2016年各地出台的网约车新政中，北京、上海等城市就要求网约车司机必须具有本地户籍。第三，隐性地以劳务派遣方式侵占农民工合法权益。我国《劳动合同法》第六十六条明确规定"劳动合同用工是我国的企业基本用工形式。劳务派遣用工是补充形式，只能在临时性、辅助性或者替代性的工作岗位上实施"。但是，出于降低用工成本、减少管理麻烦的考虑，很多企事业单位，其中主要是指国有企事业单位都乐于通过劳务派遣来使用农民工，导致农民工同工不同酬现象十分普遍，在住房、医疗等基础保障服务等方面与用工单位的正式工存在明显差异。尽管国务院曾经试图通过立法的方式来保护农民工权益，也因为国有企事业单位的阻力而不得不将《条例》降级为《劳务派遣办法》出台。

4. 纠纷处置：难以扭转亲"资"之态

随着新生代农民工权利意识的觉醒，农民工维护自身权益的行动更加主动。在经济新常态下，日益残酷的产业竞争使得大量劳动密集型企业通过低工资、低福利来不断降低企业成本，导致劳资纠纷事件越来越多。为维护劳资纠纷中农民工的权益，国务院《关于进一步做好为农民工服务工作的意见》不仅提出了推广简易劳动合同示范文本、清理建设领域违法发包分包行为、实施企业使用农民工动态管理服务、实施劳动保障监察网格化和网络化管理、完善排查预警和快速处置机制、健全举报投诉制度等工作机制，还同时明确提出畅通劳动争议仲裁"绿色通道"、健全集体劳动争议调处机制等农民工维权渠道。但在实践中面对不断增长的劳资纠纷，地方政府偏向资方利益的行为取向仍然较为明显，主要体现在以下三方面。

第一，在政策制定和实施中轻视农民工的权益。虽然在中央的行政压力下，各地相继出台了相关的劳动保护政策法规，但是在规范劳动者工作时间、保障劳动者合理休息权和休假权方面往往未做出合理规定，或者相关规定操作性不强。而且，地方出台的各种政策法规内容倡导性居多，法律责任和惩罚措施不力，使得政策法规实际上成为一种"软性规定"，对违反政策的企业并不构成强有力的约束作用，导致政策流于形式。此外，在跨区域流动农民工的养老保险、医疗保险等制度的转移与衔接方面，某些地方政府积极性不高，工作进展缓慢，成效不明显，导致农民工权益受损。

第二，对企业侵权行为采取默许态度。地方政府既是中央政府的利益代理者，也是地方的利益所有者。在经济发展下行压力下，地方政府不得不通过种种优惠措施来吸引企业投资、进驻，从而推动地方经济发展。除了简化审批流程、给予土地税收等优惠政策外，地方政府对规模企业一些侵犯劳动者权益的事实往往采取默许态度，如在东莞裕元鞋厂事件中，因为当地政府有照顾性质的规定，裕元资方认为，欠缴、少缴和不缴养老保险和住房公积金，以降低企业负担的违法行为是得到政府认可和支持的[①]。

第三，在具体纠纷处置时为企业利益代言。受经济上的发展理性和政治上的维稳理性的影响，地方政府在处置劳资纠纷时，地方政府的主要考虑往往是两个方面，即安抚农民工防止出现过激行为和大规模群体事件、维护现有投资规模和地方利益，维护农民工权益则往往不在主要考虑范围之内。这种亲资方的非中立态度往往使农民工权益维护出现人为增加难度的困境。

5. 职业发展：难以提升核心竞争力

农民工发展能力不足是阻碍农民工向上发展的主要原因。从类型上看，农民工发展能力包括基本专业能力和核心职业能力两类，基本专业能力主要是指技术技能，通俗讲就是是否有一技之长。基本专业能力的作用是帮助农民工在城市生活中获得基本的生活来源，解决其求生存的需求。核心职业能力是一种隐形能力，包括与人交往的能力、信息处理的能力、数字应用能力、与人合作的能力、解决问题的

[①] 黄岩：《激活"稻草人"：东莞裕元罢工中的工会转型》，《西北师大学报》（社会科学版）2016年第1期；谢炜聪、姚仰生：《地方政府处置劳资群体性事件的策略分析》，《工会理论研究》（上海工会管理职业学院学报）2016年第6期。

能力、自我学习的能力、创新能力等众多内容①，是增强农民工城市适应能力、实现农民工自我持续发展的关键能力。在前文的农民工故事中，提及的几位农民工都不同程度地存在发展能力不足的问题：一直在努力但始终无法获得稳定职业的老刘，在多年的打工生涯之中一直没有进行发展能力的提升，以致年过花甲仍只能靠体力打拼维持生计。在外干了一辈子装修，甚至成为包工头的老吴，虽然拥有一技之长，并积累了一定的社会资源，但一直没能成功超越农民工身份，其原因则在于职业发展的核心能力不足。从留守儿童到农民工的"90后"小彭发现学校里的知识在工作中无法直接应用，正面临如何提升专业技能的决策。可以预见，倘若小彭无法有效提升自我发展能力，未来的道路很可能仍然要重走父母的老路。

  从现有的政策来看，政府给予农民工能力建设的支持显然不足。首先，现有政策主要支持的是农民工的基本专业技能，致力于帮助农民工提升一技之长，对农民工的核心职业能力的支持极为匮乏。目前仅有支持主要局限在对农民工社会心理能力的关注，这主要还是源于对农民工轻生事件的政策回应：诸如深圳富士康"十二连跳"等农民工极端事件，用血淋淋的事实向整个社会警示对农民工社会心理适应能力的提升不容忽视。但是对国家、广东、上海、湖南的政策文本进行分析发现，国家仅在"加强对农民工的人文关怀"一条中提及一句"对有需要的农民工开展心理疏导"，广东省在文本中明确提出实施员工心理援助工程，上海的提法是"有条件的企业要开设'心理咨询室'、'心理热线'等为农民工提供心理疏导服务"，湖南在这方面则没有任何提及（见表4-3）。显然，对于农民工的社会心理能力的发展，政策的重视和支持仍然远远不够。即使是在政策步伐迈得更大的广东省，对于农民工心理适应能力发展都还没有落实到资金支持等具体内容。对于农民工核心职业能力建设支持的不足，不仅将影响农民工的生活工作境遇，更将影响我国人力资本的有效提升。

---

① 童山东：《职业教育中职业核心能力培养的理论与实践》，中国铁道出版社2012年版，第14—16页。

表4-3　　　　　　　农民工社会心理适应能力的政策比较

地区	文本内容	资金支持
中央	在第二十一条"加强对农民工的人文关怀"一条中提及"对有需要的农民工开展心理疏导"	没有明确资金支持
广东省	实施员工心理援助工程，推进心理服务实体"心灵驿站"和一站式手机心理服务平台"心灵e站"建设，加强"驿站义工"队伍建设，对有需要的异地务工人员开展心理疏导	没有明确资金支持
上海市	有条件的企业要开设"心理咨询室""心理热线"等为农民工提供心理疏导服务	没有明确资金支持
湖南省	未提及	未提及

资料来源：根据《国务院关于进一步做好为农民工服务工作的意见》、《广东省关于进一步做好为异地务工人员服务工作的实施意见》、《上海市人民政府关于进一步做好为农民工服务工作的实施意见》、《湖南省人民政府关于进一步做好为农民工服务工作的实施意见》等文件整理而成。

其次，对农民工的基本专业能力的政策支持也存在诸多不足。在中央层面，对农民工能力提升具有直接帮助的政策主要是农民工职业技能提升计划和农村新成长劳动力职业教育两类政策。在文本表述上，职业技能提升计划的内容比较全面，对农村转移就业劳动者、未升学初高中毕业生、在岗农民工、具备中级以上职业技能的农民工等不同群体设计了不同重点的培训，并提出将农民工纳入终身职业培训体系。但是遗憾的是，整个文件对上述计划的经费并没有明确落实，导致政策执行落实仍然模糊。在省级层面，上述问题依然没有落实，上海结合自身实际提出推进在岗农民工的技能提升培训，但在经费方面也仅有"根据本市产业发展方向和农民工培训需求，合理确定本市职业技能培训补贴目录和补贴标准，落实各项培训资金"的原则性表述。湖南是农业人口大省，农民工职业技能提升计划和农村新成长劳动力职业教育都很重要，但在经费上，湖南的文本主要是强调整合资金，"在原有资金渠道和用途不变的基础上，相关部门按职责分工组织实施"。除了经费支持不足外，政府对农民工培训缺乏明确的设计，一方面导致实践中农民工培训以各种临时、短期性技能培训为主，缺乏系统性、持续性和阶梯递升性，对农民工职业发展效果有限。另一方面也导致农民工培训内容与市场需求脱轨,农民工参与培训的意愿和主动性不足。

6. 公民权能:难以实现组织赋权

加入社会组织或形成自组织是实现社会整合的重要路径。在组织内部,农民工群体可以获得社会支持,并通过组织成员的帮助实现个体发展。就这个意义而言,农民工组织化是培养农民工公民权利意识、维护农民工社会权益、促进农民工城市融入、实现农民工社会整合的重要路径,是农民工社会管理实现良好治理的有效路径。就国家到地方出台的政策而言,农民工的组织化已经得到重视。不过,从路径上而言,政策对农民工组织化的支持主要是期待通过工青妇等正式组织和为农民工提供服务的社会组织来实现对农民工的组织化(见表4-4),即通过政府部门、企业或者社会组织等来自外部的力量把农民工群体组织起来。然而,不管是工会组织,还是各级共青团、妇联组织都有很高的入会门槛,农民工很难进入。事实上这些组织吸纳的农民工数量也是少之又少,可以说,这并不是一条可行的提高农民工组织化水平的道路。

表4-4　　　　　　　　农民工社会整合的政策比较

地区	文本内容
中央	积极创新工会组织形式和农民工入会方式,将农民工组织到工会中来; 以输入地团组织为主、输出地团组织配合,逐步建立农民工团员服务和管理工作制度,积极从新生代农民工中发展团员; 各级工会、共青团、妇联组织通过开展志愿者活动等方式为农民工提供服务; 发挥社会组织服务农民工的积极作用。通过开展业务培训、组织经验交流、政府购买服务等方式,引导和支持其依法开展服务活动
广东省	在异地务工人员集中的区域和行业开展入会集中行动,扩大企业工会覆盖面; 以输入地团组织为主、输出地团组织配合,逐步建立异地务工人员团员服务和管理工作制度,积极从新生代异地务工人员中发展团员; 各级工会、共青团、妇联组织通过开展志愿者活动等方式努力为异地务工人员提供服务; 加强服务异地务工人员社会组织建设。在全省范围内设立分支机构或办事机构,在部分异地务工人员集中的社区、开发区、厂区建立联络处; 引导推动外省(区、市)驻粤办事机构设立服务异地务工人员的社会组织,鼓励其在务工人员集中的地区设立分支机构

续表

地区	文本内容
上海市	积极做好农民工加入工会组织的工作，在新生代农民工中发展团员； 各级工会、共青团、妇联组织要通过开展志愿者活动等方式，对有困难的农民工及其子女进行帮扶； 通过政府购买服务等方式，充分发挥社会组织为农民工提供服务、反映诉求、协同社会管理、促进社会融合的积极作用
湖南省	各级工会、共青团、妇联组织要发挥维护农民工权益的积极作用，通过开展志愿者活动等方式关心关爱农民工及其子女，积极从新生代农民工中发展团员； 完善对服务农民工社会组织的扶持政策，鼓励社会资金投入服务农民工项目； 创新社会组织服务农民工机制，鼓励多方力量为农民工提供更多个性化服务

资料来源：根据《国务院关于进一步做好为农民工服务工作的意见》、《广东省关于进一步做好为异地务工人员服务工作的实施意见》、《上海市人民政府关于进一步做好为农民工服务工作的实施意见》、《湖南省人民政府关于进一步做好为农民工服务工作的实施意见》等文件整理而成。

与此同时，我国政府对农民工组织化的另一条重要路径——农民工依靠自我力量基于自我需要组织起来——的支持则完全没有。不仅在政策文本中没有任何提及，在实践中数量不多的农民工自组织也往往因为组织身份合法性、组织资源不足、社会认知偏差、组织行动越轨等原因①而面临生存困境，乃至无法发挥功能。显然，这种状态对于农民工社会管理善治目标的实现是一个重大缺陷，这意味着在农民工社会管理网络中，农民工作为管理主体的身份未能获得合法性支持，无法获得与政府、企业、其他社群进行对话、协商、斡旋、合作的平等地位，在社会管理实践中始终处于从属、被管理的地位，只能靠其他主体的人文关怀来实现权益。

除了以上政策，政府文件中几乎没有促成农民工的现代性养成和社会资本培养的实质政策。农民工要适应和融入城市生活，需要具备

---

① 潘旦：《农民工自组织的增权功能及影响因素研究》，《华东理工大学学报》（社会科学版）2017 年第 4 期。

现代性的思维观念和行为习惯，否则仍难以避免在日常生活中因思维观念和行为习惯的差异性而受到市民的歧视。同时，农民工群体还要有丰富的社会资本为其提供发展机会，否则仍难以应对城市生活中的种种困境进而难以在城市生存。然而，就现有政策而言，无论是中央还是地方，没有哪一条政策规定去帮助农民工养成现代思维观念和行为习惯以及提高社会资本，这恰恰是关系到农民工能否真正在城市落地生根的关键领域。

三 农民工社会管理的模式思考

纵观农民工社会管理的政策实践不难看出，现有的农民工社会管理本质上是围绕"如何通过完善治理结构来满足农民工融入城市生活的现实诉求"这一中心问题，从"户籍制度改革""农民工权益保护""农民工劳动就业""农民工社会保障""农民工教育培训"等话题出发，探寻通过制度的多方供给实现农民工社会管理善治。由于这种模式比较多地使用"制度供给"的概念，可以将之命名为制度主义的农民工社会管理模式。

1. 制度的逻辑

制度主义的农民工社会管理模式背后的理论逻辑是用制度来认识农民工现象及其问题，也用制度来解决农民工现象及其问题。

第一，在认识论方面，制度主义的农民工社会管理认为，农民工的出现是制度使然，农民工问题的形成与制度生成、变迁有关。即普遍认为，"制度和政策的限制甚至障碍，不但直接阻碍农民工在城市的融合，而且还强化了他们在职业地位和收入上的劣势，间接地加大了他们融入城市社会的难度"。[①] 但对于阻碍农民工城市融入的诸多制度安排，如户籍制度、就业制度、保障制度、住房制度、教育制度等，究竟这些制度哪一个是核心制度则众说纷纭。美国学者苏黛瑞对中国的户籍制度非常关注："户口作为一种既有的制度，

---

① 王春光：《中国社会政策调整与农民工城市融入》，《探索与争鸣》2011年第5期。

在经济开始转型之后的很长时间里坚忍不拔地延续着……当本世纪（20世纪）即将落幕的时候，市场刺激的影响仍然没有改变官方的城市公民权模式……暂住在中国都市中的乡下人，在许多方面遭受的歧视程度要超过某些国家和地区那些逗留在城市、等待城市化的农民。中国城里人享受的权益远远超过进入城市的新移民，由此导致的城乡差距之大，在世界其他地方是未曾见到的。"[1] 李强等学者也认为，二元户籍制度成为中国社会具有独特迁移控制功能的一项基本制度，构成了城乡二元社会经济结构的制度基础，成为当前农民工"经济接纳、社会拒入"的制度根源[2]，因此，户籍制度改革"是构建农民工市民化的城市融入机制的制度基础，也是城乡体制整合的关键"。[3] 持这种观点的学者把二元户籍制度看成农民工问题生成的渊源，认为只要废除了二元户籍制度，农民工市民化问题就会迎刃而解。如于建嵘说，解决以"基本公共服务均等化"为基本原则的农民工问题，首先要检讨和改革的是户籍登记和管理制度。[4] 另有一些学者虽然没有明确表示户籍制度为核心制度，但他们却把户籍制度与附加其上的一系列制度捆绑了起来。任远和邬民乐指出，由于户籍制度、就业制度、社会保障等种种制度安排，将农民工真正排斥在城市体系之外，使他们融入城市社会的主观愿望、过高期望与城市体系对他们的客观排斥形成一道巨大的鸿沟[5]，严重阻碍了他们融入城市社会和享有公共服务。王竹林把土地制度和户籍制度视为农民工制度体系中的核心层次，认为这两个制度构成了农民工

---

[1] [美] 苏黛瑞：《在中国城市中争取公民权》，王春光等译，浙江人民出版社2009年版，第5页。

[2] 李强：《当前我国城市化和流动人口的几个理论问题》，《江苏行政学院学报》2002年第1期。

[3] 张国胜：《农民工市民化的城市融入机制研究》，《江西财经大学学报》2007年第2期。

[4] 于建嵘：《基本公共服务均等化与农民工问题》，《中国农村观察》2008年第2期。

[5] 任远、邬民乐：《城市流动人口的社会融合：文献述评》，《人口研究》2006年第3期。

退出农村、进入城市和等值化公共服务的制度条件,将对市民化进程产生决定性影响。① 这些看法比纯粹的二元户籍制度说全面,注意到了制度体系间的相互联系,不再坚持户籍制度是唯一影响农民工市民化、等值化公共服务的根本制度,主张进行系列制度改革以解决农民工问题。相比较而言,高君的研究算是该问题制度范式分析的异类。他说户籍制度只不过是调控农民工市民化和等值化公共服务的一种手段,谈不上是农民工成为市民的最大障碍。高君采取排除方法,在逐一否定户籍制度、住房制度、教育制度等核心地位后,浓墨重彩地将就业制度看成制约农民工转化为市民和享有等值化公共服务的核心制度之一。② 吴业苗则认为,上述观点都有不足,提出制约农民工城市融入的核心制度是保障制度,"因为农民工在城市工作、生活的最大顾虑是他们有限的收入和依靠自身的力量无法承担和化解就业、疾病、养老、住房等市场风险,只要农民工具有与市民同等的化解市场风险的能力,他们的市民化将随着时间的推移而得到落实。化解市场风险的最有效手段就是政府为农民工建立健全保障制度,如果城市政府能为农民工提供与市民等值的保障,农民工诸多棘手问题都将化为乌有。否则,即使农民工有了城市户口,当遇到市场风险时,也因没有保障而处境艰难甚至悲惨"。③

第二,在价值论层面,制度主义的农民工社会管理认为,依靠进一步的制度创新来解决问题并实现农民工的终结与消失是一种历史的必然选择。特别是认为适当的制度创新有助于消解农民工群体普遍面临的客观制度排斥及其引发的不良生活体验,从而打破农民工群体自我实现预言的悲剧循环,因为"自我实现预言……只有在缺乏有目的的制度控制情况下才发生作用"。④ 有意设计的制度性制止措施同样

---

① 王竹林:《农民工市民化的制度阐释》,《商业研究》2008年第2期。
② 高君:《农民工市民化进程中的就业和社会保障问题研究》,《社会科学辑刊》2008年第3期。
③ 吴业苗:《公共服务等值化建设与农民工——核心制度与推进路径》,《城市问题》2009年第11期。
④ [美]罗伯特·K. 默顿:《社会研究与社会政策》,林聚任等译,生活·读书·新知三联书店2001年版,第303—305页。

有助于消除社会对农民工的偏见，尽管对农民工群体的偏见正在消亡——但是缓慢的，有目的的制度变迁将彻底戳穿农民工盲流、不稳定因素、入侵者等谎言，正如默顿所言，"要彻底消除偏见不能仅仅靠说明它们的存在是无理由的和无价值的，而是要切断现在滋生它们的某些制度"。[①] 进一步的制度创新，将使下列图景变成现实：通过将流动就业和非正规就业劳动者的保护纳入现有的法律框架，目前的绝大多数农民工权益问题将可以在《劳动法》范围内得到解决；通过公共资源配置机制的创新，国家对城乡公共资源的配置将能够基本均等，农村居民也将可以获得与城镇居民同样的公共服务，非城镇户籍公民的"非公民待遇问题"将可以在新体制中得到根本解决；通过管理体制改革，城市将能够从制度上消除对非城镇户籍人口的歧视和排斥，保障在城市劳动和生活的非城镇户籍公民权益，为流动人口提供公共服务，使从事非农生产的农民能够随着职业的转变和生活环境的转变，或自愿转变社会身份，成为城镇居民，或保留原户籍，成为流动就业者。最终，当"农民"重新成为职业而不是社会身份时，"农民工"这个历史形成的社会称谓将失去其存在的意义，"农民工问题"也将逐渐从现实问题成为历史问题。[②]

第三，从方法论层面，制度主义的农民工社会管理围绕对于农民工融入城市具有重要影响的就业、子女教育、社会保障、教育培训、住房保障、合法权益、户籍改革、人文关怀逐渐建构起完整的促进农民工发展的政策框架。根据徐增阳、付守芳的研究显示，1978—2017年，中央层面发布的农民工政策多达985份，发文单位分布在中央层面的72个部门，涉及农民工个人到家庭、城市到乡村、就业到定居落户的各阶段和领域。[③] 如果用童星、张海波曾经提出的农民工政策"二维四分"结构框架，即把政策在横向上划分为两种取向：一是问

[①] [美] 罗伯特·K.默顿：《社会研究与社会政策》，林聚任等译，生活·读书·新知三联书店2001年版，第303—305页。

[②] 郭虹：《城乡统筹与农民工的城市融入》，《社会科学研究》2011年第6期。

[③] 徐增阳、付守芳：《改革开放40年来农民工政策的范式转变——基于985份政策文献的量化分析》，《行政论坛》2019年第1期。

题取向；一是福利取向。在纵向上划分为两个阶段：一是生存型；一是发展型。政策议题在二元维度的框架结构中有4个分类（见图4-1）。从农民工政策内容来看，生存型的问题取向政策、生存型的福利取向政策、发展型的问题取向政策都已经实现供给，只有发展型的福利取向政策还存在明显的欠缺。

	问题	福利
发展	教育培训、子女教育、户籍、权益保护 3	住房、农民工关怀 4
生存	就业 1	社会保障 2

图4-1 促进农民工城市融入社会政策的结构框架

资料来源：童星、张海波：《农民工社会政策及其建构》，《社会保障研究》2006年第1期。

2. 制度的失灵

制度主义的农民工社会管理在理论逻辑上完全可以自证，但就有效性层面而言，并未出现如理论研究预期的效果，主要体现在以下六个方面。

第一，农民工工资拖欠出现新情况。自2003年时任国务院总理温家宝替重庆农妇熊德明讨薪事件后，政府对农民工工资拖欠就开始了强有力的干预。当年11月22日，国务院办公厅就发出了《国务院办公厅关于切实解决建设领域拖欠工程款问题的通知》。然而，政府重视并没有解决问题，农民工工资拖欠问题反倒陷入年年讨薪年年难的怪圈，每到年底，全国上下、各地各部门必将掀起一场突击性的清欠运动，意图保证农民工拿到工资过年。2016年初国务院再出新政，印发了《国务院办公厅关于全面治理拖欠农民工工资问题的意见》，但是从实际情况来看，农民工薪资拖欠开始出现了新情况。具体而言，近年来，国家治理拖欠农民工工资问题后，单纯欠薪案件数量明显减少。无论从案件量还是涉及人数，群体性案件的下降趋势都是比较明显的。但是同时存在社保补偿、拖欠加班费、解除劳动合同补偿等问题。① 有报道发现，近些年一些单位通过强制调动工作岗位、不给劳动者安排工作或者不给发工资的行为迫使其主动辞职；还有的单位要求劳动者必须写"辞职申请"后才能给其结算未发的工资或者扣留的押金，以此来达到名为辞职实为辞退的目的，逃避支付经济补偿的责任。这些新情况的出现，使得农民工薪资拖欠问题更加复杂而难以解决。

第二，农民工社会保障享有不容乐观。社会保险方面，居民基本养老保险、居民基本医疗保险由于在待遇发放上仍然存在地区差距，并不能实现农民工及其随迁家属在常住地的实际享有。此外，城镇创业扶持、岗位补贴和社会保险补贴、零就业家庭公益性岗位安置、城市最低生活保障、基本养老服务补贴、教育救助等项目，农民工及其家属实际上也无法享受。住房保障方面，政策性廉租房虽然在政策文件上允许农民工申请，但因其数量有限，本身连符合条件的户籍人口的需求都不能完全满足，对农民工而言更是"镜中花水中月"。面向农民工的公租房，由于起步迟，远远不能满足农民工需要。课题组的调查显示，仅有0.9%的农民工入住公租房，同时，现有的公租房主要是集体宿舍，且大多位于工业园区，周边教育、医疗等配套设施不足，没有考虑解决部分农民工家庭生活特别是子女教育的需求，无法帮助农民工及其家庭实现城市定居。课题组的调查显示，56.7%的农民工对自己的居住状况不满意，86.4%的农民工认为住房保障制度不公平。2014年《国务院关于进一步做好为农民工服务工作的意见》（国发〔2014〕40号）提出，把在城镇稳定就业的农民工纳入住房公积金制度实施范围的政策，在实际执行中效果欠佳。

第三，农民工随迁子女教育仍未解决。农民工随迁子女教育问题

---

① 《单纯欠薪案件数量明显减少，农民工维权面临新问题》，新华网，http://www.xinhuanet.com，2016-01-30。

虽然经过十多年的治理有所改善，但是无论是免费接受义务教育还是异地中高考，虽然中央都有政策，但问题在事实上并没有彻底解决，甚至出现一些新问题。在实行积分管理的城市，由于积分政策不利于农民工，将积分管理与农民工子女接受义务教育捆绑的政策严重限制了农民工子女平等接受义务教育的机会。同时，农民工子女能否进入公办学校还受制于公办学校的学位数限制，在明文设置入学的"显性门槛"之外，地方政府还设置了"隐形门槛"，将农民工子女屏蔽在优质教育资源之外。对于不得不选择农民工子弟学校就读的农民工子女而言，免费接受义务教育阶段仍未能实现，尽管早在2003年中央政府就曾提出，对民办学校在办学用地和办学经费上给予支持，以实现对进入农民工子弟学校入读的农民工子女提供财政支持，但除上海和浙江两地外，其余地方政府实际给予的非常有限，甚至还出现一些地方打压农民工子弟学校的现象。2015年《关于进一步完善城乡义务教育经费保障机制的通知》进一步明确财政支持的政策，提出对包括农民工子弟学校在内的所有义务教育阶段学生和学校实行"两免一补"，并提供统一公用经费基准定额补助，但是由于教育成本的主要部分是人员经费而非公用经费，补助公用经费基准定额的政策仍然无法解决在农民工子弟学校就读的随迁子女接受免费义务教育的问题。此外，在学前教育方面，农民工随迁子女也普遍面临入园难入园贵、教育质量低等问题。

第四，新生代农民工难以实现提升发展。前文小彭的案例表明，尽管新生代农民工比之父母有更多的受教育经历，他们大都是从学校直接进入城市打工，但是囿于自身知识结构、社会背景等因素，他们实际难以进入城市主要劳动力市场就业，而只能进入制造、建筑、低端服务业等劳动力次级市场的非正规行业，而在这些工资低、工时长、技能低、就业渠道狭窄的就业领域，他们的竞争力反倒不如吃苦耐劳的老一辈农民工。也就是说，一方面，在当前职场日益专业化、技能化的背景下，新生代农民工被排挤到城市的次要劳动力市场中；而另一方面，由于在吃苦耐劳、社会经验方面相比老一代农民工更弱，他们在次要劳动力市场也面临巨大的竞争压力。这使得他们中的许多人都希望通过继续学习和培训来走出困局。然而，当前政府安排给农民工接受继续教育和培训的经费非常有限，使得新生代农民工很难改变自身的命运。

第五，超龄农民工权益维护困境日益普遍。尽管前文老刘的经历有其个人的原因，但其经历仍然反映了一个现实，即超龄农民工权益维护难的现象仍然普遍存在。由于年龄的原因，超龄农民工的就业机会很少，只能在体力劳动强度大、工作环境恶劣的次级劳动力市场从业。即使如此，就业用人单位往往不与他们签订劳动合同，而仅做一些口头约定，一些用人单位还会以其达到法定退休年龄为由终止与他们的劳动关系，一旦发生纠纷，农民工将面临维权困难的窘境。如何保障超龄农民工的劳动权益，正成为农民工社会管理中新的值得重视的问题。然而，由于超龄农民工往往不能签署正式的劳动协议，他们无法利用法律武器维护自身的合法权益，使得通过正式制度渠道保护超龄农民工的权益面临制度困境。

第六，第一代农民工养老困境日渐凸显。第一代农民工的养老问题是一个历史遗留问题，也是当前迫切需要解决的问题。前文老吴的案例表明，以老吴为代表的第一代农民工都面临严峻的养老困境，而囿于城乡分割的劳动就业制度、社会保障制度等原因，他们普遍自我积蓄不足、社会保障不足。对于那些返回乡村的农民工，他们也无法及时得到子女的生活照料和经济支持，因为在这个高流动的时代中，日益普遍的子女与父辈间城乡分隔居住模式注定他们必将成为空巢老人。实现农民工老有所养，仅依靠农民工自身的努力来改变其晚年生活的困境显然既不合理也不现实。如何从体制创新和政策完善方面来帮助农民工实现"老有所依"无疑是一项极为紧迫的任务，其面临的挑战不容忽视。

上述农民工问题的新表征表明，单纯的制度主义的农民工管理模式出现了"制度失灵"。首先，存在明显的制度动机与结果的冲突。制度文本往往具有理想类型的特点，最初动机都是好的。以农民工工资拖欠问题为例，各项政策都是为了解决农民工工资拖欠问题，但是农民工工资拖欠却始终无法实现"毕其功于一役"。为什么会出现这种状况？主要原因是制度制定时所处的状态和现实中的环境并非完全一致，现实永远是复杂多变的，农民工工资拖欠不仅发生在工程领域，也发生在其他行业领域，不仅有恶意拖欠，还有因为农民工由于自身所具备的信息、知识、认识等局限性，在不完全信息下签订了不完备劳动合同造成的。尽管制度设计强调理性，现实中的正式制度很难达到"极端现代主义"所渴望的理论化和系统化的"高度"。[①] 因为制度的设计者由于知识、利益等多种因素的影响，很难以对日常实践这个时空情境变化做出十分周密的判断，也难以在事前预判制度涉及的利益各方的利益变化及其相应的行为反应，因此即使是刻意谋求匹配的不同正式制度在实践中也难以彼此完全无缝对接，从而使得制度的动机与结果常常出现背离现象。其次，存在明显的地方与中央的冲突。地方和中央的背离主要源于地方政府理性和中央政府理性的冲突。对于农民工管理而言，中央政府是动机最强的行动者，因为农民工管理可以带来城市化水平快速提高、人力资本有效发挥、社会秩序稳定、人民获得感幸福感持续增强等显而易见的收益，因此中央政府是农民工政策的主要制定者。问题是中央政府它只是国家机器的"大脑"，正如人的大脑想出来的好主意发挥作用主要依靠手和脚一样，中央政府各种政策最终需要依靠地方政府来实现政策目标。地方政府不仅是中央政府的制度执行者，还是相对独立的利益主体，它有"自己的大脑"。在我国政治集权和经济分权的政治经济社会发展逻辑中，地方政府追求经济增长的主动性成为原始本能，具有典型的"地方发展型政府"人格特点，即"发展中国家在向现代工业社会转变的过程中，以推动经济发展为主要目标，以担当经济发展的主体力量为主要方式，以经济增长作为政治合法性主要来源的政府模式"。[②] 可见，地方政府的行动往往具有多种利益目标，不仅有自身的制度性利益需要维护，也有治下不同群体比如企业、城市居民的利益需要维护。此

[①] 肖瑛：《从"国家与社会"到"制度与生活"：中国社会变迁研究的视角转换》，《中国社会科学》2014年第9期。

[②] 郁建兴、高翔：《地方发展型政府的行为逻辑及制度基础》，《中国社会科学》2012年第5期。

外，在劳动力总体供过于求的现状下，地方政府完全无须担心劳动力供给问题，农民工管理可能带来的收益并不明显，却要安排更多服务、人力和资金。因此，地方政府完全会从自身的偏好出发，按照自身的优先顺序来执行中央政府的政策，其结果必然是地方政府往往采取选择性治理策略而无法将农民工政策进行完整落地。再次，存在明显的惯性与趋势的冲突。路径依赖理论认为，一种制度一旦产生，便具有刚性和自我强化机制，具有延续传统路径的惯性。由于户籍制度在分配资源中具有不可替代的作用，且在长期实施这项制度中，各级政府不断完善形成了完备有效的一整套实施体制和手段方法，政府很容易出于成本考虑继续实施它。因此，当大规模的农民工流动增加了城市政府公共服务和社会管理的成本，对依托户籍制度而生的城市管理模式提出了挑战时，地方政府从理性经济人人设出发，会对推进制度变迁产生的成本与可能的风险进行多方利益衡量与计算，采取成本和风险最小的方式——继续沿用原有的户籍制度来对城市资源进行分配，对推进户籍制度改革缺乏积极作为的动力。这种制度惯性显然与国家密集出台农民工政策的大趋势相悖，倘若地方政府不能及时顺应趋势而继续因循守旧保持行为惯性，就很可能造成因户籍而连带的社会问题的积累、加剧。最后，存在明显的内部性和外部性冲突。任何制度都有其内部性和外部性，包括正内部性和负外部性的冲突，或者负内部性和正外部性的冲突。不同制度间也会产生不同的内部性和外部性，从而进一步复杂化内部性和外部性的冲突。农民工管理政策作为一个制度集合，其内部无可避免地蕴含各种内部性和外部性的冲突。特别值得提出的是，这种冲突在文本上体现并不明显，在政策实践中更为尖锐和突出。

3. 制度与生活

理解农民工社会管理中的制度困境，李友梅教授提出的"制度—生活"视角具有很好的启示。李友梅教授在考察中国社会近三十年的变迁历史时提出了"制度—生活"分析框架。在这一框架中，有三个重要概念："制度"主要指涉以国家为主体的直接的和间接的社会管理制度，其与社会性、观念性制度相互交织，共同形成作用于社会生活的"制度丛"(cluster of institutions);与制度关联的"生活"则局限于人们日常的非正式科层化的社会生活领域,区别于高度工具理性的经济、政治和文化活动;"自主性"指镶嵌在生活之中、运作生活和改变生活的个体和群体的理性化——不是纯粹工具理性,而是多元化的和混合的理性——的自我选择、自我设计、自我组织和自我调控的行动。制度构建的直接目标就是安排生活,通过调控生活主体的自主能力和行为取向,使生活处于具有科层特征的秩序中。① 从中不难看出,"制度"与"生活"之间存在一个互动领域,在这个过程中,制度可能会因为自身自主性的增长形成自我生长的逻辑,从而偏离生活以至于失去对生活的控制。同样地,生活自主性的增长也可能会使得制度对生活的规训丧失效用,消解制度的作用。因此,克罗齐耶曾经非常深刻地指出:"我们从来就没能按照我们所渴望的方式成功地改变社会……因为社会、各种人类关系以及社会系统都太复杂了。"②

用"制度—生活"的框架来分析农民工社会管理会发现:在制度的逻辑看来,只要解决了结构性的限制,农民工问题就能够得到妥善解决。这种观念在政府主导的农民工管理中很受欢迎,几乎可以说是主导着农民工管理的思维和行动,因为在最重要的行动者——政府及其官员来看,设计一份逻辑严密、结构精巧、文字精美的制度文本是最简单最立竿见影的管理行动。这一点在本研究的推进中有着十分明显的体现。在项目立项的2012年,当研究人员与政府官员访谈的时候,很多政府官员在谈到农民工问题时,都认为农民工问题与政策不完善有关,一些政府官员积极邀请研究员参与政策文本的设计。但是随着中央政府的政策陆续出台,这种对政策设计的需求消失了,而当研究人员再次就农民工问题与政府官员进行访谈时,听到最多的就是"农民工政策已经很完善了""农民工问题已经没有什么问题"的观点。相应的,制度可以直接运用于实践的观点在农民工管理者中也较

---

① 李友梅:《自主性的增长:制度与生活视野下的中国社会生活变迁》,《2008年度上海市社会科学界第六届学术年会文集(年度主题卷)》,上海社会科学界联合会,2008年。

② Crozier, M., *Strategies for Change: The Future of French Society*, London: The MIT Press, 1982, p. 1.

为普遍。制度的适用对象有何需求和愿望通常不被重视，制度的行为人会如何理解以及如何行动，特别是那些与制度预期相冲突的权宜行为通常也不被考虑，这种精巧的制度理性的思维和行动方式，将"问题—对策"简单化，忽视制度受众对象日常生活逻辑的做法，在实践中不可避免地要遭遇失灵的困境，社工 H 讲述的一个求助案例就展示了这一点。

一位 54 岁的农民工为自己和工友的社会保险事情来咨询我们。他在一个事业单位做保安，原来一直没有购买保险，保安的收入来源于基本工资和停车费收入，这种状况持续了多年。后来政府一直强调要为农民工买保险，呼声越来越高。该单位作为一个事业单位，也开始积极落实中央的农民工政策，提出为所有的保安购买城镇职工社会保险。

这件好事情在保安队宣布以后，并没有受到欢迎，多位保安提出要放弃购买。原因有的是考虑收入不高，工资扣掉保险不到一千八，难以维持生活。有的是担心工作流动性大，买了又退麻烦。还有的就是因为自己年纪偏大，买不满十五年无法享受职工养老待遇，不如先拿着现金划算。

上述例子虽然是一个个案，但是恰巧印证了"制度—生活"的逻辑：单位为农民工购买保险是一个社会保险制度推进的逻辑，农民工从自身角度来进行各种权衡和选择，这是基于生活逻辑的考虑。显然，国家在制度层面不断调整优化农民工的政策设计，然而人们日常生活实践呈现出的多元性、丰富性、复杂性、不可化约性，让农民工管理没有摆脱克罗齐耶预言的规律。农民工政策的"失灵"，是由制度逻辑的简单性与生活逻辑的复杂性之间不可规避的冲突或者抗衡决定的。当然，这里所谓的"失灵"不是说农民工政策供给没有改变农民工的生活，或者没有达到规范政府、市场以及农民工行为的目的，而是说农民工政策虽然改善了农民工原来在城市生活举步维艰的境地，却没有成功地如其所愿地安排和规训政府、市场以及农民工在具体境遇中的行动，没有能够让有自身逻辑的农民工管理实践乖乖地进入制度预设的模子，完全按照制度的逻辑运转、生长。因为制度本质上是一种居高临下的控制实验或者说主体意识的全面经验反思，当其贴近生活世界进入日常生活场域时，制度的优势就会被"生活实践"的丰富性、多样性所消解。农民工管理领域密集出台的制度安排与政策集合本质上是中央政府运用其公共权力对农民工公民身份和农民工贡献的承认，并在此基础上对社会利益需求进行重调整，对社会价值进行重新分配。也就是说，农民工与所有社会成员平等地分享改革发展成果的需求获得了制度的确认与回应，并获得了国家权力的加持。然而这并不意味着制度资源在农民工生活中的实际落实，因为农民工的日常生活具有复杂性、流动性、互动性、情境性等特征，农民工政策回到农民工日常生活的场域和语境时，制度的普遍性就成为具有一定约束条件下的普遍性。因此，农民工政策能否落实的关键还要看在具体情境中农民工管理各利益主体是否能够达成对抽象的政策条文的某种共享理解。在此意义上，"抽象的政策文本"如何实现与日常生活"情境性"的匹配，如何在"抽象的制度"与"生活的具体"之间达成联通是农民工管理在社会利益错综复杂的叙事语境中遇到的重大挑战。

第五章 社会工作介入农民工社会管理的逻辑探寻

农民工跨世代的长期流动和跨区域的广泛流动使得农民工社会管理面临重大的情境挑战。以政府制度创新为主的农民工管理由于无法化约农民工日常生活实践的丰富性而陷入"制度的困境"。社会工作是秉持助人自助的价值观，用科学的方法帮助有需要的、遭遇生活困境的人士，解决其基本生存问题，调适其与环境的关系，促进社会正义和社会进步的活动[1]，作为现代社会一种重要制度安排，社会工作发展为社会治理提供了新的思路。由于社会工作特别关注生活世界以及体系世界（主要是基于目的理性建立的制度世界）的联结与平衡，有助于"促使人和外在结构能够应对人生挑战并增进福祉"[2]，对于农民工社会管理具有重要的价值。

一 社会工作介入农民工社会管理的必要性

社会工作介入农民工社会管理与农民工社会管理实践中的新情况、治理理论的新发展、社会工作的本土化发展密切相关，是实践发展、理论发展和专业发展的必然选择。

---

[1] 王思斌：《社会工作在创新社会治理体系中的地位和作用——一种基础服务型社会治理》，《社会工作》2014年第1期。
[2] 葛道顺：《社会工作转向：结构需求与国家策略》，《社会发展研究》2015年第4期。

第五章 社会工作介入农民工社会管理的逻辑探寻

1. 现实需求：农民工社会管理实践的新变化

农民工社会管理的新要求、新挑战为社会工作介入提供了丰富的现实土壤。

第一，农民工社会管理理念转变。农民工长期持续的流动事实表明，农民工已经成为城市生活中一个重要的社会行动者。如果城市仍然像过去那样，将农民工视为需要防范管理的对象，寄希望于通过各种方法与手段来管住农民工，让其按照城市发展的需要来行动，显然是不现实的。不过，农民工参与的实现必须依赖一定的参与能力和参与条件，即农民工要拥有参与管理所需的社会资本。由于各种形式的社会资本都依赖于稳定性，个体流动会使社会资本赖以存在的相应结构完全消失，[1] 农民工从乡村到城市的流动，会造成其在农村社会建立起的各种社会网络迅速瓦解，在城市社会的各种社会网络不能及时建构，结果农民工参与管理的社会资本极为有限。这为农民工社会工作的兴起提供了广阔的发展空间。正如学者们指出的那样，社会资本的产生和积累与社会组织、社区紧密相连[2]，被称为"第三方治理工具"的社会组织，具有政府和市场所不具有的一些优势和功能，尤其是在那些私部门不愿涉足而政府无法介入的领域，以志愿、社群和公益精神为行动理念和价值追求的第三部门是弥补政府和市场失灵的最佳选择，是与政府、市场协同实现善治的伙伴[3]。在农民工城乡流动过程中，专业社会工作既可以通过吸纳农民工中的优秀分子，将散入城市的原子化的农民工个体组织起来，使农民工通过社工机构获得珍贵的组织资本，又可以凭借专业知识参与农民工能力建设，通过活动、培训等途径提升农民工的职业、文化和政治等现代公民素质，增强农民工需求表达的能力，促进农民工参与城市社区治理，推进农民工的再社会化，帮助农民工"超越户籍等外在结构限制而融入城市生

---

[1] [美]詹姆斯·S.科尔曼：《社会理论的基础》，邓方译，社会科学文献出版社2008年版，第298页。

[2] [英]肯尼斯·纽顿：《社会资本与民主》，《马克思主义与现实》2000年第2期。

[3] [美]罗伯特·T.戈伦比威斯基、杰里·G.史蒂文森：《非营利组织管理案例与应用》，邓国胜译，中国人民大学出版社2004年版，第31页。

活方式之中"。①

第二，农民工社会管理目标变化。在城镇化加速推进的背景下，农民工从"嵌入"城市到转向全方位"融入"城市已经成为不可阻挡的趋势，并呈现出累积性、分层性、空间差异性等突出特征。② 长期定居城市不仅是城市化健康发展的需要，也是许多农民工及其家庭的强烈愿望。如上文提到的老吴，他最后悔的是在城里房价低的时候没有抓住机会买房，名正言顺地成为"城里人"。他回归乡村后依然勤劳工作，所求就是减轻儿子儿媳负担，帮助他们在城市买房定居。从他的述说中不难看出，定居城市俨然两代人接续努力特别想要实现的梦想。然而，由于地方政府错误估计了农民工在城市化过程中所具有的阶段性特征，在农民工这一新生的社会群体在城市结构中基本定型并形成相当规模后，仍然把农民工当作社会发展的不安定因素来看待，忽视了对农民工城市适应过程中的必要服务，造成农民工的生活和心灵的漂泊状态。③ 更为突出的问题是，由于在制度、经济和心理层面融入城市的诸多障碍，农民工在城市流动中出现了职业身份与社会身份转换的错位，生活地域边界、工作职业边界和社会网络边界的背离，在城市中形成了一个独特的边缘群体或边缘阶层。倘若这种格局继续存在，不仅有可能带来市民化的中断，还会带来巨大的社会秩序风险，正如郑功成等所指出的那样："融入主流社会和希望得到公平的社会保护及民主政治权利正在成为越来越多的农民工的共同追求，并必然导致相应的社会后果与政治后果。"④ 在农民工流动持续增长的情况下，不断推动农民工城市融入，是事关全体农民工群体福祉以及实现人们对美好生活热切期待的大事，是我国推进以人为本的城镇化进程中无可回避的问题，是农民工社会管理的根本目标。实现

---

① 时立荣：《透过社区看农民工的城市融入问题》，《新视野》2005年第4期。
② 方向新：《农民工城市融入的演变趋向、突出特征与推进策略》，《求索》2019年第4期。
③ 张时飞：《积极参与城市农民工的社会服务——转型期中国社会工作新的专业视野》，《中国社会工作》1996年第3期。
④ 郑功成、黄黎若莲等：《中国农民工问题与社会保护》，人民出版社2007年版，第9页。

这一目标，不能靠等待和拖延，只有让农民工群体在城市分层体系结构中占据应有的位置，获得相应的地位、资源，农民工才能真正对城市产生归属感、认同感，农民工的城市融入才能落到实处。鉴于农民工城市融入的艰巨性、复杂性、长期性，一方面，农民工社会管理要以农民工享受国民待遇为原则，对社会政策体系进行创新改造，对农民工就业、社会保障、子女教育、医疗、住房等一系列具体制度做出整体性的安排，帮助农民工在城市站稳脚跟。另一方面，也是更重要的一方面，社会工作要在将社会政策转化为具体社会服务方面大展身手，改变农民工生存与发展的社会环境，切实地帮助他们尽可能地融入城市社会。

第三，农民工社会管理重心转变。虽然户籍制度改革明确提出了覆盖城镇常住人口的基本公共服务均等化要求，但是受到制度、经济和社会身份等方面的制约，面向农民工家庭成员的城镇基本公共服务的供给目前尚存在巨大的鸿沟和"欠账"，特别是在发达地区的大城市，城市仍是有限度地向"外来精英"家庭开放，农村家庭迁居城市不仅存在严格的制度限制，还有较高的经济门槛（如积分入户制中对家庭收入、居住年限和职业等方面的限制），农民工及其家庭的生活需求供给极为有限，且这种状况仍将在一段时间内长期存在，因为当前"在城乡规划与建设中，'常住人口'虽已作为城市各项建设（如建成区面积、公服配套）的主要依据，但在实际建设中多不能按此投资配建，城市仍以户籍人口为主要服务对象，城市'覆盖常住人口的基本公共服务均等化'进展缓慢。除常见的服务设施数量不足外，服务与家庭需求的'错配'亦是突出的问题，特别是农民工家庭对公共服务需求的阶段性变化更未被相关规划所重视"。[1] 因此，适应农民工的家庭化流动趋势，将家庭作为社会服务体系建设的主要目标，制定面向农民工家庭的扶助服务，兼顾农民工、随迁子女、随迁老人和家属等各种群体的需要，将他们的服务需求、发展诉求一并纳入农民工

---

[1] 陈宏胜、王兴平：《面向农民工家庭的城镇公共服务体系优化：农民工市民化的关键》，《规划师》2015年第3期。

服务体系之中，将成为未来农民工社会管理的重点，这就给社会工作介入提供了介入机会、服务市场和发展空间，因为精细化、人性化、多样化的服务恰恰是社会工作最擅长、最能施展身手的领域。

第四，农民工社会管理技术转变。面对农民工规模化的流动性、普遍化的异质性给农民工社会管理带来的挑战，基层社区不断创新方式方法，大力推动实施"网格化"管理，具体做法是：把地理社区划分为若干个网格，延展街道—社区管理链条为街道—社区—网格，通过"一格三员"将街道管理资源下沉到网格，以"责任制"为依托，以信息技术为支撑，实现对农民工的精细化管理。这种做法迅速在全国得以推行，党的十八届三中全会《中共中央关于全面深化改革若干重大问题的决定》在关于"改进社会治理方式"的论述时就着重强调："坚持源头治理，标本兼治、重在治本，以网格化管理、社会化服务为方向，健全基层综合服务管理平台，及时反映和协调人民群众各种层次的利益诉求。"在推进网格化过程中，为弥补社区网格管理人员及其专业能力不足等问题，街道对社会工作的需求越来越强烈，早在2013年11月，民政部、财政部发布《关于加快推进社区社会工作服务的意见》就明确提出：加快培养一支高素质的社区社会工作专业人才队伍，发展一批数量充足、服务专业的社区社会工作服务组织，科学设置社区社会工作专业岗位。此外，还有越来越多的街道采取政府购买方式将向社会工作机构购买相关的社会服务。

2. 理论支撑：社会治理理论的新发展

社会工作介入农民工社会管理不仅源于农民工社会管理的现实需要，还扎根于丰富的理论土壤之中，特别是社会治理多元理论、社会福利多元理论和社会风险理论的发展为社会工作介入提供了坚实的理论支撑。

第一，社会治理多元化理论。在如何实现对公共事务的有效治理这一经典问题的讨论中，市场派以公共选择理论为基础，从"理性经济人"假设出发，对于公共事务的治理，人们可以通过市场自动达到帕累托最优。以凯恩斯主义为代表的政府派强调，政府理应在公共事务的治理过程中实现从"划桨"到"掌舵"的转变，一只

"看得见的手"以"强势政府"的身份进入公共事务治理的诸多领域。① 但是,在现实中"强市场、弱政府"的治理模式会带来囚徒困境、公地悲剧以及集体行动逻辑搭便车等"市场失灵"困境,"强政府、弱市场"的治理模式则会导致政府失灵的困境——"公共政策制定失误或执行低效率、公共物品供给的高成本或低效率、政府的盲目扩张和政府的寻租行为"②。在分析"市场"或"政府"单一治理主体的有限性基础上,奥斯特罗姆夫妇提出了"多中心治理"的概念,并迅速发展成为当今学术界最热门的理论。多中心治理理论的大致框架是:第一,多中心治理结构意味着在地方的社会生活中,存在有民间的和公民的自治、自主管理的秩序与力量,这些力量分别作为独立的决策主体围绕特定的公共问题,按照一定的规则,采取弹性的、灵活的、多样性的集体行动组合,寻求高绩效的公共问题的解决途径。第二,多中心治理模式强烈要求公民的参与和社群的自治,将公民参与和自治作为基本的策略。第三,多元独立决策主体的利益同样是多元的。多元利益在治理行动中经过冲突、对话、协商、妥协,达成平衡和整合。第四,多中心还表现为不同性质的公共物品和公共服务可以通过多种制度选择来提供,而多中心治理中政府治理策略和工具向适应治理模式要求的方向改变。多中心理论的核心是,主张采用分级别、分层次、分阶段的多样性制度设置,加强政府、市场、社会之间的协同共治,建立一个充满竞争、更加富有效率和活力的治理体系。该理论的价值在于"通过社群组织自发秩序形成的多中心自主治理结构、以多中心为基础的新的'多层级政府安排'具有权力分散和交叠管辖的特征,多中心公共论坛以及多样化的制度与公共政策安排,可以在最大程度上遏制集体行动中的机会主义,实现公共利益的持续发展"。③

多中心治理提供了一个以最小成本维护社会稳定和实现社会整合

---

① 李平原、刘海潮:《探析奥斯特罗姆的多中心治理理论——从政府、市场、社会多元共治的视角》,《甘肃理论学刊》2014年第3期。
② 同上。
③ 同上。

的理想类型,即理想的社会治理是由三大行为主体在三个层面互动的过程,即政府、市场组织和社会组织是实现社会有序运行和不断发展的共同推动者,三者分别采用行政、经营和自治方式动员政治、经济和社会等资源和力量,形成一个管理体系,以合力作用于社会,从而发挥社会管理系统的最大效用。① 因此,在实践中多中心理论发展成为全球推进民主化、培育公民社会、构建政府与社会平等伙伴关系、推动多元主体发展的社会治理潮流。正如库依曼指出的,"回应多样的、动态的和复杂的社会问题需要一种新的模式,它应该包括以前没有包括的伙伴,不仅关注市场,也要关注公民社会,以及各种各样的管理伙伴。因为政府并不是解决社会问题的唯一行为者,除了传统的方法外,需要新的治理方式解决这些问题"。② 我国的国家治理轨迹也深受这一潮流的影响。从改革开放的经验来看,我国经济建设领域取得成功的基本经验就是不断解放"经济全能型"政府,大力培育多种经济建设主体,让各种所有制经济主体在市场中平等、自由竞争,从而创造了举世瞩目的中国奇迹。同样的道理,社会管理领域要不断获得新成绩,其关键在于改革"社会全能型"政府,逐步开放社会,大力培育多元社会管理主体(社会组织),才能满足多种多样、无时无刻都存在和发生的大量社会需求。③ 我国社会治理也经历了从"社会管控"到"社会经营",再到"社会管理"最后到"社会治理"的深刻变革,走过了从"包办社会"到"经营社会",再到"管理社会"最后到"治理社会"的发展历程。④

治理理论及其实践发展为党委领导、政府主导、社会协同、公众参与的中国特色农民工社会管理体系提供了理论指导,在这一体系

---

① 岳经纶、邓智平:《社会政策与社会治理》,中央编译出版社2017年版,第23—26页。
② 郁建兴、刘大志:《治理理论的现代性与后现代性》,《浙江大学学报》(人文社会科学版)2003年第2期。
③ 李昌平、游敏:《加快社会建设必须改革"社会全能型政府"》,《南方日报》2012年5月26日。
④ 陈鹏:《中国社会治理40年:回顾与前瞻》,《北京师范大学学报》(社会科学版)2018年第6期。

中，社会工作机构作为最为重要的社会组织无疑应该占据重要的位置。社会工作的发展历程表明，社会工作的本质就是通过专业化的服务来解决人们的各种需要和问题，而这种本质特征正好能够满足现阶段党和政府对农民工社会管理的现实要求。在农民工社会管理中，社会工作通过提供专业服务来满足农民工的各种需求，进而实现农民工城市融入、促进社会和谐安定等农民工社会管理目标。党的十九大报告指出，我国的社会主要矛盾已经转化为"人民日益增长的美好生活需要和不平衡不充分的发展之间的矛盾"，农民工问题正是这种主要矛盾的集中反映，农民工与其他群体间存在巨大的发展不平衡、不充分，造成其面临严峻的生存和发展的不利境遇，对社会充满怨恨、不公等负面情绪，进而对社会和谐与安定有序形成较大的冲击。作为现代社会应对社会风险的一剂有效良方，作为国家与公民之间的中介和桥梁，社会工作被赋予了新的使命，寄予了新的厚望，被视为一种有效解决农民工问题，防范社会风险和社会冲突的有效制度安排。社会工作的作用不仅在于依据现有的社会政策来帮助解决农民工群体的现有问题，还在于通过在维护农民工合法权益、预防农民工违法犯罪、完善农民工社会保障中发挥应有的积极作用来预防和解决农民工问题。此外，社会工作更重要的作用是社会工作可以通过整合和动员社会各方力量参与农民工的管理和服务，链接一个范围广泛的、能量巨大的社会参与网络，以社会自我管理来化解冲突矛盾，确保社会的安定有序。秉持助人自助的专业价值，社会工作机构及其工作者可以运用优势、抗逆力、人在情境中等特有视角，凭借其日益专业化和职业化的服务专长，以及在解决具体问题、化解潜在冲突、预防社会风险和促进持续发展方面的特殊优势，不断拓展农民工服务内容，完善农民工服务体系，提高农民工服务可及性，从而不断努力成为农民工社会管理的重要主体力量。

  第二，社会福利多元化理论。福利多元主义理论是20世纪70年代以来一个新的社会政策研究范式。它强调通过多种制度为人民提供福利建议应对福利国家危机。蒂特姆斯较早从理念上对福利提供者多元化进行了阐述，他在《福利的社会分工》一文中提出，社会福利体系由社会福利、财税福利和职业福利三种体系组成,三种体系相互配合、维持运作以实现对社会各种福利的提供。罗斯进一步明确论述了福利多元主义的思想,他指出福利应该是全社会各制度综合的产物,并将福利的来源归纳为家庭、市场和国家三种不同的社会制度,三者相互补充、共同为社会提供各种福利。伊瓦思将罗斯的多元福利组合理论演绎为家庭、(市场)经济和国家共同组成福利整体,发展出他的福利三角理论。其中,(市场)经济提供就业福利,个人努力、家庭保障和小区的互助是非正规福利的核心,国家透过正规的社会福利制度将社会资源进行再分配。在一定的文化、经济、社会和政治背景中,国家提供的社会福利和家庭提供的家庭福利可以分担社会成员在遭遇市场失败时的风险。①

随着公民社会的不断成长,伊瓦思对福利三角理论进行了相关修改,将社会福利来源修改为国家、市场、社区和民间社会四种,并特别强调民间社会的特殊作用。约翰逊同样主张四元划分的方法,将提供社会福利的部门分为四个部分:①国家:提供直接性和制度性福利;②市场部门:提供就业以及具有营利性的福利;③志愿部门:互助组织、非营利机构、社区等组织提供的福利;④非正式部门,如家庭、亲友、邻里提供的福利。他的观点在国家、市场和家庭三角主体的基础上增加了志愿组织,认为福利供给具有非垄断性,国家的作用是有限的,需要发挥市场、志愿组织、家庭等非正式组织在福利提供方面的作用。显然,福利多元主义十分强调分权/分散及参与,要求福利服务的行政权遵循中央政府→地方政府、地方政府→社区、公共部门→私人部门的路径进行转移。即除了国家之外,市场、家庭、社区等也是福利的重要支持来源。参与指希望福利提供者(社区、非营利组织等)和福利消费者共同参与福利服务的制度决策及服务输送过程。②

福利多元理论为推进政府以外的社会力量参与农民工社会管理提

---

① 彭华民:《福利三角:一个社会政策分析的范式》,《社会学研究》2006年第4期。
② 姚进忠:《福利多元:农民工城市融入服务体系建构的社会工作行动研究》,《中国行政管理》2018年第1期。

供了理论支撑。多年来"全能政府"的弊端使人们认识到,政府的职能和功能是有限的,必须将政府不该管、管不了也管不好的那些职能和事务剥离和转移出去,使政府逐步从"越位""错位"的尴尬中解脱出来,在农民工社会管理中同样如此。受社会身份、社会制度等系列因素的影响,农民工很长时间可谓在市场经济浪潮中裸泳,几乎享受不到任何社会福利。即使是在农民工问题引起党和政府高度关注,农民工政策顶层设计不断出台的情况下,农民工仍然面临许多社会风险,无法获得足以被普遍期待的社会福利。借鉴福利多元理论的视角来审视农民工福利可以发现,农民工"公共服务供给的复杂性和需求的多样性,要求政府、企业、公民和其他社会组织均参与到公共服务供给中来,各责任主体具有更多自主权和参与权,在追求利益最大化的前提下进行自主管理,在生产、维护、提供、使用和监管公共服务方面展开博弈,通过谈判、协商等途径,建立基于一致策略的合作模式"。① 具体而言,需要进一步强化政府向农民工提供普遍意义的公共服务职能,推进农民工社区融入;完善基层组织和网络的支持和服务农民工的功能,增强社会组织向农民工提供服务的积极性;倡导企业对农民工的社会责任和对于农民工的社会保护;增强农民工家庭的支持互助和农民工个人的自助功能。在这个多元的农民工服务体系中,社会工作都可以积极展开介入:政府和企业在为农民工提供具体服务时需要向社会工作机构购买服务;社会工作既作为社会组织向农民工提供服务,也可以协调其他社会组织向农民工提供服务;社会工作通过激发农民工和其他社会公民的主体性,可以增强公民向农民工提供服务的意愿,提高农民工自我服务的能力。显然,从这个意义上讲,社会工作是联结国家、社会组织、家庭、志愿者和个人的重要力量,它可以动员宏观(社会政策、社会制度)、中观(社区、社会组织)和微观(家庭和个人)层面的力量,整合各种正式和非正式、制度化和非制度化的资源为农民工提供全面优质的公共服务。

---

① 张偲、温来成:《论我国政府购买公共服务的边界》,《地方财政研究》2018 年第 4 期。

第三，现代社会风险理论。德国学者乌尔里希·贝克在其《风险社会》一书中首次阐述了风险社会理论，他认为全球化时代是充满风险的社会，人们正遭遇或即将遭遇各种没有预期的风险。吉登斯在此基础上区分了外部风险与被制造出来的风险，"外部风险就是来自外部的、因为传统或者自然的不变性和固定性带来的风险"。[①] "被制造出来的风险，指的是由我们不断发展的知识对这个世界的影响所产生的风险，是指我们没有多少历史经验的情况下所产生的风险。"[②] 按照他的看法，风险社会中的社会风险更主要的是指由人类活动所导致的风险。正如沃特·阿赫特贝格指出的那样："风险社会不是一种可以选择或拒绝的选择。它产生于不考虑后果的自发性现代化的势不可挡的运动中。"[③] 现代社会中，个人、组织和国家要维持生存与发展都需要面对和解决的重要问题就是如何规避、减少和承担风险，而社会工作从其起源就被视为一种解决"被制造出来的风险"的有效手段。

当前我国正处于社会结构深刻变动、利益格局变动重塑、社会矛盾和问题交织叠加的历史时期，各社会阶层出现急剧的利益分化与利益冲突。农民工不仅面临食品药品安全、生态环境恶化、贫富差距拉大、阶层利益固化等社会共同性问题，同时还面临劳动权益受损、工作居住条件恶劣、社会保障不足、社会性排斥增加等诸多基于身份而引发的特殊风险。所有这些风险相互缠绕和交织，并且在很多情况下共时出现和互相增强，从而引发农民工的一系列城市不适应，结果是农民工或者用脚投票，或者用极端手段维权，造成严重的群体性事件，如富士康农民工"N连跳"、2014年广东省东莞市裕元鞋厂的3万工人罢工事件。因此，农民工社会管理必须针对农民工在城市生活中的各类风险实施积极有效的应对措施，开展有效管理。世界各国的

---

① [英]安东尼·吉登斯：《失控的世界》，周红云译，江西人民出版社2001年版，第22页。
② 同上。
③ [荷]沃特·阿赫特贝格：《民主、正义与风险社会：生态民主政治的形态与意义》，周战超编译，《马克思主义与现实》2003年第3期。

发展经验证明,作为一项应对社会风险的有效制度安排,社会工作倡导"预防胜于救助、发展胜于治疗"的理念,在各种风险事件中实施事前预防、事中引导和事后安抚,能够有效防范社会风险的产生,并直接降低风险的破坏性。在此意义上,社会工作对于社会风险的有效管理直接反映其在农民工社会管理中的重要功能和作用——社会工作等于在不同社会利益群体之间和农民工与政府、与民众之间安装了一个安全有效双向互动的"安全阀",有助于社会张力得以释放,社会矛盾得以疏解。

3. 专业背景:社会工作的本土发展

社会工作从西方引入我国后,在中央和地方各级政府的强力推动下,我国社会工作在专业化、职业化和社会化方面取得了巨大进展,逐渐成为应对转型时期社会矛盾增多、社会问题频发的重要制度安排。

20世纪80年代中后期,我国大陆地区开始引入专业性的社会工作,少数高校开设了社会工作专业。2003年上海市政府率先明确提出,"探索建立职业化的社会工作制度",并发布《上海市社会工作者职业资格认证暂行办法》,我国社会工作从此迈出职业化发展的第一步。2004年7月,国家劳动和社会保障部正式颁布实施《社会工作者国家职业标准》,标志着社会工作职业制度在全国正式建立[1]。2006年《中共中央关于构建社会主义和谐社会若干重大问题的决定》提出,"建设宏大的社会工作人才队伍"的目标,社会工作被视为推进社会管理和公共服务改革的重大战略部署,获得了巨大的发展空间,进入快速发展的新时期。此后,在中央党政部门积极推进、地方政府紧密跟进的春风中,专业社会工作和社会工作人才队伍建设取得了长足进展,各地在执业资格认证、薪酬体系建设、专业岗位设置、社会服务机制等方面积极探索和创新,形成了各具特色的整合推进、岗位购买、家综服务、存量提升等地方经验。[2] 通过充分吸收和借鉴发达国家、地区

---

[1] 文军:《当代中国社会工作发展面临的十大挑战》,《社会科学》2009年第7期。
[2] 王学梦、刘艳梅:《社区社会工作发展的多维模式及其问题分析——基于上海、深圳、广州、杭州等地经验》,《中共杭州市委党校学报》2018年第1期。

的先进经验，我国社会工作在职业化、专业化和本土化方面均取得了长足的进展，社会工作队伍日益发展和壮大，社会工作机构纷纷建立，社会工作服务日渐走进人们的生活。根据中国社会工作协会推出的《中国社会工作发展报告》，截至2018年底，全国在城乡社区、相关事业单位和社会组织等共开发设置了38.3万个社工专业岗位，社会工作服务站达到5.1万个，社会工作行业协会共计867个，社会工作服务机构9793家。全国共有82所高职院校开设了社会工作专科专业，348所高校设立了社会工作本科专业，150所高校和研究机构开展了社会工作硕士专业教育，全国范围内共有17个社会工作方向的博士点。全国社会工作者职业水平考试报名人数突破40万人，共有135.2万人参加各领域、各类型社会工作专业培训。2018年，各地社会工作资金投入61.12亿元，其中，上海、广东资金投入超过14亿元，北京超过5亿元，天津、江苏、浙江、河南、重庆超过2亿元。

随着社会工作专业队伍的不断壮大，社会工作的专业化职业化水平的不断提升，我国社会工作已经从民政领域逐步拓展到社区建设、社会救助、社会福利、慈善事业、人口计生、禁毒戒毒、婚姻家庭、残障康复、就业援助、职工帮扶、犯罪预防、纠纷调解、教育辅导、应急处置等诸多领域，[①] 并不断向纵深发展，逐渐呈现"类别化"、"专业化"、"制度化"和"标准化"的局面，特别是在"三社联动"中，社会工作通过岗位嵌入、兼任嵌入，在从管理向治理迈进的时代背景下，在治理理念上趋于多元参与、治理规则趋于合作共治、治理目标趋于共享发展的新型范式引领下，社会工作的"社会"含义逐渐得以彰显，社会工作的社会性、政治性和道德性得到充分的诠释和实践，[②] 成为国家和市场之外的重要社会力量。社会工作已经有力而有为地嵌入"三社联动"之中。社会工作地位的变化，让其介入农民工社会管理成为一种必然。

---

① 朱希峰：《盘活存量，激活增量——拓展社会工作服务新领域》，《中国社会报》2008年4月3日第3版。
② 徐选国、赵阳：《迈向共享发展：改革开放40年我国社会工作实践的结构转向》，《新视野》2018年第4期。

二 社会工作介入农民工社会管理的可行性

农民工社会管理经历了从限制流动到鼓励流动,从社会控制到社会治理的变迁,在价值取向上越来越充分地体现对农民工权益的尊重、对农民工在城市可持续发展的重视。可以说,农民工社会管理关涉农民工的福祉、城市社会的安定有序。这与社会工作的属性特征相契合,因此将社会工作引入农民工社会管理是可行的。

1. 社会工作的正义性为管理注入新的价值内涵

社会正义性是社会工作的重要属性。罗尔斯在《正义论》一书中对社会正义进行了系统论述。他指出,社会正义有两个基本原则:一是自由原则,指的是每个人拥有的自由与平等。因此,人人平等是社会正义的基本原则。二是差异原则,是在承认社会经济不平等前提下,试图通过"积极的差别对待"实现对社会弱势人群的福祉和利益的保障。社会工作形成和发展的历史,一直深受这种社会正义观的影响,并将这种社会正义性寓于服务实践中,表现为无论是在何种领域开展社会工作实践、无论是采取何种模式开展社会工作实务、无论在资本主义国家还是社会主义国家开展社会工作,社会工作在回应社会经济不平等议题、提升社会弱势群体的生活质量的服务中,在社会服务提供、社会功能恢复、社会问题解决预防的同时,更加注重剖析隐含于社会问题背后的权利体系及不平等,并通过政策倡导和社会行动来实现对社会公正的诉求,借以增进社会正义。2014年7月,国际社会工作者联合会(IFSW)和国际社会工作教育联盟(IASSW)在墨尔本召开的周年会议上更是再一次对社会正义作为社会工作本质属性进行了重申和强调,指出,"社会工作是一个实践为本的专业和一门学术性学科,旨在促进社会变革与发展、社会融合、人类的培力与解放。有关社会正义、人权、集体责任和对尊重的选择等原则是社会工作的核心。以社会工作理论、社会科学、人文科学和本土性知识为基础,社会工作联系个人与组织去应对生活挑战和促进人类福祉"。① 这一定义无疑是重申了社会工作的正义属性,将社会公平正义视为社会工作本质使命,意味着社会工作要以探寻造成社会问题的生发原因并促成社会环境的改变,以实现社会公平正义为主要目标。

社会工作的正义性属性为农民工社会管理注入了新的价值内涵。当前,农民工正处于"市场的社会"和"群体的弱势"双重困境之中,首先,整个社会正处于一种"市场的社会"之中:市场化在鼓励竞争、追求利益最大化的原则基础上,对原有的社会关系造成了严重的侵蚀,逐渐出现让社会服从和从属于市场原则的情形。② 其次,农民工群体处于一种"群体的弱势"之中,由于地方经济发展逻辑主导的有限市民化政策、政府独白式政策话语体系下利益表达渠道和政策话语权的缺失等结构性因素的影响,农民工始终在社会分层体系之中处于弱势地位,并面临无法进城也无法回乡的尴尬境地。政府主导的农民工社会管理虽然在理念上显示了关注社会公平的取向,但更多的是一种宏观的普遍化的正义,其指向对象是全体从农村流向城市的农业转移人口,它基于一种社会平衡的方式,以抽象原则、理念和制度来予以确立。社会工作的介入则是将宏观正义原则的抽象内容落地化、操作化的过程,更加注重在农民工个体层面贯彻农民工社会管理的宏观正义,在政策体系优化、政策具体执行、结构性环境和在地化环境优化等方面做出强有力的行动推动。社会工作的介入既遵循宏观正义的路径,对既有的农民工社会管理政策条件与社会结构进行承认、反思、再建构,也基于微观正义的路径,以正义原则善待农民工群体中的每一个个体。通过宏观正义与微观正义双重路径的努力,社会工作介入农民工管理将确保社会正义的原则逐步达到或靠近理想的程度。

2. 社会工作的发展性为管理提供新的思路

发展性社会工作是以社会发展理论为基础的社会工作取向。1995

---

① 程子航:《社会正义情境下中国社会工作教育的本质:批判与创造》,《社会工作与管理》2016年第6期。

② 徐选国:《中国社会工作发展的社会性转向》,《社会工作》2017年第3期。

年米奇利在其经典著作《社会发展：社会福利中的发展性观点》首次将社会发展与社会工作关联起来，提出"社会工作是发展性社会福利的传递系统"的观点，由此开始了发展性社会工作的理论转向，其后随着研究的深入，米奇利又在与康利的合著《社会工作与社会发展——发展性社会工作的理论与技巧》一书中明确提出发展性社会工作概念①：第一，发展性社会工作的关键特征是将经济投资策略应用于社会工作实践中，强调通过社会工作服务帮助服务对象建立起旨在促进能力提升和生活性参与、生产性参与的社会投资策略，并运用优势视角、增权的理念使投资收益最大化。第二，发展性社会工作注重社区为本的实践介入策略，重视社区内设施、服务与服务对象之间的勾连，主张运用社区内的服务来帮助服务对象实现社区中的独立。第三，发展性社会工作重视服务对象的参与，强调案主自决，鼓励和支持服务对象进行自我管理和自主解决问题。② 第四，发展性社会工作常常与其他进步组织和团体进行联合，建立起倡导联盟来发挥各种团体的力量以实现民主参与、社会正义等倡导目标。莫里森从改变的范式、社会工作的形态、发展历史、领袖人物、理论渊源等九个方面对发展性社会工作与治疗性社会工作的差别进行了仔细比较，在此基础上明确了发展性社会工作的重要特征，包括：强调正常的成长、发展和预防；运用小组工作俱乐部、阶级、日间照顾、社区实践等工作手法；关注改善社会安全网、改善卫生服务、最低工资、工作岗位、消除贫穷、预防计划等议题；强调社会、社会系统、邻里改变等。③ 在实践策略上，发展性社会工作的突出特征是社区为本、发挥才能、并促进增权。显而易见，发展性社会工作不是建立在社会服务提供基础上的静态工作方法，而是建立在对服务对象需求的动态概念上，致力于培养服务对象的能力，提高服务对象解决自身问题的能力，如包括经济能力、社会能力、文化能力等众多能力在内的行动力。换句话

---

① 马凤芝：《社会发展视野下的社会工作》，《广东社会科学》2014年第1期。
② 腾芸、向德平：《发展性社会工作参与扶贫扶志的空间与路径》，《社会工作》2019年第6期。
③ 马凤芝：《社会发展视野下的社会工作》，《广东社会科学》2014年第1期。

说，发展性社会工作致力于为服务对象提供社区发展与个人需求相结合的整合式服务①，社会工作实践的目标既注重个人能力的提升，也强调社区的可持续发展；既注重当下问题的解决，更考虑服务对象及社区未来的益处，兼顾短期目标与长期目标。

当前，我国农民工社会管理的目标取向逐渐转向"每个农民工是否想成为城市居民，是他们自己的选择，我们更关注的是农民工是否享受平等的、自由的城市化机会问题"②，单纯依靠制度创新势必显得力不从心，因为在实际生活中，利益主体的博弈，以及农民工将资源转化为自己资本的有限能力已经取代制度创新的位置，成为今后农民工社会管理政策有效性的关键。在这种状况下，农民工社会管理迫切需要思考如何打破囿于政策的就事论事式的"以事为主"，将管理重点转向"以人为本"，长远提高农民工能力、增强农民工资本、促进农民工发展。发展性社会工作恰恰可以为农民工社会管理走向"以人为本"提供一种新思路。在农民工社会管理方面，发展性社会工作的主要贡献在于：第一，重视农民工作为"完全公民"的各种发展需要，着眼于农民工能力建设，以农民工资本建设为目标。在这个过程中，从未来发展入手，寻找农民工的资产及发展优势，梳理一份农民工"资产清单"是社会工作介入的关键。第二，以人的发展为导向，重视农民工人力资本与社会资本的投资与积累，重视农民工就业能力和工作动机的有效提升。从目标来看，社会工作致力于增强农民工的自主生存能力，以农民工的发展为导向。在手段上，社会工作重在培育农民工的人力资本，重视增强农民工的教育和培训投资，增强农民工的能动性及战胜贫困的信心。在效果上，社会工作以预防问题为主、解决问题为辅，以防为补，重在创造有助于农民工群体自管理、自服务的条件。

3. 社会工作的日常性推动农民工管理面向生活

社会工作的日常性来源于社会工作转向生活世界为本的理论与实

---

① 腾芸、向德平：《发展性社会工作参与扶贫扶志的空间与路径》，《社会工作》2019年第6期。

② 王春光：《中国社会政策调整与农民工城市融入》，《探索与争鸣》2011年第5期。

践取向。张威对"生活世界为本的社会工作"理论进行了全面系统的介绍和阐释，从理论上清晰地揭示了社会工作从研究与实践行动转向生活世界的理论特质。① 焦若水则从具体的社会工作服务场景出发，揭示了本土社会工作走向生活世界的实践倾向。② 转向生活世界的社会工作专业特征可以概括为五个方面："一是社会工作服务必须同时考虑家庭、群体、社区功能失调与社会工作直接服务之间千丝万缕的关系，将具体社区、社会组织、政府结构与政策体系列为最为重要的三个影响者，从一开始就将社会工作服务功能的发挥放置在生活场景中展开；二是注重多样性敏感服务，最大程度降低社会工作者与服务对象因为'生活世界'场域错置导致的服务偏差；三是社会工作者作为合作伙伴和服务对象共同在生活世界中展开服务，是一种充满人文关怀的伙伴式关系；四是社会工作服务将需求评估、生命叙事与服务计划进行整体设计，促进社会工作无缝对接服务对象的生态系统；五是将服务对象的生活环境、社会政策、文化约束放置在完整的、动态的环境中看待，关注个人和集体联结的力量。"③

转向生活世界的社会工作为弥补农民工管理中的"制度与生活"困境提供了可行的路径。在农民工社会管理过程中，仅有制度创新是远远不够的，还需要"回到生活"，突破制度与生活之间的"行动困境"。社会工作以生活为本的特性使得其天然具有成为宏观和微观、制度与生活的连接机制的功能，因而在农民工社会管理中具有独特的意义。就社会工作的生活世界转向而言，农民工社会管理将不再是制度创新的过程，而是在日常生活中积极应对与解决农民工困境的行动过程，这对于解决农民工问题具有重要意义。农民工的日常生活世界具有多变性和非课题性特征，日常生活世界的主体间性关系中蕴含农民工问题解决的实践逻辑。相关的利益行动主体与农民工都是在生活世

---

① 张威：《生活世界为本的社会工作理论思想——兼论构建社会工作基础理论的战略意义》，《社会工作》2017年第4期。
② 焦若水：《生活世界视角下社会工作本土化研究》，《广西民族大学学报》（哲学社会科学版）2018年第2期。
③ 同上。

界中共有的经验性理解基础上才能构成解决问题的行动策略。因此，社会工作的日常性属性有助于农民工社会管理深入农民工的生活世界，在众多（甚至看似矛盾与散乱的）具体化情境中去反思、诠释不同行动者的"共在世界"和"共同利益"，进而寻找到实现各行动主体利益共赢的善治逻辑。具体来说，社会工作通过坚持服务取向，回归农民工社会管理的服务本质，将管理寓于服务之中，将服务置于农民工的日常生活，突破以往的制度与生活的分离，从而探索出符合农民工实际情况和来源于经验知识的农民工社会管理的行动路径。在此，社会工作是在农民工的生活世界中开展服务管理的，目标在于提升农民工社会管理和农民工环境之间的适恰性，强调多元多维的服务，注重充分释放政府为核心，农民工、社会、市场多元的效能责任感。

4. 社会工作的主体性推动农民工管理转向治理

社会工作是一个强调"主体性"的专业。首先，社会工作的价值体系中充满了对"主体性"的坚持。社会工作关于人的基本价值理念原则包括：尊重原则，强调社会性是人的本质属性，每个人都是与社会相联系的独立的生命个体，都有获得社会理解、社会尊重、社会关怀的权利；潜能原则，强调每个人都有自己的生命潜能，都有处理和解决危机实现自我发展的可能，社会有责任向社会成员提供条件和机会，解决困难促进个人能力发展；需求原则，承认和尊重人的基本生活需求及发展需求的客观合理性，强调不断满足社会成员的各种社会需求是社会进步的重要标志。其次，社会工作的践行过程充满了对"主体性"的追求。就服务目标来说，社会工作将人性的自我实现作为重要目标，强调通过服务，帮助服务对象自身潜能得到发挥、能力获得增长，逐渐达到自己能应对困难、面对生活一直预防新问题出现的状态，最终实现健康成熟的人格与生命潜能最大限度的发挥；就服务原则而言，社会工作将案主自决放在最重要的位置，尊重服务对象自我选择和自我决定的权利和需要，尽力协助服务对象明确自身的目标，对服务对象遇到的问题可以提出解决的方案或建议，但绝不越俎代庖；就服务技巧而言，社会工作重视叙事、赋权等手法，力图探索情景化服务中的实践智慧，在服务的全过程中，发现、培育、发挥服务对象的主体性，绝不忽视、剥夺、压制服务对象的主体性，以此收获"助人自助"。一言以蔽之，社会工作是促进人的变化、彰显人的主体性的活动。徐永祥等因此提出"主体性"是社会工作的伦理关怀，它引导社会工作者进入服务对象的内部世界，挖掘和掌握其主体知识，推动其成长为对自身改变具有主动性的主体，也在这个过程中从个体困扰中寻求公共议题，以此推动制度变革从而提升整体的社会想象力。[①]

社会工作的"主体性"属性契合社会治理"以人民为中心"的要求，有助于治理理念在农民工社会管理这一具体行动中从理念到行动转向"以农民工为中心"。社会工作坚信农民工面临的各种问题，农民工自身是可以改变的，社会工作介入农民工社会管理，一方面是协助政府构建完善的农民工社会管理体制建设；另一方面更重要的是要唤醒农民工的主体自觉意识。在实务介入过程中，社会工作始终坚持需求让农民工表达、问题让农民工讨论、活动让农民工策划、规则让农民工制定、服务让农民工参与，由此唤醒并增强农民工的主体性，最终完成自我超越，使农民工从"他助"转向"自助"，使农民工"自我管理、自我发展、自我服务"成为可能。农民工能否成为社会管理的主体，是实现治理的关键，它既是治理的目标，也是治理的难点。农民工能否成为具有行动力的"社会管理主体"取决于多种因素：农民工、政府以及两者的互动状态等，其中农民工因素中最重要的是其参与能力。参与能力的提升是一个漫长的、持续的、周而复始的循环过程，它不仅需要搭建制度化的利益表达与回应平台，多样化的实际参与资源和机会，更重要的是需要社会工作者引导其建立看待和理解问题的新视角，培养其将新思想新思维付诸日常行动的践行能力。在这个过程中，只有社会工作者才能真正做到平等地、有目标有计划地推动其能力建设，最终将作为管理对象的个体转变为作为公民的个体。

---

① 徐永祥、杨威威、徐选国：《社会性、主体性与社会工作知识结构及实务模式的反思性建构》，《社会建设》2018年第4期。

三 社会工作介入农民工社会管理的基本内涵

在现实与理论的双重裹挟中,在国家治理体系和能力现代化推进进程中,社会工作在农民工社会管理中展现了越来越巨大的力量,发挥着"服务治理"的功能。[①] 但是,在实践中,不管是政府还是公众都对社会工作存有一种片面化简单化的认知印象,即认为社会工作就是开展娱乐活动、兴趣活动的。这种把社会工作简单化的认知不利于将社会工作作为治理主体开展农民工管理。事实上,社会工作介入农民工管理不是仅开展活动,而是运用社会工作的价值理念重塑农民工社会管理理念,运用社会工作理论指导农民工社会管理实践,运用社会工作方法开展农民工社会管理活动的过程。可以从三个层面来理解社会工作介入农民工社会管理。

1. 管理视角的中间取向

社会工作自开始实行起就认为社会问题不仅是个人的责任,而是个体因素与结构因素交互作用的结果,应该通过个案调查来了解弱者致弱的原因,进而有针对性地给予帮扶。这种思考和认识弱者的视角,有助于社会工作者在具体服务提供中尊重服务对象,走进服务对象的处境,充分调动服务对象及其所处环境的作用,将服务对象自身状态和现有资源最大化利用起来。因此,在社会工作者看来,农民工问题本身并不是"问题",农民工问题实际上是农民工在社会生活中遭遇的各种困境。这些困境不是由单一的个人因素所造成,而是农民工与城市社会间联系的"断裂"造成的,农民工面临的社区境遇、现有社区位置等情境因素以及社会制度等结构性因素对农民工的困境产生都有莫大关系,农民工问题的产生是个体性因素、结构因素和情境因素综合作用所致。在归因农民工遭遇的困境时,不能过度专注于

---

① 王思斌:《社会工作机构在社会治理创新中的网络型服务治理》,《学海》2015年第3期。

农民工个体，这会导致夸大在农民工个体身上产生困境因素的重要性，比如文化素质低、懒惰或者无能，甚至会引起某些人草率地将农民工所有的困难都归因于无能或懒惰；同样，也不能过度强调与夸大那些个体之外问题产生的原因，这会导致将恶劣的工作生活条件、不健全的法律政策视为造成农民工问题的所有原因。因此，以社会工作介入农民工社会管理，意味着一种"中间取向"看待农民工的观念，管理的行动者决不会将农民工问题归因于个体的不进取，也不会过度强调社会结构和环境因素，既不会忽视农民工具有的自身对问题解决具有积极作用的因素，也会积极利用农民工生活环境中有助于问题解决的一切有用资源，既着重农民工的能力提升，也注重改善农民工的环境条件，从个人和环境两个层面进行有效干预，从根本上解决问题。一言以蔽之，社会工作介入农民工社会管理是在社会脉络中解释、解决农民工问题的过程。

2. 管理路径的复合取向

如上所述，社会工作认为，农民工问题的产生是个人因素与社会结构因素、社会情境因素交互作用的结果，不能将农民工问题归因于任何单一因素。那么，基于如此认识论前提，农民工社会管理应当如何开展呢？农民工社会工作实践表明，以个人为对象的社会服务具有一定的局限性，社会结构的改革也是解决农民工问题、实现农民工全面发展的重要途径之一。在日常的社会工作服务中，很多农民工的问题难以运用社会工作理论和技巧加以解释和解决，这些案例的失败大都可以追溯到制度和法律层面的缺失或不足。因此，社会工作密切关注国家和各个城市的各种政策变化和社会改革，逐渐成为农民工社会管理改革和农民工政策立法的推动者，即倡导通过宏观结构层面的改革予以应对社会因素导致的农民工问题。当然，尽管社会结构的改善一直是开展农民工社会管理的重要抓手，但社会工作介入农民工社会管理也并非单一倡导宏观层面的社会改革，而是充分认识和运用社会服务和社会改革二分的必要，要充分认识社会服务的作用。在农民工的制度主义管理模式中，农民工的制度供给容易因为与生活逻辑的背离而导致制度失灵，很多农民工政策在文本上具有严密性，但实际中往往效果不佳,这些案例的失败大都因为农民工社会关系的断裂而无法落实。因此,在社会工作者看来,农民工社会管理应该坚持一种"复合取向"的路径,无论是社会服务还是社会改革都只是农民工社会管理的重要一环,解决农民工问题的具体途径在于改善社会结构并与社会服务技巧相结合,这两者之间是相互支持、相互连接、相互融合的。

3. 管理本质的关系取向

在社会工作看来,农民工社会管理本质上是对农民工的社会关系进行有效调整。社会工作把社会服务和社会改革都视为农民工社会管理的重要手段,二者的连接点则在于社会关系的调整。社会工作在一个多世纪的发展历程中,积累了包括心理与社会治疗模式、行为修正模式、任务中心模式、问题解决模式、危机调适模式、完型治疗模式等在内的十几种社会工作模式,并在理论阐释方面形成了精神分析理论、生态系统理论、符号互动论与社会建构论等众多理论视角,这些模式和理论虽然在工作技巧和理论内核上有所差异和改变,但本质上都是在解释、构建、调整个体与他人、与社会的关系,社会关系是社会工作介入的对象,社会工作服务主要用以调整微观个人之间的关系;社会改革主要是用以调整个人和社会之间的关系,以及社会制度安排之间的关系。具体到介入农民工管理,社会工作宏观上努力调整作为公民的农民工与国家、社会的关系,将农民工纳入公民权利体系;中观上在于调整社区情景中作为行动主体的农民工与社区各利益主体的关系,重构社区治理结构;微观上在于重建农民工的个人关系网络。通过上述社会关系的调整,实现农民工与社会环境之间的和谐发展,这正是社会工作介入农民工社会管理的独特价值功能。需要强调的是,这里的社会环境指的是社会关系的综合体,不仅指物理空间上的环境,如社区环境、工作环境,还扩大到对人的情感与精神生活具有实际影响的事务,包括人的思想范围、维持关系的能力界限,等等。农民工不是孤立的个体,而是生活在各种复杂的社会网络之中。农民工遭遇的各种生活困境主要是其某些重要的社会关系发生了断裂,因此必须通过适宜的社会行动来积极调整,构建其社会关系网络，实现农民工与社会的和谐共存、和谐发展。这既是社会工作的方法技巧，也是社会工作的价值功能，更是社会工作"人在情境中"思想的重要体现。

综上所述，社会工作介入农民工社会管理并非以个人为中心的微观社会服务，也不只是单一强调宏观取向的制度改革，而是倡导一种微观社会服务与宏观社会改革相结合的复合治理，强调在具体的情境中特别是社区情境中认识和处理农民工问题，强调通过调整农民工与国家、社会的社会关系，达到农民工与城市居民的和谐共存、实现农民工福祉提升和社会公平正义。显然，社会工作为农民工社会管理提供了一种有别于以往农民工社会管理的新思路。社会工作介入下的农民工社会管理尤为强调的是"社会网络"的意涵，注重建立在"沟通理性"基础上，形成一种关注农民工与市民群体、农民工与社会、农民工与国家之间联系的社会网络，这也正是社会工作专业性之所在。

四 社会工作介入下农民工社会管理的主要特征

社会工作介入下的农民工社会管理与以往的政府或准政府机构对农民工的管理有哪些不同呢，或者说社会工作介入有没有可能让农民工社会管理实现善治呢？对这一问题的回答可以从农民工社会管理的制度体系、行动主体和组织体系的变化中找到答案。

1. 制度体系的"主体化"

制度是管理活动中最为核心的部分，是一切管理活动的根本依据，一方面它是管理目标和理念的具体化和规则化，另一方面又深刻影响着管理实践中所采取的具体管理技术、管理能力以及最终所能获得的管理效果。整体来看，现有的农民工社会管理突出了制度主义的逻辑，治理的一切活动都是在制度的框架下开展的。[1] 中共中央、国

---

[1] 向玉琼：《从制度主义转向行动主义的社会治理——读张康之教授〈公共行政的行动主义〉》，《北京行政学院学报》2015年第5期。

务院及主要职能部门先后颁布了一系列与农民工紧密相关的政策文件。从数量上而言，根据徐增阳、付守芳的研究，1978—2017年，中央层面发布的农民工政策达到985份，发文单位分布在中央层面的72个部门。其中，在国务院发文的251份文件中，专门部署农民工工作的文件达40份；人力资源和社会保障部发文230次，是发布政策数量最多的职能部门。[①] 从文本内容来看，政策文件涉及农民工的工作、生活、教育、社会保障等各方面。但是在实践中农民工政策如前文所述并没有发挥预期的作用，出现了制度的失灵困境。这种制度失灵状况的出现受到历史和客观的多重因素影响，其中不容忽视的是在政策建构过程中，农民工群体处于一种被隐匿和被隐身的状态，而"以发展主义逻辑为导向的经济话语制度性地简约了农民工政策的公平价值意蕴，带来农民工政策公平性隐缺问题，以至于农民工政策合法地物化为经济发展的附庸品、公平问题的调适器，农民工的真实利益诉求难以被吸纳进政策话语之中，农民工群体的个性化的公共利益主张被遮蔽"。[②]

社会工作介入农民工社会管理后，农民工政策的制定过程将不再是一个经济话语主导的过程，而更多的是一个经济话语和社会话语相互交融的过程，社会性维度将成为农民工政策的主要考量，这将有助于形成一种整体性的大社会发展政策思路，从而区别于孤立地、分割地出台经济政策和社会政策，彻底改变农民工政策中经济性部分和社会性部分常常互相矛盾或者此消彼长的问题。同时，由于社会工作对农民工群体的教育、启迪、引导、培育等作用，农民工群体的公民性、现代性将显著持续增长，农民工群体的公民参与能力（指参与社会治理的一切能力，主要包括沟通能力、民主能力、质疑能力、合作能力等）也将显著持续增长，且社会工作本身也可以成为农民工话语表达的合法性新渠道，农民工将由此彻底摆脱被隐身被隐匿的地位，

[①] 徐增阳、付守芳：《改革开放40年来农民工政策的范式转变——基于985份政策文献的量化分析》，《行政论坛》2019年第1期。

[②] 汪超：《农民工政策公平性隐缺的一种话语解构路径——兼议公平性形式化的演绎逻辑》，《求实》2019年第4期。

实现政策创设过程中自身真实利益诉求的完整体现。在此意义上，可以说社会工作的介入有助于在农民工政策体系的创设中找回农民工的"主体性"。

2. 行动主体的"多元化"

尽管社会管理正在逐步转变为社会治理，但是需要思考的是，在农民工社会管理中多元行动主体真的形成了吗？应然参与并不必然带来实际参与。在实践中，农民工社会管理的行动主体结构与国家整体相差甚巨。与治理主体结构的理想模型相比较，农民工社会管理并未形成多元行动主体，而只存在二元行动主体，即只有政府和农民工，其他主体缺失。在二元主体中，政府包括中央政府、地方政府、基层政府和社区。其中社区几乎没有财力，主要是协调、组织以及协助实施政府设置和安排的各项事务；基层政府的财政相对困窘，投入也极为有限。由此看来，农民工社会管理的行动主体实质上以政府为主，其中对农民工社会管理具有重要影响的是中央政府、地方政府。

社会工作介入农民工管理后，农民工社会管理中的行动主体将呈现多元的格局，主要包括：第一，政府。包括中央政府及其相关部门、地方政府及其相关部门、基层政府。中央政府、地方政府是农民工政策的主要供给者，基层政府则是农民工政策的实际执行者。第二，市场，主要是用工单位。总体而言，用工单位对农民工持积极鼓励态度，尤其是劳动密集型企业表现更为明显。随着产业升级的需要，市场越来越需要农民工提升劳动技能，因而在农民工就业培训方面越来越多地进行参与。第三，以社会工作机构为代表的社会组织。相关社会组织基于自身社会责任和组织价值的定位，开展相关的农民工服务活动，在农民工管理中发挥重要的作用，成为农民工管理过程中的重要行动主体。第四，农民工本身。农民工既是管理与服务的对象，是高水平管理与服务的直接受益者，也是农民工管理的重要行动者。

行动主体的多元化不但有其权利、责任、策略、目标和效果等方面的合理性，而且是实现"治理"的基石。"治理"隐含多元主体间平等理念，需要行动主体在自我增能的基础上，兼顾自身利益和整体利益，与其他主体相互依赖，对话互动，根据管理的议题灵活采用"结成伙伴"等参与层级，在"治理"中体现出应有的主观能动性。行动主体的多元化需要让农民工成为行动主体，成为和政府、社会工作组织一样具有治理能力的平等主体，实现由消极被动服从向积极主动参与的转变，从被管理的对象向治理主体转变。那么如何塑造农民工积极公民的能力呢？政府、社会以及农民工个体显然都不具有塑造积极公民的能力，社会工作或将是重要的选择。社会工作的介入将让农民工素质和能力的提升嵌入农民工社会管理系统的现代化过程中，在多元主体协同治理并联合行动的持续过程中完成。首先，社会工作开展的公民教育将成为提升农民工参与能力的最重要渠道，社会工作者充分发挥其教育者作用，将有助于培养农民工的公民意识、民主意识、权利意识和责任意识。其次，社会工作营造的公共空间为农民工的能力训练提供了练习参与的场域。社会工作开展活动需要有一定的空间载体，这些空间客观上是连接多元主体交流的公共空间，农民工在此与其他群体一起进行活动，由此发生的解决矛盾冲突、表达利益诉求等活动，可以为农民工提供练习参与的机会。再次，社会工作活动开展的过程将成为农民工参与能力提升的实战场。农民工可以在参与和自身利益密切相关的小组活动、社区活动中练习表达与沟通、主动参与和监督等，从而提升公民素质、提升参与的能力。最后，社会工作通过培育农民工自组织或者吸纳农民工成为志愿者或社会工作者，使农民工进入一种组织化的过程和集体行动中，从而获得实质性参与治理和合法成为治理主体的机会。在这种实质性参与的过程中，农民工的参与能力、合作能力、利益表达能力、博弈能力、自我服务能力等将会进一步提升。

3. 组织体系的"网络化"

在传统的管理体系中，农民工社会管理主要以政府全面管理为主，市场组织、社会组织以及公民个人的作用基本没有发挥，特别是社会工作组织参与农民工社会管理的渠道狭窄，在化解社会矛盾、提供农民工服务、参与社会治理方面的作用非常有限。传统农民工社会管理的组织体系是以传统的科层制为主轴，市场和社会充其量是一种

第五章 社会工作介入农民工社会管理的逻辑探寻

配角，农民工群体则完全是被动地接受管理的对象。政府提供政策供给、公共服务、社会保障等几乎所有服务，市场主要承担就业等经济性服务。以社会工作机构为代表的社会力量则根据项目周期少量提供农民工服务。随着"服务型政府""社会治理体系和能力现代化"的不断推进，政府也开始尝试引入网格化管理方式对农民工社会管理的维度进行细化与增加。网格化管理就是将社区划分为不同的片区，实行分级管理，每个区域由一名社区工作人员担任区域负责人，与该区域警务人员、楼长、舍长、志愿者共同组成区域管理队伍，目的是建立"信息全掌握、管理无缝隙、服务无遗漏、责任全覆盖"的精细化管理。理论上，网格化管理方式契合农民工人口规模庞大、人口流动频繁的特点，通过空间分割将管理范围缩小，并依托网格员、网络管理志愿者等及时掌握农民工状况，从而得以实现农民工服务精细化供给。但是由于社区在招募、管理和培训志愿者方面可以投入的资源有限，实际工作中大多数工作仍然由社区工作人员承担，没有志愿者实质性地参与到网格化治理中。我们访谈的多位社区工作人员都反映，现在没有办法完全摸清楚农民工的基本数量和分布，根本无法管理和服务农民工。显然，网格化管理作为一种被寄予以"精细化"方式来解决农民工大规模异质性问题的组织体系调整方式，效果未如预期。但是社会工作介入农民工社会管理后，农民工社会管理的组织体系呈现出网络状特点，无论是政策供给环节还是公共服务环节，市场、社会组织和农民工的作用都将得到整合、激发，以满足农民工个体和家庭需要为目的，政府、市场、社会和农民工形成了合作互惠的关系，有效实现了国家、市场、社会、农民工等多元治理主体的良性互动，彻底打破了各个行动主体在农民工社会管理层面的不对等。

综上所述，不难看出，社会工作介入下的农民工社会管理本质上是不同于以往的农民工社会管理，是一种具有"善治"特征的新型农民工社会管理。

第六章 社会工作介入农民工社会管理的行动框架

社会工作作为农民工社会管理的新力量，为农民工社会管理善治的实现提供了一种新的可能。不过，社会工作介入农民工社会管理不是要对农民工社会管理重起炉灶，而是要嵌入现有的农民工社会管理实践。那么在实践中，社会工作如何介入农民工社会管理实践呢？本章试图在此基础上从知识框架、行动框架和主要路径层面建构社会工作介入农民工社会管理的总体框架，为社会工作介入农民工社会管理实践提供支撑与指引。

一 社会工作介入的知识框架

在长期的实践探索中，社会工作既逐步发展出一套基于"生命主体性"的救助理念，[①] 也逐步发展出一套知识框架。就农民工社会管理而言，生态系统理论、优势视角、增权取向和社会支持视角对社会工作介入农民工社会管理，实现农民工城市融入更具有积极价值。

1. 社会工作理论

（1）生态系统理论。生态系统理论把社会环境（如家庭、机构、社区）看作一种社会性的生态系统，强调生态环境对于分析和理解人类行为的重要性。其中，生态系统包括微观系统（个人）、中观系统

[①] 卫小将、何芸：《主体性的再思与打造：社会工作视域中的农民工》，《华中科技大学学报》（社会科学版）2011年第2期。

第六章 社会工作介入农民工社会管理的行动框架

(家庭、同辈群体、职业群体)、宏观系统(社区、组织、制度、文化等)三个层次。[①] 三个层次的系统相互依赖、相互影响、相互制约,个人的行为是这些系统交互作用的结果。生态系统视角下的社会工作将注意力放在解放、支持和促进个体的因应能力;增进社会和自然环境对个体需求的回应。[②] 生态视角关于人和环境的互动与交流的整体观念,对于社会工作介入农民工社会管理的目标定位、活动开展提供了方向。它帮助人们肯定和识别所有系统(包括宏观系统、外部系统、中观系统、微观系统)对农民工城市融入的影响,引导人们将推进农民工城市融入的努力集中在整体上,而不单单是一个部分、一个系统或者农民工环境的某一个方面,其关注点在于社会互动过程与农民工与其周围环境之间的交流。这正与社会融入不仅指农民工对城市的认同,还包括城市以及城市居民对农民工的认同,强调通过社会互动达到和而不同的基本内涵具有共通之处。

(2) 优势视角。优势视角认为:第一,每个个人、团体、家庭和社区都有其优势(财富、资源、智慧、知识等);第二,创伤和虐待、疾病和抗争具有伤害性,但它们也可能是挑战和机遇;第三,与案主合作,我们可以最好地服务于案主;第四,所有环境都充满资源;第五,注重关怀、照顾和脉络。[③] 采用优势视角考察农民工的社会管理,有助于摒弃传统的视农民工为病态和他者的思维方式,将农民工视为拥有丰富资源和能力、具有内在转变能力的社会主体。在农民工社会工作实践中,不仅注重挖掘农民工的抗逆力和蕴含于文化脉络中的资源,而且善于对农民工群体的生命图像进行重新解释,通过积极的语言和行动建构起优势生命内涵,更重要的是在社会工作服务中,始终将对话与合作视为落实农民工优势的根本路径,把农民工整合进诸如邻里赋权、社区整合等社会行动中。

---

① 汪新建:《人类行为与社会环境》,天津人民出版社 2008 年版,第 21—22 页。
② 葛忠明:《人与环境介入方法及其在中国应用的可能性》,《中国海洋大学学报》(社会科学版) 2003 年第 2 期。
③ [美] Dennis Saleebey 编著:《优势视角——社会工作实践的新模式》,李亚文、杜立婕译,华东理工大学出版社 2004 年版,第 20—25 页。

(3) 增能赋权取向。社会工作的增能赋权取向始于20世纪70年代对黑人少数民族群体开展的实践,并很快得到接纳与融入,成为社会工作实践的重要知识体系。美国《社会工作词典》对"赋权增能"做出如下定义:"帮助个人、家庭、团体和社区等群体成员,通过提高他们个人人际交往互动的能力、参与社会政治和经济活动的能力,从而达到改善自身状况为目的的一系列持续性行为或过程。"[1] 增能赋权取向的社会工作实践致力于从制度吸纳与能力提升两方面帮助资源匮乏者获得资源并掌控资源,最终实现对自我生活的最大限度的掌控。因此,社会工作者的主要工作是:关注并呼吁社会来关注弱势群体权益保护问题,并通过各种路径为弱者向现存的社会秩序争取权益,或者促使现存的社会秩序做出相关的制度性安排来保障弱者的权益。农民工难以融入城市固然与社会制度有关,也与农民工缺乏与城市互动的能力而产生无助和无权感有着莫大的关系。增能赋权取向的社会工作介入农民工社会管理,可以从个人和人际层面提升农民工的权利:在农民工个人层面应聚焦于发展农民工的个人权力感和自我效能感,增强其社会公民意识,帮助其提升公民行为能力,树立起积极乐观的生活态度;在农民工人际层面上应强调使农民工掌握更多的影响他人能力的具体技术,帮助其与城市居民、志愿者、社区以及相关组织社团建立良好的联系与交流,提升认同社会与社会认同水平。

(4) 社会支持视角。社会支持视角认为,广泛的社会联结是人类基本的存在方式之一,健康、健全的社会联结是社会和谐、个体身心健康的重要保证。个人遭遇功能丧失、生活困境、机遇剥夺等各种处境根源在于其与社会的连接发生了断裂。[2] 因此,解决问题的关键是积极建构起有效的社会支持网络。社会工作者的主要工作是在对案主的社会支持网络进行评估的基础上,以物质的支持、情感的支持、接纳的支持等为介体,帮助案主重新建立起有效的社会支持网络,既解

---

[1] 王梦云、翟洁:《赋权增能理论视域下我国老年人力资源开发研究》,《河北大学成人教育学院学报》2016年第3期。
[2] 倪赤丹:《社会支持理论:社会工作研究的新"范式"》,《广东工业大学学报》(社会科学版) 2013年第3期。

决当前的困境,也形成长期的支持力量,实现良好的社会融合。农民工的流动破坏了其社会支持网络,留存来自亲属、朋友、同乡等非正式社会支持对其城市生存发展极为有限,来自政府、社会组织等正式支持则相对较少,修复和建立农民工的社会支持网络,是帮助农民工融入城市生活的有效途径。反过来,也可以通过积极构建支持网络的过程实现对农民工的接纳以及管理,实现社会秩序的维护。社会工作的这一视角有助于改进将农民工看作"无能者"的观念,充分挖掘农民工的内在潜能和外在资源,而以家庭为核心,由社区支持、国家支持、社会(组织)支持等为同心圆构成的支持网络的编织将有助于将农民工从脱嵌于社会的状态拉回融入社会的状态。此外,从管理的角度而言,这一视角也有助于管理从刚性管理向柔性管理的转变。

2. 社会工作方法体系

作为一种专业的助人服务职业,社会工作拥有一套完整的专业性方法与技术,不仅包括个案、小组与社区工作,视为传统的社会工作三大方法。随着社会的发展与进步,特别是社会工作的发展与深入,如社会行政、社会政策等宏观社会工作方法不断得到开发与拓展。这些工作方法层次类别分明,服务对象明确。既可针对单独的个体,又可面向广泛的社区,还可从政策与制度层面营造良好的社会工作环境。特别是社会工作作为一种资源链接,善于协调各相关力量主体,达到"人与环境"的互适性,构成系统的完整性与整体性。

在农民工社会管理中,宏观上社会工作充分整合与协调社会各方面力量,引导不合理的社会政策逐步向合理的方向转变,为农民工争取资源,满足农民工多样化的需求,以实现农民工的公民权利,从而推动社会的良性运行与发展。中观上运用社区工作方法,充分地运用地区发展模式、社会策划模式与社会行动模式,以社区为工作对象,充分发掘社区资产与优势,调动包括农民工在内的各方行动主体的参与意识,提高其参与能力,促成社区集体行动,实现农民工的社区在地化融入和社区良好秩序。微观上社会工作综合运用小组工作方法与个案工作方法:针对部分农民工的共同需求,建立各种类型的农民工互助小组,定期开展各种形式的小组活动,引导农民工在小组中互动、互助、信息和经验分享,帮助他们共同面对和解决面临的困难和问题；还可以将那些曾经有过相似的问题但目前已取得成功的农民工加入团体中来，通过他们对于亲身经历的讲述，更能加深农民工的理解和行动意识，并且会提高融入社会生活的信心。这种形式的小组也更容易调动农民工的积极性和主动性。在此过程中，建设和发展农民工的社会支持网络，帮助有特殊需求的农民工群体获得需求满足；针对不同的农民工个体，本着个别化的原则，采用个案工作方法，为遇到特殊困难或有特殊需要的农民工个人及其家庭提供有针对性的、切实的帮助，并提供心理的、情感的支持，帮助他们增强对社会和生活的信心及在城市社区的生存能力和适应能力。

值得指出的是，由于社会工作在农民工社会管理中的介入实际上是一种多层次的介入，社会工作应对的问题具有广泛性，工作环境具有多样性，服务对象具有多元化，服务领域具有广阔性，社会工作并不是依靠单一的专业方法来支持其专业实践，而是在不同的情境下，结合工作计划和专业关系的要求，用什么方法更有效率就选择什么方法，即综合选择契合的社会工作的专业方法来开展介入活动。正是由于社会工作介入农民工管理时的一体多面性，在实务中，社会工作者的角色表现极为丰富。顾东辉在论及社会工作者角色时指出：社会工作者"应该"体现多元角色，因为其服务对象的问题和需要众多，其所处场景千差万别，其原因机制和对策模式各不相同。社会工作者应该体现"液体角色"，在不同方法、不同模型和不同阶段中，根据工作计划和专业关系的要求，需要承担什么角色就应体现什么角色。他可以成为"角色统筹者"，激发各类参与者的潜能，合理安排不同人员尤其是非专业人士承担相应角色。他也可以成为"角色补充者"，把握服务的实际需要，承担活动必需但他人无法胜任的角色，促使服务整体功能的完整。由于社会工作者之间存在差异从而承担角色的能力不同，有些社会工作者只能承担少数简单的功能，有些社会工作者可以承担较多专业角色，杰出社会工作者则不但可以根据现实情况承担恰当角色，而且可以寓研究于实务，整合体现实务人员、研究人员乃至教育人员的多元功能。①

---

① 顾东辉：《社会工作者的专业素养》，《中国社会工作》2008年第2期。

二 社会工作介入的行动框架

如前所述,社会工作介入农民工社会管理不仅十分必要,而且具备应有的能力条件。综合理论与实践的经验,可以提出如下社会工作介入农民工社会管理的行动框架(图6-1)。该图包括两条主线,一条是农民工社会管理的路径,一条是社会工作的介入路径,可以看到,社会工作对农民工社会管理的介入是一种全方位、多层次的介入。

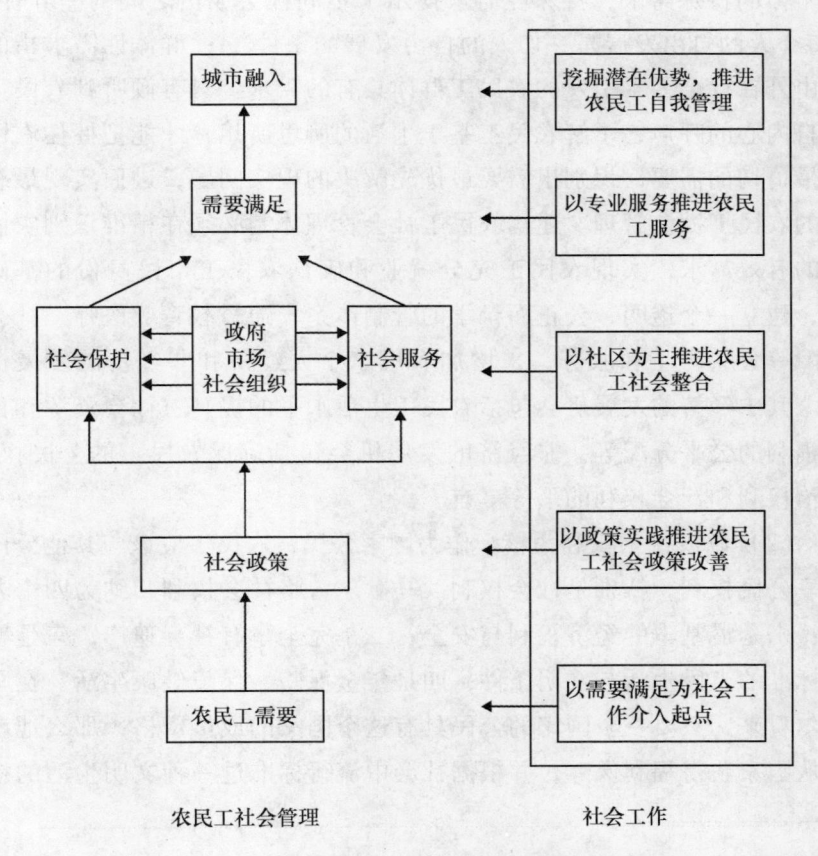

图6-1 社会工作介入农民工社会管理的框架建构

1. 农民工社会管理的关键价值指引

从图 6-1 中，可以看到农民工社会管理的路径中包含以下关键性价值指引。

（1）以农民工需要为本。需要是"有机体在生存和发展的过程中，感受到的生理和心理上对客观事物的某种要求"[1]。满足农民工需要是农民工社会管理的核心任务。作为一个高度异质性的群体，农民工的需求并不是千篇一律的，而是至少包括一般性需求、特殊性需求和群体性需求三个不同层面。一般性需求是所有人普遍具有的共同需要，是社会发展的整体性需要；特殊性需求是指在具体情境下社群中个体的特殊需求，特殊性需求揭示了不同社会成员之间的差异性，"每个人的自由发展是一切人的自由发展的条件"[2]；群体性需求指的是由外在社会因素引发的农民工群体具有的需求。只有倾听到农民工发自内心的呼声，了解农民工基于生活的所思所想，才能把握住农民工最迫切的需要，识别出需要最优先解决的现实问题，进而实现最有效的农民工社会管理。建构农民工社会管理体制必须在精准识别农民工的有效需求，实现农民工充分就业和确认农民工市民身份的基础上，建立一个透明、公正而科学的管制体系，通过教育、医疗、社会保障等公共产品和服务，来增加农民工个人经济和非经济的发展机会。其中经济的发展机会包括农民工生活水平的提高、社会资源和社会福利的公平分配等，非经济的发展机会包括确保农民工的公民权、政治权利和社会权利的平等享有。

（2）以农民工权利为核。作为国家公民，农民工应该与其他公民同享公民权利，特别是社会权利。马歇尔曾将社会权利归纳为四个方面：一是最基本的经济福利与安全；二是完全享有社会遗产；三是普遍标准的市民生活与文明条件；四是年金保险，保障健康生活。在马歇尔看来，只要一个国家的公民具有这个国家的成员资格，那么他就有从国家获得福利保障，并根据社会中流行标准过一种文明生活的权

---

[1] 郭德俊：《动机心理学：理论与实践》，人民教育出版社 2005 年版，第 59 页。
[2] 《马克思恩格斯选集》（第 3 版）第 1 卷，人民出版社 1995 年版，第 422 页。

利，国家有责任帮其实现这一目标，而且个人接受福利救助不应该以丧失个人尊严为代价，接受救助是个人的权利而不是其他人的施舍和怜悯[①]。但是由于我国长期以来的二元体制安排，农民工实际上是被视为"二等公民"，并不能享受与城市居民平等的社会权利，农民工在社会权利资源和机会获取方面处于弱势地位。机会均等要求所有的社会地位都向所有社会成员开放，且每个人都凭借其自身的能力通过公平竞争去获得相应的社会资源，占据相应的社会地位。然而农民工社会权利，包括与贫困相联系的社会公正和适当的资源分配权、工作权、医疗权、财产权、住房权、晋升权、迁徙权、名誉权、教育权、娱乐权、被赡养权以及平等的性别权等相对不足，由此导致无法或难以享受其他人群能够享受的机会，包括得到工作的机会、投资兴业的机会等。在城乡二元体制樊篱日渐被打破之后，由于地方利益等原因，市民权取代公民权，农民工的公民权并没有得到显著改善，农民工在城市中沦为"二等市民"，仍然不能享受与户籍居民平等的社会权利，特别是在北上广深等城市，农民工要获得与户籍人口同等的社会权利，必须直面专门为其制定的准入条件，付出艰辛的努力和高昂的代价，比如拥有较高的技能水平、较丰裕的经济条件等。农民工社会管理在某种意义上是对农民工社会权利的进一步确认和强调，并对农民工公民身份应该享有的社会权利进行合理资源配置，其落脚点则应该是更好地回应与解决制约农民工城市生活和发展的各种问题。为此，政府特别是地方政府需要不断强化自身在提供农民工服务中的责任和角色，建立起既能为农民工提供基本经济福利和收入保障，又能为农民工提供个体导向的社会服务的健全的社会政策体系，纠正农民工服务供给不足的现状，扎实推进农民工平等享有基本的公共服务。

（3）以利益共同体为基。帮助农民工顺利融入现代社会生活，实现社会秩序安定、社会氛围和谐是农民工社会管理的最终目标，同时也是社会工作介入的最终目标。农民工管理之所以步履维艰，其原因

---

① 岳经纶、邓智平：《社会管理创新的理论与行动框架——以社会政策学为视角》，《探索与争鸣》2011年第10期。

是卷入其中的行动者包括政府都是各有自身的利益,这种利益纠葛导致政策制定和政策执行两个方面都存在不同利益主体的博弈。显然,相对于企业、政府而言,农民工群体是处于绝对弱势地位,其结果就是政府制定的政策和政策执行都与农民工的期盼总是存在很长的距离。这也能解释为什么农民工普遍认为中央的政策好,就是地方政府把经给念歪了。因为中央政府的政策常常是意识形态的先决条件或者普遍适用的抽象原则,而在实践中设法具体解决这些紧迫问题的则是地方政府。创新农民工社会管理必须努力协调各主体之间的利益关系,通过利益共同体的建设来发挥各主体的积极性和主动性,来共同实现农民工服务的良好供给、做好农民工基本权益的保护,满足农民工的需要,促进农民工的社会适应。换言之,农民工社会管理最终目的是通过调动政府、社会组织、农民工等各方的力量和资源,寻求一种新的管理方式,以达到良好的治理状态,在这种良好的治理状态下,农民工问题得以解决,并且能在最大限度满足不同的社会主体共同利益的前提下,实现社会公共利益最大化,从而消除社会冲突,维护社会稳定。

(4) 以农民工服务为根。农民工问题的形成固然有农民工个体因素的影响,但更多的是社会结构因素对农民工流动、就业、公民权等诸多方面的限制所致。因此,农民工问题单纯依靠农民工自身的努力是无法彻底解决的。一方面,农民工拥有的人力资本、社会资本有限,即使全力争取,也很难与拥有众多社会资源的本地居民相抗衡;另一方面,个体的努力本身也受到情境的限制,主观能动性本身是主体所置身的场域的表征之一[①]。农民工的努力也受到其所处的社会制度、社会规范和社会环境的影响。所以农民工困境的解决不能只强调个体的奋斗而忽视国家社会的责任。只有通过国家责任和个体努力的内外结合,才能最大限度解决农民工的问题,让农民工的城市融入变得更为平顺。因此,政府必须转变以往控制农民工流动实现社会秩序

---

① 王瑞德:《"个体努力"与"教育公平"——一个基于文化批判的分析》,《教育理论与实践》2017 年第 4 期。

稳定的政策目标，不断强化自身在农民工社会管理中提供服务的责任和角色，积极回应并解决农民工面临的困难和问题。特别是要纠正以往农民工公共服务供给不足或缺位的现状，扎实推进农民工基本公共服务均等化建设，通过构建多中心的服务供给网络，不断提升农民工公共服务享有的实际水平。唯有如此，农民工社会管理才能真正落到实处。

2. 社会工作的介入行动

图6-1中同时清晰地展现了社会工作的介入行动。

（1）满足需要是社会工作介入的起点。人类需求背后潜藏着各种历史性的、文化性的、政治性的、社会经济的或者个人性的因素衍生的机遇与障碍。因此，满足需求必须了解这些多种多样的"背后的问题"，进而真正明确需求并找到有效的满足需求的方案。从此意义出发，如何发现农民工需要、如何满足农民工需要以及如何提高农民工的满意度单纯靠政府来实现并不能取得令人满意的结果。相形之下，社会工作的专业知识、方法和技巧则可以展现出独特的魅力。

社会工作凭借其通天连地的优势，在农民工政策的制度设计、方法创新和具体执行中都可以发挥独特作用，并有效贯彻以人为本、服务为先的社会管理理念，彻底实践习近平总书记提出的以人民为中心的发展思想。社会工作在实践中与农民工共同面对困难、解决问题，通过对农民工的家访、观察、沟通、小组活动、社区互动等方式能够最精准地洞察、发现和识别农民工需要。一方面，因为社会工作秉持的个别化、独特性的价值伦理，社会工作能够尊重每个农民工的特殊需求，给予平等对待，并通过个性化的服务及时满足；另一方面，社会工作通过为大量服务对象提供服务的过程，聚焦服务对象的共同性需求，将各不相同的个人需要上升为群体性需求，并整体把握其需求不足的原因机制、各个原因之间的作用机理，进而发现解决需求不足的有针对性的、可操作性的方法，从而为从政策层面解决大多数农民工最需要解决的问题提供可能。可见，农民工需求是社会工作介入农民工社会管理的出发点和落脚点。

（2）以政策实践推进农民工政策完善。可以从两个方面来理解社

>>> 社会工作介入：迈向治理的农民工社会管理

会工作对社会政策层面的介入。首先，社会工作是社会政策的传递机制。如果将社会工作理解为用专业伦理、技术和方法开展社会福利活动的制度，那么社会工作介入农民工社会管理可以视为落实政府建立的农民工社会政策的重要制度安排。在此过程中，社会工作的具体服务活动，包括筹集资金等活动都是在政府建立的农民工社会政策框架内进行的，农民工社会政策为社会工作的介入提供了合法性依据和说明。根据社会工作专业角色，社会工作在政策执行中承担的责任和在政策执行中的任务，可以按照社会福利学者吉尔伯特与史派克德的观点分为八个方面[1]：问题辨认（社会工作直接服务）、问题分析（社会研究）、民意沟通（社区工作）、政策发展（社会计划）、民意支持（社区工作）、方案设计（社会行政与社会计划）、方案执行（社会工作直接服务），以及方案评估（社会工作直接服务与社会研究）。因此，要实现社会工作的良好介入，政府必须通过国家法律、法规等形式建立起一个良好的农民工社会政策框架。随着农民工的需求从社会身份转变、与城市居民和谐相处转向寻求公民权的实现，获得社会的承认，通向体面工作和"有尊严的生活"，政府应该进一步加强政策创新，通过经济—政治—社会—文化政策的有机结合，推进农民工社会政策实现补救型为主—赋权型为主—增能型为主的递进式发展，构建改变社会结构的社会性政策，以实现农民工身份资源的重组，让农民工生活得更有尊严。

其次，社会工作本身是实现社会公平正义、推动社会政策变迁的重要力量。从这个角度而言，社会工作同时也是社会政策构建的过程，这也是更值得重视、更有意义的社会工作政策实践过程。社会工作不仅试图通过调试农民工与环境的关系来直接改善农民工面临的困境，还试图通过改变社会政策来改变农民工所处的社会环境，从而间接地纾解农民工的窘境。从具体策略而言，社会工作干预农民工社会政策主要通过两条路径来实现：一是通过政策倡导、诉讼改革、政策

---

[1] 转引自孙莹《社会政策与社会工作的议题》，《中国青年政治学院学报》2001年第2期。

分析、社会行动等活动直接干预农民工社会政策；二是通过社区发展或社区重建等行动，将农民工培育为积极的公民，推动农民工力量的壮大，间接推动农民工社会政策的变迁。

（3）以社区为主推进农民工社会整合。个体的苦难和成功都必须在家庭、社区和社会等更大的情景之中理解，同样解决困难也需要在一定的环境中来寻求方法。社区是承载人们生活的主要空间，是农民工进入城市并与城市社会发生接触联结、发生各种社会关系的主要物理场域，在这里，农民工与居民、政府等在各种正式制度和非正式制度的多重约束下，展开各种制度化或非制度化、社会情感支持取向或特殊主义取向、价值取向或工具取向的复杂互动。对于社会工作而言，社区是社会工作开展专业服务、彰显自身价值的主要平台，随着国家关于每个社区至少配备一名社区社会工作者要求的提出，社会工作者将在参与农民工社区管理中发挥专业社会工作的独特作用。因此，可以说对于农民工社会管理而言，最重要的落地空间在城市社区，最重要的目标是实现农民工与城市社区的融合。

社区是社会工作推进农民工管理的重要资源。在社会工作看来，社区是蕴藏无限潜在资源的绿洲，所有社区内的人、机构、设施等，只要积极争取都可以成为农民工社会管理的可用资源。社会工作因此常常将助人活动置于社区内的自然场景中，不仅经常和农民工保持联系和合作，还和社区内的人、机构和设施保持联系，不仅在社区内身体力行地带头为农民工提供服务，还指导农民工参与社区内的各项活动，为社区活动贡献自身的力量。由此，社会工作帮助农民工有效建立起与社区资源的各种联系，将农民工编织进社区交往的网络之中，使相互依赖和相互合作成为可能，从而改善农民工游离于社区之外的状况，实现农民工的社区整合。

社会工作通过社区发展来实现对农民工管理。在社会工作看来，社区发展的过程本身就是实现农民工社会管理的过程。将农民工引入社区组织、社区活动等生活之中，甚至不需要另外加上特殊的项目，仅仅只是需要社区管理者采取放松控制的取向，将农民工视为有价值的资源，邀请农民工分享优势，就可以创造出一种互惠与合作的秩序，形成社区的共同之善。在社区发展过程中，农民工学会成为他们周围有组织的社会生活的参与者——家庭、邻里、学校、工作单位、志愿组织、政府，诸如此类。经由获得发出自己的声音、参与问题的解决、和他人共事或帮助他人，为社区贡献自己的才能等机会，农民工获得与社区他人的联结，形成让自己持续发展的能力，达致个人或家庭的目标——解决具体的问题，甚至创立或发展事业。通过开展若干符号性或实践性的活动，社区得以粘牢农民工和社区之间的关系，增强农民工的社区归属感。活动中产生的频繁的信息交换，也有助于消除普通居民对农民工的偏见及其所带来的歧视，使居民和农民工近距离地理解彼此的生活，消除彼此的隔阂。

（4）以专业服务来满足农民工需要。农民工社会管理的有效运行，仅有政府制定的针对农民工的社会政策还远远不够，还需要通过社会工作机构及其从业者将政府的政策福利转化为农民工所需要的服务。因此，政府要发挥"护航者"责任，积极利用自身资源和能力来激发社会工作机构及其从业者提供公共服务、参与农民工管理的积极性、主动性和创造性，顺应政府职能转变趋势，承担政府的部分职能，反映农民工的利益诉求，提供精细化的专业化服务。综合理论和实践的经验，社会工作在农民工社会服务体系中至少可以承担如下服务。

①劳资关系服务。农民工是劳资纠纷、冲突的易感人群，在新经济常态下，劳资纠纷将更加复杂多变，社会工作可以通过扮演"支持者""治疗者""教育者""协调者""整合者""倡导者"等不同角色，努力协调农民工与资方、政府之间的关系，帮助农民工获得公平公正的待遇，防范可能发生的极端冲突事件。

②健康辅导服务。包括身体和心理健康辅导两个方面。在生存与发展的压力下，许多农民工在身体健康和心理健康方面普遍存在各种问题，社会工作者可以通过综合运用个案、团体、社区等工作方法帮助他们调节心理、开展健康管理，应对工伤、疾病、不良情绪对工作和生活产生的影响，帮助他们重建适应工作岗位、适应社会环境的能力和信心。

③职业发展服务。农民工多数都存在向上流动能力不足的问题,其背后的一个重要原因是农民工单纯依靠自身难以提高职业技能水平,并掌握终身学习的能力。社会工作者秉持助人自助的理念,开展针对农民工的就业和教育培训服务、链接正规学习教育资源、引导农民工掌握终身学习的能力,可以有效帮助农民工获得不断提升职业发展空间的力量。

④子女照顾与教育服务。孩子是父母最大的牵挂,农民工子女照顾与教育服务是农民工最迫切需要的服务,哪怕是最贫穷、最刁蛮的人也希望子女能够享有更好的生活条件和教育机会。社会工作者通过为农民工子女提供日常照料、课业辅导等服务,不仅能有效改善农民工子女的问题,也有助于改善身为父母的农民工存在的问题。

⑤休闲娱乐服务。农民工因为工作时间长或劳动繁重的原因,往往压抑其休闲娱乐方面的需求,更不会对休闲时间进行合理安排。这不仅不利于农民工的身心健康发展,也不利于农民工的社会融入。社会工作介入通过开展丰富多彩的社区文化活动,可以有效丰富农民工的工余生活,也有助于帮助农民工建立基于生活的社会交往圈,从而建立起真实有效、富有能力的社会支持网络。

总之,社会工作对农民工社会管理的贡献在于以其专业理念和专业方法服务于农民工群体,提供令农民工和政府双方满意的服务,在解决农民工现实问题的基础上,通过社会工作的支持网络建设,可以有效减少农民工的社会排斥感,让农民工感到温暖、被接纳、获得支持和能力感。

值得指出的是,社会工作的服务过程从静态来看仅仅只是一系列活动的组合,但是从动态的角度来看,社会工作服务不仅仅是为了开展活动,而是将开展活动的过程当作专业服务的过程。在此过程中,社会工作者需要与农民工进行平等的交流与对话,这一过程可以被视为通过话语实践解构农民工所背负的宰制性主流叙事,重构其自我叙事的过程。同时,社会工作者还需要与农民工平等地讨论与分析服务对象当前的处境(包括个人处境、群体处境、政策处境等多层次处境),这一过程可以被视为社会工作者充分发挥"教育者"或"启蒙者"的角色作用,培养农民工面对问题—分析问题—解决问题的全程能力的过程。

(5) 挖掘潜在优势,推进农民工自我管理。管理的终极目标是实现管理对象的自我管理。长期以来,农民工都是作为被动管理的对象而存在,常常被视为防范和管理的对象,而他们的权利表达较少得到重视,他们的能动性实践很少受到尊重,由此导致在社会管理实践中,针对农民工的政策设计要么不适应农民工的实际,要么无法解决农民工的问题。随着政府面临的农民工管理和公共服务问题的复杂化,农民工参与的重要性日益凸显。但在传统的社会管理中,农民工是否具有参与的能力常常成为一种心照不宣的疑问,导致在实践中要么出现农民工参与的形式化、要么出现农民工参与的无效化。

社会工作介入农民工社会管理与传统的社会管理最重要的不同是,社会工作将农民工的优势视为重要的管理资源,将农民工视为社会管理的能动性主体,倡导立足于农民工的生活实际,在实践性生产与再生产中寻求农民工社会管理的善治答案。在社会工作看来,农民工是一个个鲜活的生命,尽管他们可能无法对抗强大的组织、刚性的制度、时代的潮流,在与城市居民竞争时,在社会资本、人力资本等诸多方面都有着客观存在的弱势与不足,但他们仍然是一个具有主观能动性的个体,有着人生而具有的适应环境、寻求生存的本能。或者是为了三餐可继,或者是为了衣着光鲜,或是为了养活子女,或是为了出人头地。或大或小的种种欲望,让他们在自己生存的空间里努力地尝试着、奋斗着,尽己所能地接近城市的人、事,并在城市里或卑微或体面地生存着,宛如悬崖峭壁上的种子,努力地将根扎进坚硬的岩石中,在石缝中顽强地生长,并终有一日长成傲立的芳草或者雄伟的大树。用学术行话来说,农民工作为能动的社会主体和政治主体,每时每刻都在以自己的"实践"来创造其所处的生活情境。

社会工作充分认识到农民工的这种主观能动性,并且视之为解决问题的丰富资源。在更大的社会情境下,社会工作机构通过与农民工连续性的合作性的一起行动,协助农民工明晰对生活对未来的规划,引导农民工有意识地调适行为观念,正视和协调自身与外界的联系,陪伴农民工用实际行动去消解和摆脱现有的社会结构加之于身的制约,从而实现满足生存和发展的各种需要。在社会工作机构及其从业人员的培育、鼓励、协助、支持、激发和影响下,农民工进一步明确自身所处的环境,发现自身所想要的东西,探索满足自身期望的各种方法并努力去实现。在此过程中,农民工实现了自我赋权,从而有能力抓住社会体制提供的表达和实现权利的参与社会管理的机会,并参与探索获得更多制度化渠道与路径、方法与程序的过程。唯其如此,农民工才能站在与社会管理其他主体平等的位置上,通过协商、合作、形成伙伴关系、确立共同目标等方式共同推进和创新管理过程,实现成熟而广泛的农民工参与,提升农民工社会管理和社会服务的品质,达至国家、社会、公民之间的良好互动与合作。

三 社会工作介入的实践路径

在社会工作介入农民工社会管理行动框架的指导下,社会工作实务可以从制度主义路径、社会整合路径和增能赋权路径三条路径开展具体工作。为了探明社会工作在实践中如何从这些路径推进,本研究从农民工社会工作的具体实践场域中,搜集整理了一系列实际行动案例,这些案例都是社会工作在农民工社会管理中有效体现的案例,社会工作组织或社会工作者在服务过程之中吸纳运用上述知识框架和行动框架的优势,并在具体服务实践中整合运用,有效实现了农民工社会管理的目标。

1. 制度主义路径

制度主义路径主要探讨社会工作介入如何协助我国政府深化制度改革,破除我国当前的城乡二元体制分割,在制度层面扫除农民工市民化障碍。我国特有的社会体制结构、相关制度安排以及具体的制度实践是影响农民工社会治理成效的决定性因素。[1] 具体而言,我国传

---

[1] 梁波、王海英:《城市融入:外来农民工的市民化——对已有研究的综述》,《人口与发展》2010 年第 4 期。

统的城乡二元户籍体制，以及建立在此体制基础上分割的就业制度、社会保障制度、中小学教育制度等，将农民工排斥在城市边缘地带，进而造成了农民工社会管理的困境。然而，不管是关系整体的城乡二元社会管理体制，还是具体的城乡就业政策、社会保障政策、中小学教育政策等，要改变其中某一项，都会是牵一发而动全身。社会工作机构在当前我国的社会管理体制中处于相对弱势的地位，它既没有正式制度赋予国家权力机构及参政议政机构的政策决策权，也没有工会、妇联等国家承认的群众性组织所拥有的资源。在很大程度上，政府机构仍只是将它们视为社会公共服务供给的直接供给者，而不会给予社会工作机构太多的权力和资源。因此，社工机构只能以"折中"方式参与我国农民工社会管理，即社工机构一方面通过挖掘现行农民工社会管理制度下的制度潜力，在现有政策框架下充分履行好为农民工提供专业化社会服务的职责，让政策利好货真价实地落到农民工身上；另一方面，社会工作机构通过与政府机构保持密切沟通，积极为政府机构改进农民工社会治理建言献策。相关的论述将在第七章作详尽阐述。

2. 社会整合路径

社会整合路径主要探讨社会工作机构如何建立农民工自助组织或者帮助农民工融入其他社会非正式组织，以及消解城市市民对农民工的歧视和排斥，帮助农民工在社会关系层面融入城市。涂尔干的经典研究指出，人类是社会性动物，需要在社会中寻找价值和意义。社会整合程度的高低将决定一个地区自杀率的高低。后来美国社会学家帕森斯进一步发挥了社会整合概念，并将其纳入自己的结构—功能主义理论体系，其结构—功能主义理论进一步指明了社会整合程度对于整个社会系统的意义。在我国传统的乡土社会，农民工群体的社会整合程度非常高，费孝通《乡土中国》的分析就为我们描绘了传统中国农村的农民们深嵌在农村社会网络中的状况。然而，农民工的地域流动，特别是离土又离乡的地域流动严重损害了农民工群体原有的社会网络，而城乡隔离又使得农民工难以建立在城的社会网络，这就意味着农民工群体入城之后的社会整合程度将急剧降低，这将加大农民工社会管理的难度。农民工的社会整合程度,社会工作机构可以一方面充分利用自身丰富的社会关系网络,通过介绍联络等方式帮助农民工群体与其他城市群体建立起网络联系,另一方面可发挥自身先进的组织能力,帮助农民工建立起属于其自身的组织。相关的论述将在第八章作详尽阐述。

3. 增能赋权路径

增能赋权路径主要探讨如何提高农民工能力,挖掘农民工的优势潜能,帮助农民工适应现代社会生活以促进农民工的城市融入,并进而降低农民工社会管理的难度。在农民工社会管理研究中,城市融入视角的现代化分析范式认为,农民工个体的素质偏低以及乡土生活经历造成的传统乡村式思想观念和行为习惯限制了他们在城市中获取发展机会的能力,[1] 或者说农民工的素质缺陷与自身现代化、城市化的失败是导致其城市融入程度低的主要作用机制。[2] 因此,要提高农民工的社会管理成效,还需要从农民工个体自身下手,通过提升农民工个体素质和现代化、城市化水平来实现农民工社会管理的目标。社会工作作为一项以扶弱为专长的工作,在帮助农民工提升个体素质和现代化、城市化水平方面将大有作为。具体而言,社会工作机构既可以通过直接的能力建设活动,例如各式各样的就业技能培训、生活技能培训、文化知识教育来提高农民工群体的素质,也能够通过组织各种生活体验活动和文化娱乐活动,例如城市生活夏令营等来提高农民工群体及其子女的现代化和城市化水平。相关的论述将在第九章作详尽阐述。

---

[1] 王兴周、张文宏:《城市性:农民工市民化的新方向》,《社会科学战线》2007 年第 4 期。
[2] 梁波、王海英:《城市融入:外来农民工的市民化——对已有研究的综述》,《人口与发展》2010 年第 4 期。

第七章 社会工作介入农民工社会管理的制度主义路径

当前农民工社会管理制度仍然存在诸多缺陷,单纯依靠政府本身的力量很难弥补这些缺陷,社会工作通过发挥自身的专业价值优势、科学知识优势和实践行动优势,在完善农民工社会管理制度和落实农民工社会管理制度中大显身手,这一过程可以被称为社会工作介入农民工社会管理的制度主义路径。

一 现行管理制度下的农民工生活

农民工大规模的流动作为一种重要的社会建构力量,在影响农民工个体命运的同时,也使得政府、市场将其作为重要社会力量来加以对待,并试图建构农民工与主流社会的和谐共生关系,从国家密集推出农民工政策行为不难窥见这一点。然而,这并不意味着农民工政策就能解决所有的问题。从社会复杂性角度看,农民工不是一种单纯的经济活动现象,而是一种涉及政治生活、文化生活、社会生活和日常生活的复杂现象。作为有血有肉的活生生的人,农民工不仅追求食果腹衣蔽体,还有安全、归属、自我实现和自我发展的需要,且这些需要本身也是一个复杂混合体,涉及时间与空间、个人与家庭、物质与情感等诸多维度。农民工社会管理的各种制度供给为改善农民工的城市生活境遇提供了有利的制度资源,但是在充满复杂性、变化性、不可化约性的日常生活场景中,这些制度性资源对农民工实际生活的影响仍然较为有限,仍然有人数众多的农民工群体在生活中面临各种各样的困境。

1. 住房条件：有改善，实际堪忧

从住房状况来看，尽管自2006年以来，政府出台多项措施改善农民工的住房条件，但农民工居住条件差的整体状况并未因此得到明显改善。课题组2016年的农民工调查数据显示，58%的农民工在工作地租房居住，其中租住私人房屋的占47.9%，3%的农民工居住在工作场所，4.3%的农民工居住在自己搭建的简易房中，仅有1.3%的农民工居住在政府提供的廉租房中，2.3%的农民工自购有政策性保障房，9.5%的农民工自购商品房（如表7-1所示）。

表7-1　　　　　　　农民工的住房状况　　　　　　　单位:%

	次数	百分比	有效百分比	累计百分比
租住单位/雇主房	62	10.2	10.2	10.2
租住私人房屋	292	47.9	47.9	58.0
政府提供的廉租房	8	1.3	1.3	59.3
单位/雇主提供的免费住房	102	16.7	16.7	76.1
自购的政策性保障房	14	2.3	2.3	78.4
自购的商品房	58	9.5	9.5	87.9
借住别人的房	26	4.3	4.3	92.1
就业场所	18	3.0	3.0	95.1
自己搭建的简易房	26	4.3	4.3	99.3
其他	4	0.7	0.7	100.0
总计	610	100.0	100.0	

从以上数据可以看出，能够享受到城市地方政府住房政策福利的农民工非常少，仅占总数的3.6%，其重要原因就在于，我国城市地方政府往往会在申请这些住房时设置户口或其他限制。以廉租房为例，城市地方政府往往会设置"申请人具有5年以上当地城市常住户口"或"享受本市城镇居民低生活保障"的限制。农民工群体流动性大，且流动距离远，很难符合上述条件，因此很难符合政策条件。

而且，即便农民工群体符合政策条件，在僧多粥少的情况下，城市政府仍然会优先考虑本市城市户籍居民的需求。因此，相对而言，城市户籍居民在获得城市的政策性保障房和政府提供的廉租房方面则有明显优势，而买不起商品房的农民工往往不得不在城中村、城乡接合部、老旧社区等地段的老旧小区，甚至包括地下室、车库等场所租住房屋。这些住所往往卫生环境条件差、缺少厨房和卫浴等基本设施，国家统计局上海调查总队调查表明，农民工住房面积在10平方米以下的占62.2%，住房缺少独用厨房的占50%，没有独立厕所的占62.9%，没有独用洗浴设施的占70%[①]。为降低租房支出，农民工合租和群租现象十分普遍。在课题组参加的一个农民工服务项目中，12个女性农民工由雇主出面合租了一套不到60平方米的二室一厅，每天洗澡洗漱上厕所都是轮流排队。农民工群体与城市本地人口在居住上的巨大分异本身就构成了巨大的城市融入屏障。

2. 社会保障：有政策，享有不足

从城市生活保障的享有来看，尽管城市社会保障体系在制度上对农民工开放，但农民工社会保障的实际享有明显不足。问卷调查显示，农民工职工养老保险、职工医疗保险、工伤保险、失业保险和生育保险的参保率分别为35.1%、41.8%、32.1%、25.8%和18.1%，农民工参加农村居民养老保险、医疗保险的参保率为21.9%和46.2%。不管是城市职工社保体系还是农村居民社保体系，农民工的参保率都不是很高。农民工参保率低最主要的原因是缴费负担重、缴费能力低，导致用人单位和农民工个人缴不起、不愿缴。当前我国五项社会保险费率之和约为43%。其中，用人单位需要承担的各类社会保险的总费率在32%，个人承担费率为11%，然而用人单位出于降低用工成本的考虑，往往不愿意给农民工缴纳社会保险费用，千方百计地逃避缴费或变相地少缴、不缴；而农民工个人缴费金额超出农民工当前的支付能力，直接影响到农民工当期的生活水平。农民工为

---

① 马俊贤、郭丽莉：《上海外来农民工住房保障问题研究》，《统计科学与实践》2013年第11期。

第七章　社会工作介入农民工社会管理的制度主义路径

了维持当前的生活而自愿放弃社会保险参保权利和社保的未来收益。调查显示，农民工不参加社会保险原因纷杂，经济条件有限，不熟悉政策、政策便利性不足、从众心理、侥幸心理等都有可能影响农民工的参保意愿，但最主要的原因还是工资不高和单位不支持，这也从侧面证明，导致参保率低的原因是缴费负担重、缴费能力低（如图7－1所示）①。

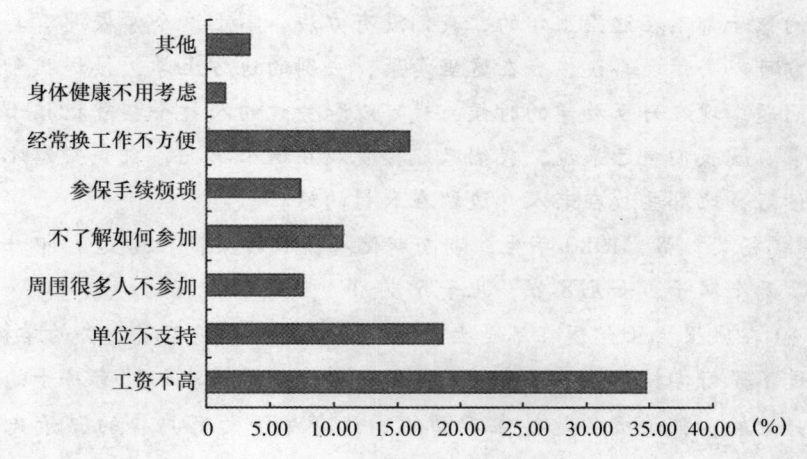

图7－1　农民工不愿意参加社会保险的原因

（数据来源于2013年调查）

3. 子女教育：有学上，上好学难

我国1996年就出台了《城镇流动人口中适龄儿童少年就学办法（试行）》等多个政策文件，形成了"两为主"的流动儿童义务教育制度。然而，不仅这一制度本身的合理性受到一些学者的质疑，② 而且这一制度在实施过程中仍然存在诸多缺陷，特别是教育资源分布不平衡，使得农民工子女面临新的上学难问题，本课题组的访谈案例反

---

① 刘艳文：《农民工参加城镇社会保障的现状与政策改进》，《西部论坛》2013年第5期。

② 邵书龙：《社会分层与农民工子女教育："两为主"政策博弈的教育社会学分析》，《教育发展研究》2010年第11期。

映了此情况：

（小君，女，1982年生，湖南祁阳人，长沙某菜市场个体户。两个孩子，儿子8岁，女儿2岁。）

我家里老人身体不好，孩子只能带在身边。儿子现在在这边上学，不过这个学校不怎么样，经常换老师，才上二年级班主任都换了五个了，每个学期都换。换个老师，孩子就要重新适应一回，好不容易适应了，老师又走了，怎么能成绩好？我后来才知道周边机关单位里的孩子都不在这里上学的，我们没有办法，不上这个学校没有其他地方可以去读。再说，我在这里卖菜，去别的地方上学，接送孩子也是问题。现在好歹放学的时候，我可以和旁边的人打个招呼把孩子接回来。就我们自己来说，我们只能接受现在这个状况，自我安慰比没书读好，比那些放在老人身边留在农村的好。

（杨某，男，1980年生，湖南新化人，长沙某高校旁边打印社老板。两个孩子，女儿8岁，儿子5岁。）

（在城里）上学现在不是太大问题，但是可能进不了想去的学校，更进不了好学校。长沙现在都是就近入学，但是像我们没有房子的没有户口的，孩子报名是排在后面的。让有房子的有户口的孩子先入学，还有剩余的学位才能轮到我们。好学校你就不要想了，一般的学校要是运气不好，这年读书的孩子多，你也进不了对自己方便的学校。教育局指定的学校可能离住的地方很远，三点多钟就要接孩子，很不方便的。我女儿那时候就这样，我想让她读附近的这个学校，结果没有名额，要到另一个学校去，坐公交车要四十几分钟，只好搬到学校附近去住了两年，现在孩子大点了，放托管了，每个月一千多，负担挺重的，但是没有办法。

Q社工：教育领域现在有一个新的状况，孩子的学习已经不像以前那样主要依靠孩子学、依靠老师教，它还要求家长来参加，家长来监督、指导，需要家庭团体作战。大多数的农民工主要还是忙着赚钱，在孩子学习上投入的精力相对比较少，他不可能像城市职工家庭那样花那么多的时间去陪伴孩子、教育孩子。他们自身的文化素质条件，也让他们无法对孩子的学习提供足够的帮助。结果就是农民工的

第七章 社会工作介入农民工社会管理的制度主义路径

孩子在学校学习表现比不上其他的孩子。这会带来许多的附带问题，比如孩子个性内向、不善沟通，等等，然而反过来又会进一步恶化孩子的学习动机和学习效果。

尽管城市已经明确农民工子女可以享受义务教育的权利，但是对于杨某和小君等农民工而言，他们的孩子正在面临一些新的教育问题：无法就近入学，需要承担额外的沉重经济负担；无法获得优质教育资源，只能去户籍学生不愿就读的学校就读；无法在学业上与其他孩子竞争等问题，新的教育不公现象正在不断上演。更加令人担心的是，人口压力较大的城市，城市资源的有限性与农民工的需求之间存在很强的张力，导致基本公共服务无法最终落到实处，政策意图无法得到完整实现。

（小李，男，1988年生，湖南湘潭人，深圳某电子公司职员。他已经有一个7岁的女儿，妻子现在怀孕7个月。）

大女儿是三岁的时候接过来的。在乡里爷爷奶奶管不了，除了能饿不着冻不着，其他都是随便她。城里的孩子都是干干净净、又有礼貌又大方懂事的样子，回家过年看到孩子对我们都很胆小的样子，心里很难过。我们两个就决定把她接到深圳来自己带。我们上的私立幼儿园，很小的幼儿园，条件也不怎么样。但是在这里上幼儿园感觉孩子变化还是很大，至少见到的东西比老家多。要是我们休息的话，就算半天也可以带孩子出去看看，逛逛公园、逛逛街什么的。比一年只待在一起十几天要好多了，不过孩子在身边花销挺大的，随便出去一下就要一百多块。去年因为上一年级我们又只好把她送回去。在这里上不了公立学校，排队的人太多了。我们去学校问了，老师说没有学位的话学校也没有办法，要我们做好准备。私立学校太贵了，我们又上不起。再说，到时候上初中、高中还是要回去。早点回去上学不用交学费，生活开销小，负担小一点，我们也能够多存点钱。

访谈对象小李的经历对于在特大城市谋生的农民工而言，是很有典型性的。建立积分管理的城市，公共服务的享有与积分多寡有着紧密的关联，特别是在资源紧缺的时候，积分多寡直接决定公共服务享有的实际获得。由于城市学位资源紧张，农民工因为自身的条件所限，往往积分不高，他们的孩子不能成功申请学校的概率非常大。即使申请成功，在没有明确规定普通持证者子女能否参加中考和高考的情况下，对未来升学的不确定性也使得许多农民工为了不耽误孩子上学而让孩子回老家上学。

（老严，男，1973年生，佛山某超市老板，儿子15岁，正在老家祁阳上初中。）

政策变化有时候说不好。什么时候变，怎么变，没有人知道。可是孩子耽误不起，没有人敢赌的。广东和湖南（的试卷）是不一样的，湖南的卷子难度大，高考的分数线高，孩子要是在这里读书，却要回去参加高考，肯定不适应，很难考到理想的学校。我也不知道他高考的时候能不能在这里参加，还是提前回去适应老家的学校好。

上述情况表明，不仅由于不公平的公共服务政策，农民的公民权利无法实现，而且由于不公平的教育制度，农民工子女的发展也受限。农民工及其子女难以实现公民权利和个体发展，就难以实现社会流动，最终可能带来阶层固化的问题。

4. 工资收入：纵向长，横向不足

西方社会学家、经济学家将劳动力市场分为主要劳动力市场和次要劳动力市场。在主要劳动力市场，薪资待遇高，工作条件好，工作稳定，且有很好的职业发展前景，教师、医生、律师、工程师等劳动力市场就是典型的主要劳动力市场。而在次要劳动力市场，薪资待遇低，工作条件差，工作不稳定，且几乎没有职业发展前景，作坊普工、建筑工、清洁工等劳动力市场就是典型的次要劳动力市场。城市同时存在主要劳动力市场和次要劳动力市场。从前文可知，在改革开放初期，我国城市政府向农民工群体开放的正是一些高度危险、体力繁重的工作，如煤矿采掘、码头搬运等。这些工作都是次要劳动力市场的工作，而农民工群体要想进入城市的主要劳动力市场工作，则几乎只有通过考入大学等待分配这一条道路。

时至今日，城市政府已不再有这种明目张胆地将农民工群体限制在次要劳动力市场的劳动力市场制度，但是，农民工群体主要在城市次要劳动力市场就业的现状则是从未改变。田丰运用反事实分析技术的研究就发现,农民工群体进入主要劳动力市场的可能性要远低于城市户籍就业人口,而城乡二元户籍制度被认为是导致农民工群体只能进入城市次要劳动力市场就业的主要制度性原因。[①] 而根据本课题组的调查,在就业分布方面,农民工大多集中在次要劳动力市场就业。课题组的调查数据显示,2013年在民营企业(含外资合资企业)工作的农民工占比最高(56.2%),其次是自我雇用的个体户,占农民工比例的24.8%,在国企、机关事业单位工作的占比为10.8%,在私人家庭等其他领域工作的农民工占比为6.2%;2016年在民营企业(含外资合资企业)工作的农民工占比依旧最高(60.0%),其次是自我雇用的个体户,占农民工比例的20.0%,在国企、机关事业单位工作的占比为13.1%,在私人家庭等其他领域工作的农民工占比为8.1%。整体来看,农民工在体制内从业的人数占比过低,这直观说明了我国城乡就业制度实际上限制了农民工进入主要劳动力市场就业的机会。

即使是随着市场经济体制改革和初级劳动力市场的统一和完善,户籍制度对农民工就业歧视的影响越来越被市场因素所消解,也不意味着农民工就业歧视得到了相应解决。社会学的相关研究发现,农村户籍劳动力与非农户籍劳动力的薪资差异除了部分要归因于禀赋外,还有部分要归因于歧视,即农民工群体禀赋转换为收入的比率要低于城市户籍劳动力。也就是说,即使在统一的劳动力市场机制下,农民工也会因为就业歧视而处于劣势地位。近年来经济学研究者在农民工就业歧视的研究中提出了一系列的经济学分析视角。如黄宗智认为,农民工就业问题的产生主要是因为中国的非正规经济的发展和壮大[②]。冯虹等人认为,影响农民工就业待遇公平的原因主要有农民工就业供求关系和制度因素两个方面,并且认为农民工供大于求和供求关系失衡是这一问题的内在根本性原因,而户籍制度、就业服务体系等农民

---

① 田丰:《城市工人与农民工的收入差距研究》,《社会学研究》2010年第2期。
② 黄宗智:《中国发展经验的理论与实用含义——非正规经济实践》,《开放时代》2010年第10期。

工权益维护的制度因素则是导致农民工就业歧视的外在原因[①]。由此可见，对农民工来讲，户籍制度不再是全国城乡两个不同体制下的身份区隔，而是正逐步成为不同区域社会流动的限制杠杆。尽管户籍制度对农民工进城就业、居住的影响作用在逐步缩小，市场机制对农民工进城的影响作用越来越大，但是户籍制度使农民工群体不仅在进入主要劳动力市场就业的机会获得方面处于劣势地位，而且即便在同样的劳动力市场，也会因为就业歧视而相对收入更低。

本课题组同样调查了农民工 2013 年和 2016 年的收入状况，其分布如下：根据课题组 2013 年和 2016 年的调查数据，农民工收入绝对值有着较为明显的增长，2016 年月收入在 2000 元以下的农民工占比迅速降低，为 9.6%，比 2013 年下降 21.6 个百分点，月收入在 2000—4000 元的农民工占比变化不大，2016 年为 51.5%，2013 年为 51%，月收入在 4000 元以上的农民工占比增长迅速，从 2013 的 17.7% 提高到 2016 年的 39.1%，部分农民工的经济实力明显提高（如图 7-2）。这仅是名义工资方面一种看起来很美的假象。从纵向比较而言，农民工工资增长更多源于"历史性补涨"和"超时劳动贡献"。一方面农民工工资的增长很大程度上是一种"补涨"。2008 年以前，农民工工资实际上一直是在低位徘徊，甚至在珠三角地区等出现过农民工工资十年只涨 68 元/月的现象。近年来，农民工工资水平的提高实际上是劳动力市场供求关系变化下对农民工工资长期偏低这一现象的"纠偏"。另一方面，农民工工资增长很大程度上来自超时工资的"贡献"。2009 年到 2014 年，农民工超时劳动贡献的工资分别为 328 元、496 元、521 元、556 元、648 元、782 元，农民工的超时劳动贡献了其每月全部收入的四分之一左右。[②] 从横向比较来看，农民工要实现与同样特征的城镇居民相当的工资水平是一个漫长而艰难的过程。陈珣和徐舒在利用中国家庭收入调查项目数据对农民工与

[①] 冯虹、叶迎、魏士洲、汪昕宇：《在京农民工就业待遇公平与首都和谐问题研究》，中国书店 2010 年版，第 156 页。

[②] 咏彦：《农民工工资上涨得还很不够》，《第一财经日报》2016 年 11 月 15 日。

城镇居民工资差距的研究分析发现①：2003—2005 年期间，进城的、大学及以上学历的农民工需将近 20 年之久才能达到与城镇职工相当的工资水平，而小学及以下学历农民工即便在 20 年后也只能获得相当于同样特征城镇职工 58.2% 的工资收入。也就是说，由于进入城镇劳动力市场时受到的不平等对待，大部分的农民工将终其一生也无法获得与城镇职工同等的收入水平。

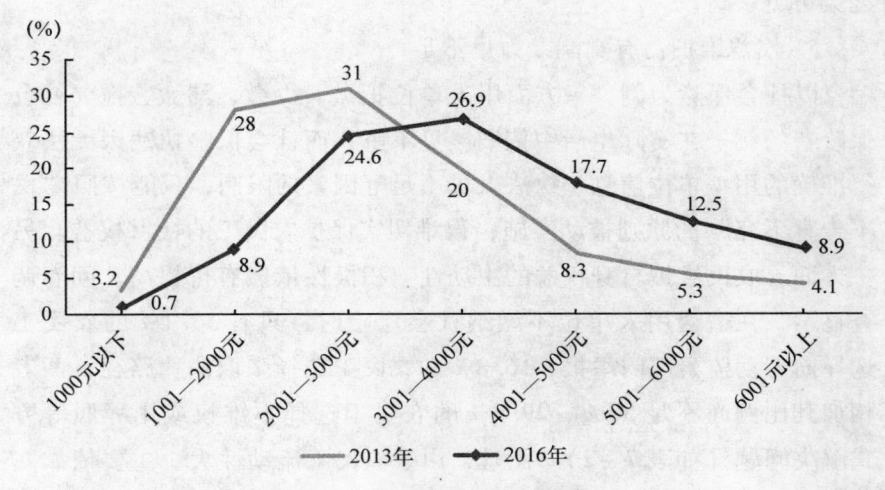

图 7-2　农民工月收入变化

数据来源：课题组 2013 年、2016 年农民工调查数据。

值得指出的是，受物价上涨、通货膨胀等因素影响，农民工工资购买并不能让农民工在城市中实现正常生活。万向东和孙中伟对农民工月工资收入和城镇居民月平均消费支出进行比较后发现，2002 年前，珠三角的农民工工资尚且高于当期城镇居民月平均消费支出，2002 年以后，农民工工资却明显低于城镇居民月均消费支出，且差距越来越大②。也就是说，尽管农民工工资绝对值有所增长，农

---

① 陈珣、徐舒：《农民工与城镇职工的工资差距及动态同化》，《经济研究》2014 年第 10 期。

② 万向东、孙中伟：《农民工工资剪刀差及其影响因素的初步探索》，《中山大学学报》（社会科学版）2011 年第 3 期。

民工当前的工资水平仍然不足以支持其像正常的城市居民那样进行消费。国家统计局的数据进一步佐证了这一观点。不包括居住支出在内,农民工月均生活消费支出2012年为376元,2015年为537元,4年间只增加161元。也就是说2015年农民工日均生活消费支出仅为17.9元。而与此同时,根据我国统计局数据,城市居民月均生活消费支出接近2000元,城市市民与农民工群体的生活水平差距之大可见一斑。

5. 权益维护:有觉醒,力量不足

以社会保障为例,一方面用人单位拒缴、少缴、漏缴、拖欠社会保险费的例子在实际生活中依旧屡见不鲜,而社会保险执法因无法获得准确的用工单位信息、执法人员不足等因素的限制,只能按照"民不告官不究"的原则被动实施,很难切实保护农民工的社保权益。另一方面,农民维护自身权益的主动性、积极性依然有待提高。问卷调查显示,在遭遇用人单位不缴纳社会保险时,只有33.1%的农民工选择向劳动监察部门举报,16.8%的农民工选择采取法律路径,两者相加其比例尚不足50%,29.6%的农民工选择不维权或用辞职等方式解决问题(如表7-2)。而且,由于农民工流动性大、主要依靠熟人介绍工作等就业特性,未与用人单位签订劳动合同者不在少数,这进一步加大了农民工权益维护的难度。[①]

表7-2　　　　单位不缴纳社会保险时农民工的应对措施　　　　单位:%

应对措施	应对方式	比例
不维权	忍气吞声	10.9
消极维权	辞职另找工作等	18.7
积极维权	通过法律路径	16.8
	向劳动监察部门举报	33.1
	找媒体曝光等	10.0
其他	看情况等	10.5

---

① 刘艳文:《农民工参加城镇社会保障的现状与政策改进》,《西部论坛》2013年第5期。

第七章 社会工作介入农民工社会管理的制度主义路径

上述调查结果充分展现了农民工在城市生活面临的诸多困难。这些困难表明，尽管国家在农民工社会管理问题上已经迈出了较大步伐，相关的政策改革已经取得较大成效，农民工制度政策仍然存在一些有待进一步完善的地方，比如尚未完全放开的户籍制度、没有与户籍脱嵌的社会保障制度、教育制度、住房制度等，仍然限制着农民工群体公民权和发展权的实现，使得农民工难以实现城市融入和个人发展。因此，农民工政策依然存在制度变迁的诱因和动力，仍需一个继续完善优化的过程。更重要的是，制度确认了农民工作为平等公民享有的权利，提供了解决农民工问题的可能，却无法自动地解决问题和落实服务。从获得服务的权利到得到服务的结果还有"最后一公里"路程，需要有一种适宜的机制、一群适宜的人来让农民工得到这些服务。显然，无论是继续推进农民工政策变迁，还是落实政策都是任重而道远，都需要社会工作发挥应有的作用。

二 社会工作介入的主要策略

现代社会工作在发展过程中一直存在两种发展取向，第一种是个人改变取向，运用抗逆力、寻解导向疗法、个案管理等工作方法来推动社会工作实践；另一种社会变革取向，强调运用社区发展、社会行动、社会倡导等工作方式推动社区变革和社会变革。在实践领域，上述两种取向并非齐头并进地发展，但从20世纪80年代以来，在以詹森为代表的社会工作研究者的努力下，社会工作的社会变革取向日渐受到重视。

1. 政策落实行动

政策落实是指依托政府制定的农民工政策，社会工作遵循"助人自助"的理念，在社会工作专业方法指导下，通过开展个案、小组、社区社会工作为农民工提供服务，从而将农民工政策的文字化信息转换成具体的农民工服务行动。当前社会工作机构落实农民工政策行动主要是通过项目化运作来实现，其项目经费来源主要来自三个方面。一是政府购买服务。当前农民工服务购买主体呈现出多元化特点，除去政府职能部门以外,还包括工青妇群团组织以及部分城市推行的"枢纽型"社会组织。从购买方式上可分为体制内购买和体制外购买、竞争购买和非竞争购买、单位制购买和项目制购买。[①] 二是基金会资助。主要是国内外对农民工问题较为关注的一些资助型基金会,通过提供项目资金资助社会工作机构提供农民工服务。三是企业赞助。一些沿海发达地区的企业,从企业长远发展出发,向社会工作机构购买一些农民工服务。

社会工作的政策落实行动是改善农民工服务获得困境的重要行动力量。批量化的制度供给并不能解决生活场景中个体农民工的问题,这是由制度生产过程的理性化约逻辑和日常生活无法化约本质的根本矛盾决定的。农民工政策本质上是从"大同"角度来关切与解决农民工问题,即从普遍主义的角度对农民工享有城市生活权利的整体性、批量化回应与满足。在这一过程中,由政治精英、知识精英等组成的"共谋精英"借助一套理性主义的程序规则、话语体系、技术方法从纷繁琐碎的生活抽离出解决问题的原则、措施,变成逻辑严谨、文字优美的精致文本。但是政策本身不是目标,而是手段,归根到底还是要回到杂乱无章的生活中以帮助人们解决问题,实现美好生活。在回到农民工日常生活实践场域时,批量化解决问题的方式无法对农民工个人化、具体化、情景化的诉求进行有效回应,因为从制度文本到具体措施这一从抽象到具化的过程,就像从生活到制度一样,要求行动者熟练掌握和调动运用人类所有已知的理性,包括理解能力、沟通能力、行动能力等。从生活到制度有多复杂,从制度到生活就有多复杂。不同的是,前者有众多精英的共谋,可谓集众人之力;而后者仅有无论知识还是资源都处于弱势的农民工的单打独斗,可谓仅凭一己之力。由于国家政策往往具有高度的概括性和抽象性,农民工对政策内容不熟悉、政策解读的能力普遍较差,加之当前农民工社会管理体制的条块分割,农民工单凭个人力量往往在实际生活场域中

---

① 段小虎、张惠君、万行明:《政府购买公共文化服务制度安排与项目制"文化扶贫"研究》,《图书馆论坛》2016年第4期。

第七章 社会工作介入农民工社会管理的制度主义路径

没有足够能力来运用社会政策解决自身困境。社会工作介入为农民工"得到"制度供给的服务提供了强有力的智力支持、资源支持和组织支持。作为组织化的力量，社会工作借助其与政府部门、其他组织互动形成的组织网络和社会资本，以及熟悉政策条文、善于协调关系的优势，在具体实践中用好用足政策，有效处理农民工面临的问题，让农民工政策从文本卷宗真正走向农民工的生活。

社会工作的政策落实行动可以显著提高农民工获得的服务的质量。公共服务是社会管理的重要内容。在现代政治学看来，政府社会管理除了包括对公共事务的管理和社会秩序的控制之外，更主要的是政府向公民提供公共产品和公共服务。公共服务事关政府进行社会管理的合法性，是实现有效社会管理的前提和基础。不谈政府对社会公共产品和公共服务生产提供的主体责任，单谈政府对社会秩序的控制和社会公共事务的管理，不仅难以真正达到社会管理的目的，而且也会使得政府管理社会的权力旁落。自21世纪初以来，中央政府已经认识到，单谈社会控制和管理的不足，开始在公共服务提供方面补功课。然而，从现实来看，地方城市政府由于专业性不足、行政效率过低等原因，往往不能将政府福利落到实处，即使落实也存在服务质量过低的问题。以农民工子女的教育政策为例，尽管政策文件规定了农民工子女有在城市平等接受教育的权利，可城市公立学校学位优先给予购房落户者，而农民工子弟学校师资力量非常差的现状使得这一政策福利并不能落实下来，而那些在城市公立学校就读的农民工子女很多时候进入的也往往是城市居民子女不愿意进入的学校。社会工作的专业性决定了社会工作是落实农民工社会政策的最佳载体。社会工作是一门充分运用社会学、心理学、政治学、伦理学等学科的多种知识，并形成自身特色工作方法的专业性工作。相较政府部门而言，社工机构不仅有专业知识，还有灵活的工作手段，能够将政策福利更高效率更高质量地输送到农民工身上，展现出独特优势。其一，效率优势。社会工作机构多采用现代企业管理形式进行管理，其组织结构扁平化、多样化的特点，使得社会工作机构相比科层制管理的政府机构，在具体的服务提供活动中具有更为灵活的应变能力、更为强烈的使命感,从而使得社会工作机构在服务提供方面具有成本更低、效率更高的显著优势。同时,社会工作更强调服务的对象导向性,在为服务对象提供政府购买的公共服务时,往往会直接将服务送达服务对象,使得公共政策福利能够通过社工人员这些"毛细血管"迅速惠及广大农民工群体。其二,多样化优势。社会工作重视服务对象的异质性,时常通过调研的方式摸清农民工群体的实际需求,在此基础上,他们不仅可以为不同的农民工群体提供不同的服务,而且还能够制定个性化方案,为农民工个体提供个性化服务,使农民工社会管理真正实现精细化的目标。特别是社会工作机构在公共服务提供上往往更加关注政府无暇或无力关注的小众化的公共服务需求,通过灵活的项目运作满足不同群体的不同需求,成为政府公共服务提供的有益补充。只要符合组织使命,在资金允许的情况下都可以快速通过项目运作的方式提供相应公共产品,因此可以在政府提供的教育服务之外,起到查缺补漏的作用。其三,科学化优势。社会工作人员在提供服务时,强调先制定计划方案,再在科学方案的指导下提供服务。同时,他们还注重在服务提供过程中进行过程监控和结果反馈。这一套科学的服务提供流程能够确保农民工群体享受到稳定可预期的公共政策福利。

2. 政策倡导行动

政策倡导是指个人或组织透过有计划的、有系统的策略,向社会大众或政府部门营销特定的价值或理念,企图影响公共政策的制定和执行,促成社会体系的变迁。[①] 农民工政策倡导策略的主要意涵是社会工作从社会正义的理念出发,通过一系列有计划的行动过程,对既有的农民工政策提出质疑,或提出新的有利于解决问题的政策建议,从而改变农民工政策,进而保障与促进农民工的权益。社会工作机构处于政府与市场之外,这种中间地位使得社会工作机构实际上在社会结构中扮演着个人和广泛政治过程中介站的角色。因此,当社会工作

[①] Andrews, K. T. & B. Edward, "Advocacy Organizations in the U. S. Political Process", *Annual Review of Sociology*, 2004 (30).

进行农民工政策倡导，实际上是在将农民工组织起来，将与农民工关切的各种问题推展到社会公众，使农民工问题获得公共性，推动农民工政策的改变，进而达到广泛的农民工政策改进。

社会工作的政策倡导是在当前政治社会环境、农民工群体特征出发，改善农民工社会管理的一种有效的善治选择。当前我们正处于一个国家—社会关系日益密切的时代中，社会结构的变迁正在从"一元主体"向"一体多元"不断迈进，从总体性社会向集中和多样化共存的社会不断迈进[1]，制度环境越来越开放和包容，但是农民工对政策的影响并没有显著增加，在问题定义、议程设定、方案选择、效果评估等政策环节，起着决定性作用的是官员、专家、企业家等政治精英、知识精英和经济精英，农民工往往因为"不专业""无效率"等原因被排除在政策之外，哪怕这项政策最终是为了解决农民工问题。不能否认，政策制定者一直在试图让政策更加符合实际和更加具有操作性，并在制度体系中设置了行政诉讼、听证程序和信访等通道，以期帮助农民工进入政策制定过程，但在千百年来的"老实政治学""无讼""非讼"理念的夹击之中，这些制度设置显然并不足以保障农民工诉求在政策制定过程中获得稳定进入。更多的农民工由于对话资格不足、信息渠道封闭、利益被简化、常识被贬抑的局限只能被动接受政策，成为被隐匿化和被隐身化的群体[2]。哪怕是在切身利益受到严重侵害时，农民工"破坏性"的抗议行动往往也只是集中于具体政策执行，并且大多数时候被平息在经济社会纠纷层面，难以将其利益和诉求充分传送到政策决策体系之中，难以为决策者提供调适政策的有益信息，实现从具体纠纷到政策变迁的实质改变。显然，松散孤立的农民工个人难以形成进入政策体系、唤起政策关注进而影响政策体系的力量，改变农民工作为被动政策接受者困境，很大程度上必须依赖于社会工作机构的中介调节作用。

---

[1] 李友梅：《自主性的增长：制度与生活视野下的中国社会变迁》，《上海市社会科学界第六届学术年会论文集（2008年度）年度主题卷》。

[2] 汪超：《农民工政策公平性隐缺的一种话语解构路径——兼议公平性形式化的演绎逻辑》，《求实》2019年第4期。

社会工作的政策倡导既包括对立法部门、行政部门和司法部门工作人员的直接倡导，也有针对社会公众进行的间接倡导。实际运用中，社会工作机构及工作者往往根据其对社会生活中各种可变性和能动性的敏感性和想象力，因时因地综合施策。主要的倡导形式包括以下五个方面。

第一，代表倡导。指社会工作机构通过具有较强影响力的社会或政治精英人物来进行政策倡导活动。

第二，媒介倡导。媒体是现代社会中传播与沟通最有力量的工具，而且常常也是政策问题的"触发机制"："一个严重问题得到新闻媒体的有效曝光，会引起足够多的人来重视这个问题，该问题就可能进入政府议程。"[1] 有效政策倡导的首要步骤是创造议题并使之成功进入政策议程之中。社会工作在进行政策倡导时常常运用媒体作为重要的工具，以借助媒体快速传播讯息的特质，将相关的信息迅速向社会大众传播，达到动员公众的力量，高效构建政策议题，进而实现将个体问题推向公共议程的目标。

第三，资讯倡导。在社会分工日渐分化的时代，人们的知识既前所未有的深化，又前所未有的狭窄，政策制定者显然不可能专业于所有领域，在政策制定中，他们对各种政策议题的熟悉和了解显然比不上一线的社会工作人员，因而在农民工政策制定过程中，他们常常被信息不对称所困扰，且这种困扰受制于效率的衡量往往难以纾解。社会工作机构运用资讯策略就是通过向政府部门提交研究报告和政策草案，参加政策制定者举办的座谈会，媒体发言等多种方式，将专业的、有用的信息传达给政府决策者，并试图影响政府的决策。社会工作所扮演的角色就是促使信息获得相当的关注，且授予政策制定者做出更理性的决策。[2]

第四，合作倡导。合作倡导是社会工作机构在现行国家—社会关

---

[1] [美]格雷·格斯顿：《公共政策的制定——程序和原理》，朱子文译，重庆出版社2001年版，第69页。

[2] Berry, J. M., *Lobbing for the People: The Political Behavior of Public Interest Group*, New Jersey: Princeton University Press, 1977, p. 269.

系中最经常运用也最直接的策略,它是指社会工作机构和政府部门建立合作关系,通过合作活动对农民工政策发挥影响作用。农民工问题涉及经济建设、政治建设、文化建设与社会建设各个方面的复杂特性决定了政府在制定政策时必须寻求思想库智囊团的支持,而不能仅依靠官员的知识和经验,"由于政策问题的复杂性,官员在政策制定过程中需要专家提供专业知识和技术分析……在不考虑其他因素的情况下,当专家相对于官员具有专业知识方面的优势时,官员可以通过邀请专家来帮助自己加强对复杂政策问题的理解和决断能力"。[1] 在农民工政策制定过程中,政府部门出于合理性和合法性考虑,往往会征询社会组织及其专业人士的意见,或委托专家学者进行草案研究,或邀请专家代表参与研讨,这些参与政策制定的机会使社会工作机构得以在决策体制中向政策制定者表达立场、提出呼吁、影响决策。不过,合作策略的实现不是一朝一夕可成的,而是长期努力之后专业形象深入人心之后方能水到渠成的。

第五,日常倡导。指社会工作机构运用举办各种社区活动、提供各种社会服务、设立协作者网站等日常化活动来实施潜移默化的政策倡导,影响和改变社会公众对农民工群体的认知和行为。日常倡导不能直接实现政策倡导的目的,最重要的作用是通过各种机会与社会公众、政府部门建立起良好的互动关系,树立社会工作机构的专业形象,为其他倡导活动的开展提供帮助。

三 社会工作介入的案例分析

社工工作介入农民工社会管理制度的努力是有效缓解形成农民工困境的制度性障碍,改善农民工社会管理社会结构系统。以下案例展示了社工机构如何通过自身的力量为农民工社会管理目标的实现做出贡献。

---

[1] 朱旭峰:《中国社会政策变迁中的专家参与模式研究》,《社会学研究》2011年第2期。

>>> 社会工作介入：迈向治理的农民工社会管理

1. 政策落实行动案例

农民工子女教育是农民工社会管理中的突出问题。农民工子女教育关系到农民工群体能否打破阶层隔离，实现个人发展和社会流动，因而是农民工最关心的问题之一，如前文所举的为教育而流动的农民工谢某的案例就深刻反映了农民工对子女教育的重视。尽管"两为主""两纳入"的教育政策为农民工子女在父母工作地接受义务教育提供了制度保障，且中央政府在保障教育资源在市民子女和农民工子女之间平等分配做出了众多努力，但是受到地方政府教育财政投入意愿、区域教育资源非均衡发展等众多因素的影响，农民工子女教育仍然面临教育资源不足、教育费用过高、无法平等享受优质教育资源等系列困难。众多社会工作机构敏锐地捕捉到农民工子女的这一困境，在现行制度所允许和鼓励的框架内积极行动起来，为农民工子女提供形式多样的教育服务，以弥补农民工子女教育资源不足的问题。主要的服务包括最简单的如为农民工子女提供书籍、电脑等学习用品，向困难农民工子女提供学费支持；与社区合作，举办各种针对农民工子女的活动，提供陪伴、交流等情感支持；与学校合作，开展课后陪伴，辅导功课，培养学习、生活习惯等技能支持。一些社工社会组织还通过设立专项基金对农民工子弟学校的教学进行资助。

北京新公民是一家致力于为农民工子女提供优质、适宜、公平教育的社工机构。该机构认为，教育成效是由师资力量决定，农民工子女教育应该抓住师资这一教育过程中的关键以扩大农民工子女享受优质教育资源的机会。机构由此推出了旨在激发农民工子女学校教师的教学热情、提升农民工子女学校的教学水平的"微澜计划"。该计划的具体做法是对在流动儿童教育方面进行探索、有创新点子的教师进行最高800元的小额资助，以促进教师积极探索，并将创意进行实践。为有效推行这一计划，北京新公民制定相应的基金使用原则，包括学校教育成长的需求导向，而非止于学校缺少什么资源；对学生需求进行具体化，不能一概而论，一刀切；支持在学习兴趣、学习能力、兴趣发展、心理关怀等方面的想法，而不是单一提高学习成绩；申请不包含学生的"生活类"资助，只包括"教育教学"类。申请的范围包括语言能力发展（包括建立班级图书角阅读活动、英语趣味活动等）、科学与认知发展（包括开展科学趣味实验、组建科学兴趣小组、科学课堂、数学思维训练课堂、身体认知课堂等）、社会性发展（如组织班级社会实践活动、外出参观旅游、毕业主题活动、社会安全教育等）三个方面。从效果上看，"微澜行动"在2015年，共支持了包括上海、北京、深圳、广州、贵阳、成都、昆明、郑州、苏州、南宁、银川等11个城市，共计300多位农民工子女学校的教师，累计金额超过25万元。

由兴业证券股份有限公司发起的福建兴业慈善基金会，通过搭建各种农民工子女教育服务平台，通过开展各种教育活动，促进流动儿童身心的健康发展，与流入地相适应。福建兴业慈善基金会的介入方式包括：一是建立社区流动儿童服务中心。该基金会与福建省流动人口聚集较多的福州市、泉州市和厦门市社区与卫生服务部门建立社区农民工子女服务中心，并且通过选拔、培训、资助等各环节实现社会服务机构在社区驻点，运用专业的社工技能为当地的农民工子女提供学习辅导、亲子关系调适、阅读等诸多服务。二是设立校级的社工站。福建兴业慈善基金会在农民工子女就读学校设立校级社工站，将专业的社工机构引入学校中，从而发挥帮助农民工子女适应学校环境、加强家校联结、改善其学习表现等作用。三是支持创办农民工子女服务机构。为了改善全省范围内为农民工子女服务的专门机构、青少年相关的社会组织仍然非常紧缺的状况，福建兴业慈善基金会通过各种资金补助创办了一系列以农民工子女为服务对象，致力于长期扎根于社区，并积极开展社区教育的社会服务组织。

福州兴业设立的社区流动儿童服务中心、校级社工站实现了专业社会工作服务的社区、学校全覆盖，对有效提升农民工子女服务的可及性大有裨益。通过充当个案工作者、小组工作者、咨询员、家长联络员、倡导者、心理顾问、行为专家等多种角色，社会工作者在帮助农民工子女应对学习困难，适应学校环境以及改善人际交往等方面取得了良好成效，其服务在可及性上是政府部门所难以比拟的，这深刻反映了以"扎根"为特色的社工机构在深入群众方面的优势。

面对农民工日益增长的多元化卫生健康需求，政府虽然在努力推行卫生健康服务均等化，但目前离均等化还存在一定差距。尽管社工机构因力量薄弱，不能改变市民与农民工医疗卫生服务供给上的不平等，但是专注于医疗健康领域的社会工作机构仍然在促进农民工享有医疗卫生服务方面开展了大量卓有成效的工作。

上海新途社区健康促进社于2016年成立，已在全国各主要城市的30多个社区开展了数量繁多的健康教育和培训工作，培育了60支左右的社区基层健康大使服务队伍。近年来，上海新途社区健康促进社推出一个名为"新市民生活馆"的项目，产生了很好的效果。"新市民生活馆"项目是一个充分调动社区各类资源参与到社区居民健康服务的有机整体，并不是单一的修建生活设施，也不是简单地提供一个方便社区居民活动的场所。"新市民生活馆"项目的主要建设步骤有三个方面：一是前期建设工作。前期建设工作包括找到目标人群，分析服务对象的需求，与服务对象建立初步的信任关系。首先是找到目标人群。对"新市民生活馆"项目而言，找到目标人群就是找到农民工聚居且有较迫切健康需求的社区。另外一个要考量的因素是，该社区附近是否具有合适的活动场地，以及社区委员会等基层政府的配合程度。其次是分析他们的需求。具体的方式是通过访谈、座谈和开展公益活动等发现、分析和总结服务对象的需求。最后是与服务对象建立初步的信任关系。通过前期互动交流与服务对象建立起初步的信任关系。二是中期工作。中期工作包括场地寻找、社区动员、同伴教育、自我管理等。三是后期工作。后期工作主要包括联结资源、平台打造、形成体系。"新市民生活馆"在基本可以独立开展工作之后，就开始考虑将其他公益组织拉入场馆中，形成一个多家公益中心提供多元化健康服务的平台与体系。经过上海新途社区健康促进社多方联系与协调，项目得到了多家公益组织的支持，"新市民生活馆"的主要建设内容包括健康主题生活馆、患者俱乐部、社会健康大使、家庭支持、筛查和早期发现、同伴教育、社区倡导与行动、专业服务支持与转介等八个部分。从项目结果来看，"新市民生活馆"没有陷入之前很多类似项目所出现的单纯建设硬件场所或者活动堆砌的窠白，而是实现了硬件、软件和人力的有效整合。主要的原因得益于其运营模式。

"新市民生活馆"的运营模式可以归纳为三点：一是社会化运作。不同于政府运作或企业化运作，社会化运作是社会组织特有的运作模式，主要是动员社会力量解决社会问题的机制。社会化运作机制可以有效地解决传统服务机构中人手不足的问题、"等、靠、要"问题、服务表面、效果不可持续等问题，用参与式、体验式的方式开展健康教育，形成一个多方协作的系统。二是专业化运作。在健康教育与服务领域，上海新途社区健康促进社已经积累了十几年的服务经验，一方面在健康服务领域积累了非常丰富的专业知识，另一方面也建构了一个完善的专家网络和组织网络。三是社区化运作。上海新途社区健康促进社以社区服务为中心，面向流动人口聚集的社区，发掘大量、迫切而多元的健康需求，利用社区所具有的动员流动人口自我管理较强的特点和优势，实现了较好的效果。

为了准确把握农民工群体的切实需要，上海新途社区健康促进社做了充分的前期调研工作，在此基础上联结资源、打造平台、形成体系，为农民工提供健康教育服务，从而实现了以农民工需要为本的专业化服务。在具体运营时，又通过坚持社会化和社区化运作，展现了社会工作机构高超的社会资源协调能力，实现了社会资源、社区资源、农民工资源的有机链接与高效运用。

社工机构的专业化还体现在服务对象定位明确方面。许多社工机构都为特定的农民工群体提供健康服务。例如天津葵花和广州穗星：

天津东丽区葵花流动妇女服务中心是一家专注于关注农民工妇女健康的社会服务组织，于2008年成立，归属于妇联系统管理。该机构推出了一个防治艾滋病的宣传项目，以提升女性农民工的健康保护意识。他们首先通过调查研究，撰写了《娱乐场所流动妇女研究报告》，发现了艾滋病问题与女性生殖健康问题是困扰女性农民工的重要问题。其次，工作人员对部分娱乐场所进行摸底，并发放健康知识传单。最后，中心工作人员还动员女性农民工参加中心组织的免费体检活动，让她们更加客观地了解自己的健康情况。此外，工作人员还为女性农民工举办了一系列有关健康方面相关知识的讲座活动。通过这些活动，女性农民工的健康意识得到显著提升，越来越多的人愿意参加免费健康体检。通过中心工作人员的不懈努力，这些女性农民工逐渐放下了各种芥蒂和疑虑，从最初不愿意参加中心举办的各种活动，到后来积极主动参加这些活动，总体上取得了很好的效果。

我国目前针对特殊行业与工种的健康管理制度与健康服务制度也不够完善，各种职业病层出不穷，并有愈演愈烈之势。社工机构在完善特殊行业与工种的健康管理方面也可以适当介入，以弥补现有健康管理制度的不足。

城市中的环卫工人大部分来自外来的农民工，他们的工作环境长期处于噪声、粉尘、汽车尾气等污染物交织当中。有调查表明，环卫工人患呼吸道疾病、心肺疾病、乙肝等各类疾病的概率明显高于其他人群。为此，广州穗星社会工作服务中心发起了一个较有特色的项目——"环卫工人自我健康管理能力项目"。广州穗星社会工作服务中心成立于2009年，是一个非营利性质的社工机构。从业人员有90多人，成员和团队来自各大高校、教育促进会社区教育委员会、非政府组织等教授、专家和资深社工。中心通过运用专业社工知识、联结各种社会资源、提供身体健康与心理健康的咨询与支持，在社区中推广"环卫工人自我健康管理能力项目"，取得较好的效果。他们的主要做法有二：一是为环卫工人安排一定时间的体检、帮助他们解读体检报告、为他们发放体检报告、提供健康手册、制订体检计划。很多农民工都没有定期体检的习惯和意识，该机构为农民工组织了专业的体检机构进行体检，并且为他们建立了健康档案，协助他们进行健康管理。除了组织定期体检，广州穗星社会工作服务中心还为他们邀请了相关的专业医生解读体检报告，评价他们的健康情况，给出建议。二是对环卫工人进行意外伤害与职业健康的相关培训，并且帮助他们进行工作场所的安全健康改造。相关调查研究表明，环卫工人跟其他工种相比，工作过程中受到意外伤害的可能性较高。但许多环卫工人本身缺乏一些安全作业的意识，也缺乏自救、互救的意识和能力。因此，需要相关社工机构为他们提供一些安全培训的机会。广州穗星社会工作服务中心就是在这样的背景下开展了一系列有关安全作业的宣传教育工作，提升他们安全作业的意识和能力。在此基础上，该机构还对一部分环卫工人的工作场所进行安全改造，使之在源头上减少作业时的伤害。

除教育和健康方面的努力，还有许多机构有针对农民工群体的公共服务项目，如就业帮扶等，有效弥补了地方政府很难做到针对不同农民工群体提供不同公共服务的缺陷。社工机构通过开展微观服务，保障了农民工政策资源不仅提供给了农民工，更重要的是使得农民工可以"得到"。上述案例充分体现了社工机构在落实农民工政策以下两方面的优势。

第一，对以农民工为本的工作理念的贯彻。农民工社会管理要做到以农民工为本，首先就要做到以满足农民工的现实需求作为工作出发点。地方政府在为农民工群体提供公共服务时，往往很难开展大规模的需求调研，导致公共服务不能满足农民工的真实需求。相比之下，以上海新途、天津葵花、广州穗星为代表的社工机构都要在开展需求调查服务，弄清农民工群体的真实需求之后才开始工作，因此社工机构提供的服务比地方政府的服务更能满足农民工的多样化、个性化需求。其次，以农民工为本还要求提高相关服务的可及性。地方政府很难深入农民工群体去提供服务，而往往是被动地等待农民工群体去寻找服务。相比之下，以福州兴业为代表的社工机构以社区为主，推动服务下沉，不仅将服务点设置到了"家门口"，而且还提供"上门服务"，这使得后者在服务可及性上远远要超过前者。

第二，对社会公共服务专业性的坚持和追求。我国农民工社会管理要坚持专业化发展方向，其内涵又包括柔性化、精细化、多样化等具体要求，然而我国地方政府却在这些方面止步不前。在管理方式上，政府相关规定比较古板，而政府工作人员又墨守成规，且不愿多给农民工群体以"通融"，管理方式僵硬；在管理技术上，政府部门服务流程粗糙，且很少建立起项目制度或指定服务方案，管理技术落后；在管理定位上，政府很少注意到农民工群体内部的异质性，而总是将不同群体一刀切地对待，其管理对象定位不明。相比之下，社工机构注意与农民工谈心，倾听农民工的心声，在此基础上提供有弹性的服务，其管理方式是柔性的；社工机构注重服务方案的制定，并且在方案设计中考虑到方方面面，对每一个服务步骤都进行规划，乃至为农民工个体提供差别化服务，其管理技术是精细的；社工机构往往有明确的服务对象定位，不同的社工机构在不同项目中会把不同的农民工群体作为主要服务对象，而不会将整个农民工群体作为服务对象。而明确的服务对象定位使得社工机构能够制定更科学的服务政策。

2. 政策倡导行动案例

北京市协作者社会工作发展中心（简称为"协作者"）[①] 是全国最早的民办社会工作机构之一，也是全国第一个明确将农民工作为服务对象的社会工作机构。机构成立于 2003 年，最早是为了向"非典"中的农民工提供紧急救援服务。目前，机构拥有覆盖京津冀、山东半岛、长江三角洲和珠江三角洲等地区的全国性服务网络，形成了独特的"服务创新—研究倡导—专业支持"三位一体的服务体系，并与 100 多家社会组织和社区组织建立起专业合作支持网络，在农民工政策倡导中发挥着重要的作用。他们的做法主要有以下三方面。

第一，公众教育。为消除城市主流人群与农民工之间的社会文化心理屏障，协作者以公众教育为载体，在促进社会各群体对农民工的理解和接纳的同时，提升农民工的自我表达和社会参与能力。协作者开展各类文艺小组，鼓励农民工用切合自己的方式表达需求和梦想，掌握摄影、诗歌、演讲、戏剧等表达技巧，并将活动成果用图片展、民众戏剧、演讲交流的方式在图书馆、大学、剧院等公共文化场所公开展览、演出。在组织的推动下，由农民工自编自演的大型民众戏剧《一个民工的美丽期待》在长安大戏院公开演出，并在北京、南京、武汉、广州等地开展全国巡回展览演出，这是我国农民工第一次登上

[①] 该案例根据北京市协作者社会工作发展中心网站以及李涛发表于《社会与公益》2012 年第 8 期的《社会组织在政府购买社会工作服务进程中的功能和角色——北京协作者参与政府购买社会工作服务经验总结与思考》等综合而成。

第七章　社会工作介入农民工社会管理的制度主义路径

国家级剧院，国务院农民工工作联席会议办公室、国务院扶贫办、民政部和北京市政府等领导观看演出，中央电视台焦点访谈对此做了专门报道。

第二，行动研究。协作者在服务过程中开展行动研究，培育农民工掌握调查技巧和方法，鼓励服务对象参与到调查中，并将自己对社会问题的看法和建议直接写到调查报告中，在提升服务对象社会对话能力的同时，倡导社会政策关注边缘人群需求，先后发布了《农民工流动过程中的需求与障碍——京、粤、青（岛）三地农民工生存与发展基本状况调查报告》《社会工作人才服务农民工问题研究报告》《农民工幸福状况调查研究报告》《金融危机对农民工影响研究报告》《中国留守儿童家长研究报告》等多个研究报告。

第三，研讨论坛。协作者在研究基础上，促进跨界对话，与政府合作召开了"全国农民工职业安全与健康权益保障研讨会""全国农民工公共政策改革与服务创新研讨会""全国农民工社会工作服务创新研讨会"等全国性研讨会议。在这些会议上，农民工和流动儿童代表直接出席会议，并做大会主旨发言，开创了"被研究的对象"站在主席台上作为主角全程参与的研讨会先河。这一方法有效促进了农民工问题形成学术议题。

协作者的行动充分展示了社会工作综合运用各种倡导策略，用感性与理智并重的方式对农民工的现状与需求进行倡导，以期达到倡导目的的过程。为有效使用媒介策略，协作者带领农民工自编自导自演大型民众戏剧《一个民工的美丽期待》，在公共场所进行图片展览和文艺演出，这一系列的活动成功创造了媒体关注的话题，为吸引中央电视台等媒体关注创造了条件。大众传播媒体不但是塑造公共民意的主要角色，而且也是使议题进入公共议程的主要仲裁者之一。① 通过恰当地运用媒体的力量，协作者成功将农民工推到聚焦灯下，引发了公众对农民工群体及其问题的兴趣，甚至直接影响到国务院农民工工

---

① Jenkins, J. C., "Nonprofit Organization and Policy Advocacy", Powell, W. (ed.), *The Nonprofit Sector: A Research Handbook*, New Haven: Yale University Press, 1987, p. 307.

作联席会议办公室、国务院扶贫办、民政部和北京市政府等政府部门，成功实现农民工问题从"个人困扰"到"公众话题"的转变。在这个过程中，协作者还重新定义了农民工形象，使得农民工从传统媒体叙事中的"悲惨的""低能的"的形象中抽离出来，展示了一个"乐观的""多才多艺的""充满力量"的农民工形象。

在此基础上，协作者以其对农民工问题切身的实务经验，组织针对农民工群体的调查，动员农民工表达看法和建议，在此基础上形成大量的研究报告，为政府制定农民工政策提供相关资讯和专业建议，反响良好，展示了社会工作强大的资讯策略能力。同时，调查研究成果的发布，推动了农民工问题从"公众话题"到"学术焦点"的转变。和政府一起举办各类全国性的研讨会，吸引广大专家学者从各种不同角度展开充分讨论，本质上则是在运用专家权威提升倡导的可信度，增强倡导力量，实现农民工问题从"公众话题"到"政策议题"的转变，促使倡导的成功。当然协作者的成功也离不开从始至终坚持"让农民工发声"，策划的每一项具体活动，都试图通过各种途径来让农民工"发声"或者提高农民工"发声"能力：帮助农民工倾听他们的心声、帮助农民工说出他们的想法、帮助农民工写出他们的需求。

除了协作者，本研究调查的53个机构中还有北京农家女和云南连心社区照顾服务中心两家机构，在农民工政策倡导方面展示了积极的行动。

北京农家女是一个具有十多年社工经历的资深社工组织，其成立于2001年，主要致力于促进中国女性农民工的发展，保护她们的合法权益。该机构的愿景是"携手农家女，共创自主、平等、幸福的生活"，确立了"开发农家女潜能、维护农家女权益、培养农家女骨干、孵化农家女组织"的使命与宗旨。他们与许多国内知名的机构开展合作，如中国人口基金会、全国妇联、中国红十字会等。北京农家女文化发展中心针对女性农民工在社会中所处的劣势地位，权益得不到保障、法律意识比较淡薄等问题，开展了一系列的政策倡导活动。该机构在2005年与相关研究专家合作起草了一份《家政工权利保障条例》，试图通过家政工立法实现家政工合法权益的保障。2010年，该机构又提出了一个《家政工体面劳动与促进家政服务产业健康发展的法律政策建议案》，再次通过向有关部门提交议案的方式希望实现家政工劳动管理制度的突破。可喜的是，通过各方不断努力，一份名为《家政工国际公约》的文件于2011年6月获得正式通过，保护家政工体面劳动的政策终于实现了阶段性的成果。

体面劳动是每一位劳动者所渴望的状态，而农民工从事的往往是"不体面"的工作。在这些工作中获得尊重，是农民工的心之所向。然而城市地方政府几乎没有在保障农民工的劳动体面方面下过功夫。北京农家女为农民工群体着想，在六年间先后起草了保障条例，并提出了相关提案，以其孜孜不倦的努力推动了相关政策的出台。

与协作者和北京农家女的政策倡导不同，云南连心的政策倡导成功运用了"代表"的影响力量，其政策倡导主要是通过具有较强影响力的政治精英人物——省政协委员来进行政策倡导活动。在我国国家政治体制中，人大代表和政协委员是最为接近政治权力中心的群体，是政府最为重视的民意代表，由政协委员开展的倡导活动本身就更容易得到政府部门或者社会的关注，特别是"两会"召开期间，"两会"代表的提案有很大概率进入政府政策议程。

云南连心社区照顾服务中心是云南省第一家以国家标准进行筹建与发展的民办性质的社会工作服务机构。该机构成立于2005年12月，致力于扎根社区基层、通过连接各种社会力量，使广大昆明地区困难群众的物质生活状况得到改善，精神生活状况得以更加丰富，社区之间的互助得以增强，弱势群体可以实现更加有尊严、有保障、有价值的生活。为了从根本上改变农民工的地位和生存状况，云南连心社区照顾服务中心凭借在农民工社会工作一线的丰富经验、有一定的学术研究基础、机构成立较早，在社会上具有一定的影响力，其创始人为云南省政协委员等各种有利条件，积极推进政策倡导工作。一个名为"流动人口劳动权益保障、预防拐卖及消除童工"的项目充分体现了云南连心社区照顾服务中心如何运用童工政策倡导来实现制度上的可能突破。云南连心社区照顾服务中心通过与政协委员进行沟通对话，使该议题受到政策高层领导的关注，进而提交相关议案，得以在政协会议上讨论，以此引起政策和相关制度的改变。

值得注意的是，与提供社会服务相比，在政策倡导行动中，社工机构与地方政府隐藏着较大的张力，这使得社工机构在这方面不得不小心翼翼。在本课题组的深度访谈中，多家社工机构的负责人就表示，农民工政策倡导社会工作机构能够做的并不多，"不管是积极倡导还是被动倡导，很多时候我们的行动是否有效，并不取决于我们做了什么，做了多少"。[①]

[①] 社会工作机构负责人访谈记录。

第八章 社会工作介入农民工社会管理的社会整合路径

如何促进农民工群体融入社会，实现社会对农民工群体的有效整合是农民工社会管理的核心议题。农民工流动不可避免地会促使其原有的社会联结纽带走向消解，倘若不能及时建立起新的社会联系，将农民工整合进社会结构体系中，很容易导致农民工失范问题频发。社会工作充分发挥其专业特质，运用专业方法，致力于农民工各种社会关系协调，消解农民工面临的各种社会排斥，加强农民工的社会关系网络，促进农民工的城市融入和自我发展，这一过程可以被称为社会工作介入农民工社会管理的社会整合路径。

一 农民工社会整合的基本状况

从乡村向城市的流动造成了农民工原来熟悉而稳定的生产模式、生活方式、社会网络以及社会组织结构的逐渐解体，使农民工陷入了一种"弱势"境遇之中，直接导致了农民工的社会整合陷入了种种困境，严重影响了农民工城市融入的顺利完成。

1. 个体资本同质

"社会资本是一种可以带来收益和价值的资本形态，是个体从社会网络和其身处的社会制度中所可能获得的资源，是蕴含于社会网络关系、社会组织和社会制度中，能够为人们所利用的各类社会资源。"① 个体社会资本是以个体为中心，可以为个体所用以获取资源的关系网络。在我国传统社会文化中，个体社会网络的最佳表述是差序格局，沿着血缘、亲缘和地缘为基础向外延伸开来，形成一个个结构一致而大小不同的个体社会网络。农民工群体是受传统社会文化影响最深刻的群体之一，他们的个体社会网络仍然具有非常强的差序格局特征。在这种格局下，农民工群体的社会网络多由"亲人""老乡"组成，而这些亲人或老乡又大部分同样是农民工。即使农民工群体离开家乡，他们的交往对象依然是同乡群体，从而维持其同质性的社会网络。然而，社会资本的相关研究表明，对于在社会阶层序位中处于低位的弱势群体而言，相比同质性社会资本，异质性社会资本才能为该群体带来丰富的资源。② 能否在城市建构起异质性的社会关系网络才是农民工适应城市生活的关键。

农民工群体在流动之初所携带的异质性社会资本不多，在进入城市后，其异质性社会资本建构情况依然不容乐观。就业领域的局限性和生活的流动性决定了农民工群体很难在城市构建丰富的异质性社会资本。一方面，由于各种正式或非正式制度的限制，农民工群体很难进入城市主要劳动力市场就业，而不得不聚集在城市次要劳动力市场中的少数几个行业就业。这些行业包括建筑业、低端服务业、劳动力密集型制造业等。在这些行业，很少有城市市民进入。因此，进入这些行业后，农民工群体接触的依然是与其社会地位相近的同质性群体，而接触异质性群体的机会非常少。另一方面，农民工群体作为一个流动性大的群体，很难有时间和机会去经营社会关系。也就是说，即便是农民工个体与社会地位更高的个体建立起了联系，也难以将这种社会资本保留下来，并通过这种联系获得对自我发展的实质性支持。梁玉成的研究很好地描述了农民工异质性社会网络建立的特点，他指出，在构建攀附性的社会网络时，由于主动权掌握在对方手中，

---

① 王红晓、自正发：《新生代农民工社会认同内卷化的原因与对策》，《红河学院学报》2017年第4期。

② 梁玉成：《社会资本和社会网无用吗?》，《社会学研究》2010年第5期。

构建者难以维持这种网络，最终将依然维持以同质性关系为主的网络关系格局。① 农民工群体本身所拥有的社会资本质量不高，同时又难以构建高质量的异质性社会网络和社会资本，其结果正如前文所指出的那样，过分倚重同质性的社会网络成为限制农民工城市融入新的障碍。

2. 群内信任瓦解

在难以与城市市民建立起异质性网络连接的同时，农民工群体自身原有的网络体系也在瓦解。主要体现在以下四个方面。

其一，共同体记忆衰弱。共同体记忆是情感上的凝聚，也是"风俗"的规制而形塑的文化，更是一种对自己作为共同体一员的身份上的认同，② 共同记忆的形成和维持需要共同生活经验的支持。农民工群体作为一个流出了家乡，且流动性很大的群体，他们不仅难以构建新的共同生活经验，连原有的共同生活经验也会随着时间的流逝、记忆的衰退而被消磨掉。特别是对于新生代农民工而言，年纪轻轻就离开家乡，共同体记忆本就"储量不足"，这使得农民工共同体中类似"风俗"的行为规范和感情纽带对新生代农民工的影响式微。而且，共同体不单是一个空间上的概念，还包括特定认同与信仰。③ 新生代农民工位移到新的地区，却无法短时间内与该区域的本地人分享认同和信仰，就会被本地人视为外人，导致新生代农民工陷入找不到共同体归属的困境之中。

其二，信任关系消解。根据格兰诺维特和边燕杰等人的经典研究，强关系是一种信任度非常高的关系，它能带来人情和关照。而老乡群体可视为一种较强的社会关系，农民工群体在外出务工时，就时常利用强关系寻找工作岗位。然而，新近的研究还发现，农民工群体在通过老乡找工作时，常常遇到"杀熟"的状况，即老乡利用对方对其的信任欺骗和侵害对方的合法权益。"杀熟"现象在农民工群体

---

① 梁玉成：《社会资本和社会网无用吗?》，《社会学研究》2010年第5期。
② 胡绪：《转型期社会管理研究》，中国社会科学出版社2013年版，第372页。
③ 康绍邦、苏玲等编译：《城市社会学》，浙江人民出版社1986年版，第120页。

内部不再是稀缺现象，而是比较普遍的现象。老乡之间利用以往的信任关系下手痛宰老乡，其对原有信任关系的破坏是难以估量的，这充分说明农民工群体内部原有的信任体系正在瓦解。对于新生代农民工而言，他们还有其他不再信任同伴的理由。相对于老一代农民工之间容易建立起温情脉脉的熟人关系，新生代农民工之间却不那么容易走近，反而更容易感觉到孤独和缺乏归属感。① 一些新生代农民工之间"也不完全熟悉，他们知道谁是张三、李四，但并不一定说得清张三、李四的家庭情况，也不太摸得准张三、李四的脾性"②，这种疏离使得新生代农民工之间无法相互帮助。有调查发现，在遇到困难后，向朋友同时寻求帮助的新生代农民工仅占35.29%，而自己解决的比例却高达68.63%，③ 新生代农民工的孤立状态由此可见一斑。

其三，合作依附关系不复存在。合作依附程度取决于社区共同体成员之间能否提供某种共同需求的资源，流动性的增强往往会使合作依附关系弱化。④ 首先，合作依附的获利性动机减弱。农民工大多务工于市场经济发展程度较高的地区，市场经济的自利性动机对个体间的合作会产生消极影响⑤。在市场经济的发展环境下，合作、交易活动往往是一次性的。在这种情况下，个体获利性法则就意味着对于农民工个体而言摒弃合作、采取欺骗是博弈中的更优选择。其次，农民工合作依附平台缺失。一般来说，社会个体加入自组织可以获得合作与依附的可能。然而农民工的生存压力使他们没有太多的时间投入组织建设中，并最终导致越来越生活在自己的小圈子中，而无法与其他农民工个体建立起合作依附关系。最后，合作依附的价值观衰退。社

---

① 李维：《没有陌生人的世界》，湖南人民出版社2013年版，第24页。
② 贺雪峰：《论半熟人社会——理解村委会选举的一个视角》，《政治学研究》2000年第3期。
③ 黄志强、容溶：《社工介入津头社区新生代农民工城市融入研究》，《广西师范学院学报》（哲学社会科学版）2015年第4期。
④ 姚望：《新生代农民工原子化利益表达的生成逻辑、消极影响与治理策略》，《贵州社会科学》2017年第5期。
⑤ 陈福平：《强市场中的"弱参与"：一个公民社会的考察路径》，《社会学研究》2009年第3期。

区共同体内共同价值观的存在会在相当大的程度上驱使共同体成员对共同体本身产生出一种强烈的归属感并产生合作依附的强大动力,使得共同体成员自然形成"不得不"的自觉合作依附模式。但这种共同的价值观在新生代农民工生活工作世界中是缺失的。① 他们为生计而忙碌,相互交往较少,联结较为脆弱。较强的流动性使得他们常常认为被分开往往是一夜之间的事情②,因此建立,乃至维持合作与依附关系变得极为困难。

其四,家庭内亲子关系趋于紧张。家庭是最基本的社会协作单位。家庭内亲子关系的好坏不仅将影响儿童的成长成才,而且还会影响成人以及儿童的城市融入。良好亲子关系的构建需要农民工家长投入大量时间与子女进行沟通和交流,并且在沟通和交流中注意方式和方法。农民工的流动状态和繁重的工作决定了他们难以抽出足够的时间与子女进行有效沟通。特别是在以前,农民工外出务工多不带子女,亲子沟通更为困难。近年来,农民工流动的家庭化特征既为其改善亲子关系提供了机遇,也带来了挑战。从挑战上看,农民工子女在随迁中将体验到诸多来自城市社会和学校的排斥和不公,同时将接受更多的新思想、新事物而与其父母在现代化上拉开距离,进而造成孩子有烦恼也不跟父母说的状况。③ 还有研究指出,农民工家庭在亲子沟通上存在沟通内容单一,代际沟通障碍严重,孩子和家长焦虑同时存在的情况。改善亲子沟通的主要责任在农民工家长,然而农民工家长们由于自身素养的欠缺,既没有现代化的亲子关系观念,也缺乏现代化的亲子沟通技巧。

3. 社会排斥普遍

社会排斥是指农民工群体在社会融合过程中被排斥在城市特定社

---

① 姚望:《新生代农民工原子化利益表达的生成逻辑、消极影响与治理策略》,《贵州社会科学》2017 年第 5 期。

② [英]齐格蒙特·鲍曼:《个体化社会》,范祥涛译,上海三联书店 2001 年版,第 13 页。

③ 王素华、邬德利:《农民工市民化过程中亲子关系变化及其改善》,《人民论坛》2015 年第 35 期。

会关系网络之外,从而导致他们不能同城市户籍人均等地获取和享有政治经济公共服务等社会资源的过程及状态。① 这种社会排斥在农民工城市生活中有诸多体现。

首先,农民工群体与城市市民存在居住上的分异。农民工很少深入市民社区居住,而往往是以亲属、老乡为纽带,聚居在城乡接合部的"城中村",如北京的"河南村""浙江村""新疆村",深圳的"湖南村",广州的"新疆村"等。② 农民工聚居的另一面就是城市市民与农民工群体的居住隔离——由于户籍、职业、收入、生活习惯等差异,农民工群体与城市市民彼此分开居住到不同地域的情况。在这些城中村,不仅其他地方的市民不会愿意迁入居住,就是原住民也会尽量搬出去住。这种居住隔离导致农民工和市民连相互照面的机会都很少,更遑论建立起有效的社会联系。国内外的研究表明,居住隔离会限制少数族群与主流社会的接触机会,③ 进而将农民工排除在城市社区的社会网络之外,严重阻碍农民工的城市融入。

其次,即便农民工群体在城市社区居住,他们也很少参与到社区活动中去。有研究发现,农民工群体参加过社区组织的文体活动、公益活动、业主委员会活动和选举活动的比例分别为25.2%、26.6%、2.3%和6.8%,④ 而不参加这些活动就没有机会与广大社区居民建立起社会联系,也就难以融入城市社区的社会网络。新生代农民工甚至对城市社区的社会网络持拒斥态度,不愿走出自己的"小世界"去和城市市民打交道。调查发现,新生代在工作之余多以上网聊天打发时间,而不愿与他人交流。即便是在平常的交流对象中,选择与同事交往的占比为41.18%,而选择与社区居民交流

---

① 沈洁:《新生代农民工社会融合与社会排斥问题研究》,第八届中国青少年发展论坛,2012年12月。
② 王益宇、汪敏生:《社区教育:解决农民工社会排斥问题的有效路径》,《成人教育》2008年第4期。
③ 陈志光:《居住隔离与社会距离——以农民工和本地居民为例》,《中共福建省委党校学报》2018年第3期。
④ 沈洁:《新生代农民工社会融合与社会排斥问题研究》,第八届中国青少年发展论坛,2012年12月。

第八章　社会工作介入农民工社会管理的社会整合路径

的只有5.88%。① 不仅如此，新生代农民工还形成了自己的亚文化。这种亚文化与城市主流文化在生活方式、行为准则和价值观念方面格格不入，具有显著的自身特征，② 从而为城市市民排斥新生代农民工进入市民社会网络提供了"口实"。社会排斥具有极大的危害性，因为排斥会带来仇视和敌意，会造成社会矛盾和不稳定，更会造成一个永久"失能"的弱势群体，③ 这显然与促进农民工城市融入的制度设计初衷相违背。

二　社会工作介入的主要策略

埃利亚斯敏锐地捕捉到流动将"把社会成员铸造成个体"的新特征：在早期较为严密、封闭的集体里，个人与群体及其成员联系密切而又稳定，人们大多或长期较稳定地或终其一生地依附于故乡、部族、宗氏里，个体对群体有深切的归属感和依赖性，群体规范对个体行为具有最大的限制力；高度城市化的社会里，个人逐渐脱离了地域的、血缘的庇护群体，对家庭、血亲、地域社团等集体的依附性减少了，原先所属的群体和地域的庇护和控制功能以及凝聚力都日渐丧失，随着流动性的增加，个体不得不依靠自己谋生立业，要凭借自身的奋斗去实现自己的追求，别无选择。④ 显然，流动使得农民工有可能出现原子化的现象，从而危及社会结构。那么如何才能实现农民工的社会整合呢？关于如何实现社会整合，不同的学者基于不同的研究立场和理论视角，提供了许多可行的社会整合实现机制，其中比较为学界所接受的主要有沟通交往机制、规则整合机

---

① 黄志强、容溶：《社工介入津头社区新生代农民工城市融入研究》，《广西师范学院学报》（哲学社会科学版）2015年第4期。
② 程贵林、李元杰：《新生代农民工社会排斥现状研究》，《经济研究导刊》2015年第2期。
③ 王益宇、汪敏生：《社区教育：解决农民工社会排斥问题的有效路径》，《成人教育》2008年第4期。
④ ［德］诺贝特·埃利亚斯：《个体的社会》，翟三江、陆兴华译，译林出版社2003年版，第139—177页。

制、利益整合机制、交换整合机制、参与整合机制、社会控制机制[①]六种（如表8-1所示）。

表8-1　　　　　　　　社会整合的主要实现机制[②]

社会整合的机制类型	作用机理
沟通交往机制	沟通交往→提升共同情感
规则整合机制	道德法制→产生社会约束
利益整合机制	利益分配→增强社会吸引
交换整合机制	互相交换→提升社会支持
参与整合机制	社会参与→加强社会联系
社会控制机制	社会控制→提高社会服从

如果用上述六种社会整合机制来考察农民工社会管理的话，会发现农民工社会管理基本上也是沿着上述机制展开的。不过就整体而言，政府管理主要是有意识有计划地从规则整合机制、利益整合机制、社会控制机制三个层面来推进农民工社会整合，因为这些社会整合机制相较其他机制具有更强的普遍性、结构性特征，而沟通交往机制、交换整合机制以及参与整合机制则相对具有更强的日常化特征。作为连接制度与生活的桥梁，社会工作在介入农民工社会管理时往往侧重于从沟通交往机制、参与整合机制和交换整合机制三个层面来推进农民工社会整合，通过综合运用各种工作方法帮助农民工结成稳定的社会关系，进行各种社会交往，建立起日常生活共同体，主要策略包括以下四个方面。

1. 异质关系链接

社会资本对人们的社会生活具有重要影响，"如果人们具有较多

---

① 吴晓林：《社会整合理论的起源与发展：国外研究的考察》，《国外理论动态》2013年第2期。

② 同上。

的社会资本,那么他就可能获得较多的社会支持。对于寻求社会保障的人们来说,丰富的社会资本可以转化为他们的帮助,他就获得了某种程度的保障"。[①] 社会资本存在于社会网络之中,詹姆斯·科尔曼明确指出:"不同的网络关系将提供不同类型的社会支持。因此,一个人为了保证生活需要的大量的社会支持,就必须与多种多样的人保持社会关系。"[②] 由于不同社会阶层和群体之间会存在网络屏障,属于不同网络的个体之间要想建立起社会关系非常困难。农民工群体作为城市中的弱势群体,在城市社会中处于边缘地带,很难与城市中的其他群体,特别是高教育、高收入群体产生联系。不仅如此,即便是建立了异质性社会关系,如果缺乏长期的载体支撑,对于处于弱势地位的农民工来说,也很难长期维持。总而言之,由于农民工自身的网络局限和资源局限,他们要想与其他群体建立起社会关系,形成异质性的社会资本,并维持这种社会资本不流失,必须依靠一个网络链接广,同时又愿意帮助他们的第三方。社会工作机构正是充当这个第三方的最佳选择。

社工机构及其工作人员因工作需要,往往需要接触各个阶层的社会人士和各种各样的社会群体,并从这些社会人士和社会群体中吸纳社会资源。以课题组深度采访的长沙培源为例,它在开展"异家亲"城市流动人口服务项目时不仅借助了活动所在地三个社区居委会的力量,还借助了湖南师范大学、湖南女子大学、建设医院、金鹰报刊等科教文卫事业单位以及荷花艺术团志愿服务队、枫叶红艺术团志愿服务队等志愿团体的帮助。其他两家接受深度访谈的社工机构长沙工之友和长沙共享家的负责人也透露了他们与其他社会力量之间长期保持密切合作。通过这几家机构的情况反映出,在开展实务工作的过程中,社工机构已经建立起了强大的关系网络。博特的结构洞理论表明,处于网络连接中心的个体和组织将在网络中占据有利位置,从而

---

① 王思斌:《混合福利制度与弱势群体社会资本的发展》,社会科学文献出版社2002年版,第5页。
② 贺寨平:《国外社会支持网研究综述》,《国外社会科学》2001年第1期。

对使用网络和改变网络拥有更多权力。① 而社工机构往往处于网络的中心。因此,社工机构正是拥有这样权力的社会群体。社工机构如何利用好自身的网络位置优势,成为帮助农民工建构异质性社会资本的关键。

在具体服务实践中,社工机构综合运用个案、小组、社区工作方法来帮助农民工编织"异质性资源网"。其一,搭建利益相关参与平台,在满足多方需求的同时促成农民工群体与其他群体的社会联系。在农民工群体和城市其他社会群体共同生活的城市,他们之间总是能找到共同的利益相关事项,例如城市公共交通、城市公共环境、城市自然环境等。社工机构在开展相关工作时,可以同时邀请农民工群体和其他社会阶层较高的群体参与,在工作组织中创造机会,让农民工群体与其他城市社会高阶层人士接触和合作,并在此过程中形成紧密的个人联系。其二,搭建帮扶平台,让有意向为农民工群体及其子女提供帮助的城市高社会阶层人员与城市农民工建立起直接联系。在此需要说明,与慈善组织不同,社工机构需要将工作重点放在帮助农民工与帮扶者建立关系,而不是放在从帮扶者那里获得物质支持上。总而言之,通过将农民工群体整合进社工机构编织的社会网之中,社工机构能够为农民工群体提供丰富的机会以构建异质性社会资本。

2. 群内关系建设

良好的群体关系可以为群体成员提供强大的社会支持。而要形成和维持良好的群体关系,需要群体成员之间相互信任并保持合作依附关系。如果不能信任群体内成员,无法与群体内成员进行合作,个体就会陷入孤立无援的境地。问题是人际信任属于人类心理最隐蔽最脆弱的内容,它们破坏起来容易而建立起来难。对于遭到过老乡痛宰的农民工,或者对于曾经相信"老乡黑老乡"故事的人,要让他们重新信任所属群体,进而在群体内部重建信任与合作关系是十分困难的。此时,社会工作者要以极强的耐心帮助他们加强沟通,通过唤醒

---

① 梁鲁晋:《结构洞理论综述及应用研究探析》,《管理学家》(学术版)2011年第4期。

共同记忆以及在沟通中相互理解,最终实现群体内信任与合作的重建。

　　社工机构及其工作人员极强的活动组织能力和高超的沟通技巧,能够在这方面发挥巨大作用。具体而言,社工机构可以采取以下策略帮助农民工群体重建群内信任与合作关系:首先,社工机构可以通过举办具有乡村特色的文娱活动,帮助农民工群体唤醒原来的共同记忆,可以组织农民工群体准备具有家乡特色的文娱节目,并组织其他农民工过来观看,唤起农民工与家乡的情感联系。对于可能形成亚文化的新生代农民工,也可以让他们表演体现自身特征的文娱节目,以带动其他新生代农民工的集体情感。其次,社工机构可以通过小组活动为农民工提供群体间相互合作的机会。在共同完成小组任务的活动中,农民工将不得不为了共同的目标而加强沟通和协调,而沟通和协调能够带来信任,进而促进合作习惯的养成。也就是说,社工机构的小组工作方法可以在农民工群体之间建立起沟通和信任的桥梁。最后,社工机构可以帮助农民工组建自助组织实现群体增权。农民工个体力量薄弱,只有通过群体增权才能解决农民工的弱势地位。在农民工群体成员之间已经恢复信任的基础上,社工机构可以利用自身的组织建设经验,帮助农民工群体组建自助性组织或互助支持网络,实现群体增权,并鼓励农民工个体从自助组织中获得帮助,引导自助组织主动为有需要的农民工提供帮助。

3. 社区融入促进

　　在组织社区活动、协调社会关系方面,社工机构往往驾轻就熟,可以发挥巨大作用。其一,由于城市市民对农民工群体有诸多成见,要让社区居民接纳农民工进入社区社会网络,协调方必须具有一定的社区号召力。社工机构扎根于社区之中,与社区居民之间往往有很强的信任依赖关系,能够号召社区居民接纳乃至帮助农民工。其二,要让农民工群体充分融入社区,必须让他们具有与社区内的各个群体的接触机会。但要吸引社区内广大居民参与到社区活动中,社区活动必须有足够的吸引力。社工机构活动策划能力强,点子多,能够举办丰富多彩的活动,从而对社区广大居民形成强大的吸引力。

具体而言，社工机构可以通过以下四方面的工作促进农民工群体与社区市民的关系：一是组织本地居民和农民工共同管理建设社区，通过社工机构的引荐，让社区内的志愿协会等管理服务组织吸纳农民工成员，或者让农民工群体主动承担部分社区管理建设的任务，使农民工参与到社区管理与决策中去，从而真正融入社区。① 二是利用自身资源协调引导农民工主动参与社区活动，如定期组织开展社区大扫除或义工队社区服务等类型的活动，不但可以丰富新生代农民工的业余生活，也可以创造与当地居民的交流机会，提升主动参与并融入当地社区的积极性，改善其在当地居民中的形象。② 三是开展形式多样、内容丰富的社区活动，促进两类群体之间的日常交往和社会互动。社区工作者可以组织一系列的社会交往和公共活动，例如举办邻里节、社区运动会、邻里聚餐会等睦邻友好活动，让农民工和城市居民相互熟悉，交往沟通，促进新老居民之间的情感交流和生活交融。四是通过困难帮扶、结对子、爱心传递等方式，通过举办公益性慈善救助、邻里互助、志愿者服务等公益活动，引导农民工和当地居民互帮互助、相互信任、和谐共处，并改变城市居民对农民工的社会偏见。③

4. 亲子关系建设

亲子关系建设是农民工社会整合建设中一个非常特殊的领域。正如前文分析的那样，农民工同其子女之间的亲子关系存在重大问题。然而，亲子关系问题又是一个家庭内部问题。在"清官难断家务事"观念影响下，政府部门以及其他社会机构很少会将服务触角伸入家庭内部。不过，农民工家庭亲子关系问题在很大程度上并不是个体原因造成的，而是社会因素造成的。因此社会有责任有义务承担起帮助农民工改善亲子关系的重任。在政府和其他社会组织无法深入家庭内部

---

① 陈志光：《居住隔离与社会距离——以农民工和本地居民为例》，《中共福建省委党校学报》2018年第3期。
② 黄志强、容溶：《社工介入津头社区新生代农民工城市融入研究》，《广西师范学院学报》（哲学社会科学版）2015年第4期。
③ 范凤仪：《社会工作介入新生代农民工城市融入的实证研究》，《科技创业月刊》2013年第7期。

的情况下，社会工作机构则在家庭服务方面拥有丰富的工作经验，足以胜任改善农民工家庭关系的任务。

具体而言，社工机构可以通过以下办法改善亲子关系：一是向家长传播现代亲子关系观念，改变家长传统落后的亲子关系观念。费孝通在《乡土中国》中总结了我国传统家庭关系中亲子关系的特点，包括以父母为中心和亲密程度低等。在以父母为中心的亲子关系中，父母特别是父亲是家庭的中心，对子女拥有绝对权力，子女处于服从地位。强调家长意志，把听话、顺从、规矩定为好孩子的标准，把"棍棒之下出孝子"定为正确的教育方式，却不重视亲子之间亲密关系的培养。[①] 社工机构应该以婉转的方式指出家长的错误，让家长认识到正确的亲子关系应该是平等的亲子关系，只有孩子感受到了关爱，才能搞好亲子关系的道理。二是充当传声筒、对话器，调解亲子之间的矛盾。亲子之间发生矛盾并不是怪事，然而亲子之间出现矛盾后，孩子不愿与家长沟通，却是当前影响亲子关系改善的重要问题。一些调查发现，越来越多的家长抱怨与孩子发生矛盾后，孩子宁愿找别人诉苦，也不愿跟父母沟通。此时，社工机构可以用自己的耐心去化解孩子的心结，聆听孩子的心声，将孩子的真实想法传达给农民工父母，并创造机会让双方和好如初。三是组织亲子活动。家长能给孩子最好的礼物就是陪伴。农民工父母既缺少时间陪伴孩子，又不知道怎么陪伴孩子。社工机构可以组织生动有趣的亲子活动，吸引农民工父母和孩子共同参与。

三　社会工作介入的案例分析

在社会工作的知识框架中，社会环境是一种社会性的生态系统，人们的行为要放到社会环境中去理解，或者说农民工公民权利和个体发展的实现不能只从农民工个体去理解，而要从农民工所处的社会整

[①] 王素华、邬德利：《农民工市民化过程中亲子关系变化及其改善》，《人民论坛》2015年第35期。

体去理解。帮助农民工建立和改进社会关系，提高农民工的社会整合水平，正是从生态理论的知识框架去促进农民工社会管理转向，以实现农民工社会管理的目标。从社会整合层面看，社会工作介入农民工的管理主要体现在应用"人在情境中"理念，通过各种社区群众活动与家庭服务，为农民工创造和提供持续参与社区生活的机会，从而改善农民工的社区境遇、建立农民工及其家庭与社区居民、社区组织等主体的信任关怀体系。以下案例展示了社工机构如何帮助农民工提高社会整合水平。

1. 群体内整合案例

农民工群体内部的交流需要平台。社工机构介入农民工群体内整合主要体现在通过各种方式搭建农民工互助网络上。在这方面做得比较突出的社会服务机构是天津新市民工友文化活动中心。

天津新市民工友文化活动中心是一个来源于底层、服务于底层的非营利机构，成立于2010年，目前位于天津市西青区大寺镇的一个工业园区内，主要服务对象是进入天津工作的新一代农民工。与老一代农民工相比，新一代农民工一方面在学历、知识、眼界方面远远高于老一代农民工，对生活品质的追求和向往更高，另一方面，部分新一代农民工也丢掉了老一辈的优秀品质，如吃苦耐劳的精神等。如何帮助新一代农民工实现更好的社会融入是一个社会各界都普遍关心的问题。天津新市民工友文化活动中心开展了一系列活动来帮助他们实现更好的社会融入。

一是举办技能培训。机构工作人员走访了天津微电子工业区的工友宿舍，发现大多数农民工下班后除了在宿舍玩手机之外，没有什么其他的业余生活，娱乐活动较少、社交面较窄，学习资源也较为匮乏，女性农民工则存在生殖健康和自我保护意识匮乏问题。了解到这些情况之后，机构工作人员通过举办技能培训等活动，让新一代农民工获得了更多相互交流、共同学习进步的机会，帮助他们建立起社会互助关系网络。

二是为工友拍摄纪录片。通过拍摄生活类记录片的形式，让新一代农民工在拍摄中获得重新审视和反思自己的机会。同时，工友之间日常生活状态的分享也是一种很有意义的群内互动，有助于让农民工增进了解，拉近心理距离。

三是开展一系列小组活动。机构工作人员积极鼓励农民工参与小组活动，通过分享自己的生活故事，聆听他人的生活故事，达到增进交流与了解，形成互助支持网络的目的。

四是开展丰富多彩的群体活动。机构工作人员特别针对"90后"农民工设计开展了诸如文艺活动、K歌大赛、户外活动等活动。

从效果来看，天津新市民工友文化活动中心的系列举措取得了较好的效果，园区的新一代农民工下班后不再躺在床上玩手机，而是会更加主动地去参加机构组织的各类小组活动，或者到图书角学习，增长自己的见识、分享自己的故事，社会融入感和归属感得到较大提升。

改革开放四十年来，我国由一个"总体性社会"向"个体化社会"转变，撕裂了原先紧密的社会关系，使得个体越来越孤独与个体化，面对社会中不可确定的风险，个体背负着更多焦虑的可能性。农民工来到城市初期，来自原生家庭的抚慰较为有限，并且缺乏同伴的支持。天津新市民工友文化活动中心通过组织农民工参与各种文娱活动，将农民工从宿舍的小世界中拉出来，加入大群体获得认识与交流的机会，建立较好的亲密关系，有效促进了农民工由个体认同走向团体认同，降低了农民工城市生活的不确定感和焦虑。工友拍摄纪录片保存了农民工群体的共同记忆，在有效拉近个体间关系的同时，有助于形成共同的认识、确认共同的需求。在故事分享环节里，日常生活的忧愁与烦恼帮助农民工之间建立起了"生活世界意义系统"，在诉说与倾听的过程中，农民工得以体验共同的命运感，形成了强烈的"我们"意识，建构起明确的成员身份。社会工作者则借助组织与倾听的过程实现对服务对象"生活世界"的有效参与，从而能更好地强化农民工的参与动机，帮助农民工更加积极地追求对自我生命意义的重构与重新认同并学会正确接纳自我。在项目反馈中，一位工友谈到故事分享中的认识的发言具有代表性："你只有群体满足了，才能满足到个人，你个人去享受的话，你的条件也不允许，也没有这样的关系，更没有这样的能力。"显然，这些努力为农民工群体形成互助合作网络奠定了良好基础。除了这家机构外，北京农家女也有类似的作为。

北京农家女文化发展中心致力于搭建女性农民工的互助支持网络。他们主要关注家政工方面，采取的主要手段是开展家政工互助小组，组织家政工每月聚会，举办家政工戏剧工作坊等，通过这些具有团体性质与聚会性质的活动，为在北京从事家政工作服务的女性农民工搭建了一个可以相互之间平等交流、抒发心声、结交朋友、释放压力的平台。

除了搭建沟通平台外，也有的机构直接从强化组织程度下手，将农民工群体组成一个互助的网络。

深圳市罗湖区贵良社工服务中心是一个服务于深圳农民工的社会服务机构，成立于2012年11月，近年来实施的一个名为"的嫂互助会"的项目颇受关注，取得了显著的成效，使得深圳市罗湖区贵良社工服务中心在农民工服务与社区融入方面获得了较好的口碑。深圳从一个名不见经传的小渔村，发展为现在的国际知名大都市，的士司机的贡献不可忽视。在深圳的的士司机集中居住区具有"业缘+地缘"的特点，他们大多集中住在某些小区，来自相同的几个地级市。的士司机的工作状态决定了他们的家庭生活分工基本是的士司机在外赚钱养家，而"的嫂"则在家照顾孩子和老人。在孩子上学以后，"的嫂"除了在家做饭与接送孩子上下学之外，就没有别的事情可以做。此时，她们便经常三五成群地在社区打麻将，以打发闲暇时光，甚至不少"的嫂"足不出户。这样的生活方式一方面容易引发家庭矛盾，不利于社区精神面貌改善，也不利于孩子的成长；另一方面，足不出户的"的嫂"长期自我封闭，不参与社区事务与活动，容易产生抑郁、敏感，对社会缺乏认同与归属感，不利于社区融合。

针对以上问题，深圳市罗湖区贵良社工服务中心推出了"的嫂互助会服务计划"。主要采取的办法有：一是与"的嫂"建立初步的信任关系。机构工作人员通过动员和利用现有的正式平台与非正式平台，实现与服务对象的沟通交流，建立起初步信任关系。项目初期通过一些正式与非正式的组织关系介入"的嫂"群体之中，在不断接

第八章 社会工作介入农民工社会管理的社会整合路径

触中建立初步的信任。二是将满足服务对象的需求作为行动的出发点。中心的工作人员开展了一些调研，了解"的嫂"们的生活状况，针对一些特别困难的"的嫂"家庭建立服务档案、协助他们解决现有的家庭困境；针对刚到深圳不久的"的嫂"，他们采取了同时推进心理疏导、社区环境介绍、建立支持网络等各种方法，让"的嫂"可以在短期内尽快熟悉周围及社区环境，认识到一些新朋友，重新建立起自己的社会支持网络；针对"的嫂"们的一些共同问题，如夫妻关系、亲子关系等问题，中心工作人员邀请了一些具有资深经验的专家来为"的嫂"们传授夫妻相处之道、亲子沟通之道。此外，中心工作人员还带领"的嫂"们相互交流与学习，促进家庭和谐，增进她们的归属感与社会融入感；为了改善"的嫂"们业余生活匮乏的问题，中心工作人员组织"的嫂"们跳广场舞，邀请专业的舞蹈老师对她们进行培训，还组建了一支以"的嫂"为主体的舞蹈队伍。这个队伍经常参加社区的相关活动表演，一方面展现了"的嫂"们的美丽和自信，另一方面也让社区内部与外部的其他群体更加了解"的嫂"。此外，中心工作人员还针对"的嫂"举办了美容化妆、插花、布艺等各种各样的主题培训，丰富她们的生活，提升她们的审美与情趣。三是组织成立一支以"的嫂"为主体的社区义工队伍，主动参与到社区的大小事务之中，让她们更加融入社区。中心工作人员通过不断为"的嫂"们提供服务，与"的嫂"建立起良好关系，进而引导"的嫂"们加入社区义工队伍。如果有"的嫂"想做社工，中心工作人员就会选派专业人员对她们进行考前培训，帮助她们上岗。社区义工队伍平均每月开办一个义工会议，策划社区服务职能，针对社区内一些残疾人、鳏寡孤独的老人定期开展探访与家务清理服务，并参与到社区安全巡逻与其他社区公共事务之中。四是成立"的嫂互助会"，发掘潜在的"的嫂"领袖，让"的嫂"服务"的嫂"。中心工作人员在前述工作的基础上，帮助组织成立了"的嫂互助会"，加强内部的交流与团结，形成一个互帮互助的氛围，有效达至助人自助的目标。

相比天津新市民工友文化活动中心和北京农家女搭建平台的工作

方式，深圳贵良则在帮助农民工巩固群体内关系，以及建立自助组织上发挥了更大的作用。他们做了大量工作，不仅包括帮助"的嫂"介绍新朋友，组织"的嫂"参加群体性活动，而且还直接促成"的嫂"形成自己的组织——"的嫂"街舞队、"的嫂"社区义工服务队、"的嫂"互助会等。"现在社区里的治安巡逻任务、卫生劝导等任务基本被'的嫂'包了。"社区书记十分感慨。"参与更多的社区活动后，大家互相认识了，邻里也都熟络了，关系也更融洽。"参加活动的"的嫂"们感受到明显变化，对社区的归属感更加强烈。这种归属感产生了积极效应，进一步增强了她们自发组织活动的信心。从2014年3月至2017年将近三年时间，在贵良社工服务中心的帮助下，"的嫂"开展了近200场妇女兴趣交友活动、30多场外来老人服务、40多场环保主题活动、6届来深留守儿童夏令营，充分满足了"的嫂"及其家属的多样化需求。在这些活动中，"的嫂"们参加了所有活动的设计和实施，是活动的主要组织者和参与者，充分展现了她们的组织能力、创造力，以及自我提升自我改变的能力。社工的主要作用是帮助协调与社区的关系。显然，没有深圳贵良的社会工作者们，就不会有"的嫂"们的组织，但是没有"的嫂"们的积极参与，深圳"的嫂"就不可能实现持续的组织，保持持续的活动能力。特别是项目后期，"的嫂互助会"已经有了自己的"领袖"和吸引力，具备了自力更生和帮助其他农民工的能力，甚至在社区拆迁、社区防控等方面发挥了重要作用。深圳贵良的社会工作者成功帮助深圳"的嫂"实现群体增权的案例，充分体现了社会工作知识框架中增权取向的科学性，以及社工机构在帮助农民工提高社会整合能力，进而融入社区方面的重要作用。通过上述案例的深入分析，我们不难发现社工机构能够发挥重要作用的原因。

一是对生态系统理论和增权取向知识框架的巧妙应用。我国传统农民工社会管理工作成效不明显，其重要原因在于没有从社会整体的视角看待农民工的城市融入困境，没有看到社会整合对于农民工实现城市融入和自我发展的作用，只是寄希望于通过政策条文加强对农民工的保护来实现农民工的城市融入，因此，在这方面几乎毫无作为。

并且地方政府仍然站在政府本位,希望通过吸纳少量农民工进入工会这类官方组织来强化对农民工的控制,却没有考虑到让农民工成立属于自己的组织来服务他们自己。相比之下,以上三家社工机构,尤其是深圳贵良的工作就先进和到位得多。他们巧妙地运用了社工的知识框架,推动农民工群体内部加强互动和交流,帮助农民工成立自助组织,并通过农民工自助组织影响和服务更多农民工。就社会工作来看,农民工的想法和实际参与的行动,比项目预定的发展规划更加重要。现在活动丰富多彩,行政上给予了很多资源,邀请农民工朋友来参与,若有一天社工资源撤离了,需要农民工动手了,我们的农民工是否能够自己行动起来?自助组织的成立使得接受服务的农民工获得了自助的能力,进而社会工作结束服务过程,实现服务退出得以实现。

二是对农民工社会管理走向自我管理的追求。当前我国政府对农民工自组织并不完全信任,因此相关政策支持非常少,这使得农民工不能在社会管理中发挥自己的作用。然而,已有无数的研究表明,由农民工组织帮助农民工,由农民工组织解决农民工群体的内部矛盾能够取得更好的效果。"我们追求的并非只是扎根农民工服务,更重要的是希望能够在农民工群体中培育出自助能力。因此,我们在农民工服务项目推进过程中一直在考虑形成退出机制,试图在单纯性的活动组织方面考虑机构的逐步退出,不再走社工机构单方面发起活动的路子,而是激发农民工参与的意识、培育农民工自组织能力,更多依赖农民工的资源来组织活动,事实证明这样做效果还是挺明显的,农民工完全可以自我管理、自我教育、自我服务。"一位社工人员在谈到农民工自我管理时这样说。

当然,由于农民工本身的组织能力不够强,在早期必须需要借助社工组织的帮助。天津新市民工友文化活动中心通过各种服务让农民工建构起共同记忆,唤起集体情感,为他们组织起来打好了感情基础。深圳贵良则以循序渐进的方式,通过加强沟通、组织活动、组建队伍和培育领袖等,一步步将深圳"的嫂"组织起来,"的嫂互助会"也的确没有让人失望。这些案例都说明,只要社工机构在项目服务中专注于农民工之间的交往互动,坚持慢慢来,不求一步到位,只求步步向前的原则，为农民工自我管理提供良好的平台，农民工服务就完全可以实现从求农民工来玩，到带农民工玩，再到陪农民工玩，最后到看农民工玩的层层递进。

2. 亲子关系改善案例

农民工群体内整合不仅包括农民工与农民工之间的社会整合，还包括农民工家庭内部的社会整合。前文已经强调了农民工家庭内亲子关系的重要性，亲子关系的好坏还影响到农民工子女以后的社会整合。已经有许多社工机构注意到这一点，并在这方面做了许多工作。

北京行在人间文化发展中心是一个专门从事流动人口研究与服务的公益机构，成立于2009年。该机构推出了一个名为"希望社区"的社区发展项目，旨在帮助农民工随迁子女实现更好的社会融入。他们的主要措施包括了对随迁子女进行课业辅导，帮助随迁子女提升学习成绩与学习能力；发展兴趣小组，培养随迁子女的兴趣爱好，丰富随迁子女的课余生活；开展特色教学，拓宽随迁子女的知识面；举办公民课堂，让随迁子女对社会规则与法律知识有一定的了解，提升维护自身合法权益的意识和能力；成立成长小组，探索长期跟踪随迁子女成长成才的模式，做好每一阶段的辅导教育工作；举办家长学校，对随迁子女的家长进行再教育，以纠正家长错误的教育观念与教育方式，缓解亲子关系的紧张状态，实现农民工随迁子女家庭的和谐。

经过北京行在人间文化发展中心一系列的努力和行动，该项目取得了显著的成效。主要表现在：一是农民工随迁子女的活动参与度较高，心理与行为方面改变较大。随迁子女普遍存在自卑心理，比较害羞，不喜欢与人沟通。为改善这一状况，中心工作人员在活动过程中特别重视引导他们遇到困难和问题时主动寻求帮助。比如，有些随迁儿童比较害羞，不敢开口问路，工作人员就会教导他们一些具体技巧，并适时鼓励他们大胆主动地与人沟通，寻求帮助，从而锻炼随迁儿童的人际交往能力与心理素质。二是亲子关系得到改善，农民工家庭得到良性发展。工作人员通过一个"亲子农场体验活动"的项目，让随迁子女和家长共同参与到活动中来。家长与子女必须通过通力合作在农场中进行劳动，用自己的劳动成果才能换来活动当晚的伙食与住宿。通过这些活动,农民工及其随迁子女之间的互动和交流得到加强,心理距离进一步拉近,患难与共的情感效应增强,亲子关系得到很大程度的改善。

北京行在人间从改变农民工父母教育观念和举办亲子活动入手,改善农民工家庭的亲子关系,取得了良好的成效。而亲子关系改善后,农民工子女自身的心理素质也得到了提升。这说明社工机构工作的确能够解决政府部门不能解决的问题。在这方面,青岛你我创益的工作也值得介绍。该机构的工作主要是:

开设父母课堂和举办亲子活动,纠正农民工父母一些错误的教育理念和生活理念,使得家庭关系与亲子关系更加和谐。他们开展的亲子活动包括亲子烘焙、葡萄采摘、亲子趣味运动会等多种形式,通过这些活动,服务对象获得了父母与子女相互合作、共同克服困难的机会,实现了亲子间亲密合作和有效沟通,有效拉近了亲子关系的距离。此外中心还组织成立了爱心成长互助会,建立起一个连接孩子、家长与老师的信息交流平台。

青岛你我创益的经验可以总结为从提升儿童能力与素质入手,通过介入家庭,改进亲子关系、家庭关系,进而实现社区和谐。

农民工社会管理要做到以农民工为本,以满足农民工的需要为出发点,单纯靠政府的行政渠道力量是无法实现的。北京行在人间和青岛你我创益的工作向人们充分展示了这样一个图景:在地方政府和其他社会组织难以触碰的社会服务领域,社工机构用其工作方式柔性化和人性化、工作触角家庭化和无缝化的优势承担起了重要责任,有效实现了以农民工需要为本的服务管理。

3. 推进社区融入案例

融入社区是最重要的群体外的社会整合。社区感意味着成员的归属感,是成员彼此间及与所在团体的情感,以及成员通过共同承担工作满足自己需求的一种共享信念,社区感共有四个元素:资格、个人和社区的相互影响、整合、满足需要共享的情感联结。[1] 农民工的社

---

[1] 李须等:《社区感:概念、意义、理论与新热点》,《心理科学进展》2015年第7期。

区感通常很难在生活中自发地产生,更需要借助社会工作机构的介入,借助社区活动的动员性参与来激发。就这个意义而言,社会工作推动农民工社区融入,最核心的任务是要在社区情境之中助力农民工社区感的建立,即扎根于社区内,通过适宜的社区服务,引导农民工与社区居民开展沟通与互动,建构相应的公共生活,实现农民工归属于此地的情感确认。

深圳北斗社会工作服务中心是深圳市首批社会机构,专门从事社会工作服务。该中心推出的"倦鸟有巢"项目,大大改善了农民工随迁老人的社会融入问题。他们的做法主要有:一是建立"一家亲"老人会堂。中心工作人员为随迁老人开展了诸如广场舞、合唱团等活动,为随迁老人举办生日宴会、游园会、分享美食与自己家乡的特色等活动,不仅丰富了随迁老人的业余生活,而且也增进了彼此的交流与了解。二是开办"社区学堂"。中心工作人员为随迁老人开办了社区学堂,帮助老人认识和了解自己生活的社区,以及所在城市的文化。举办诸如定向游玩、城市图片展览等主题活动,增强随迁老人社区归属感与融入感。三是创办"手工坊"。中心向老人们提供免费教授手工课程,帮助他们提高动手能力,在增加老人归属感的同时帮助他们增加收入。深圳北斗社会工作服务中心这些举措取得了显著的成效,一方面是随迁老人的社区融入感和幸福感大大增强,大部分随迁老人舒缓了不适应的情绪,缓解了孤独感;另一方面是随迁老人的业余生活更加丰富多彩,并产生了对其他群体与社区的溢出效应。

农民工随迁老人是一个最容易被忽视的群体。由于远离故土,原有的社会支持系统,包括以往熟悉的生活情境、生活方式、社会规则、人情世故等,都发了很大的变化,很多农民工随迁老人都出现了不能适应城市生活的问题。在深圳北斗的随迁老人项目中,社会工作机构帮助老人建立起一系列与社区的接触途径:一是从日常生活入手的生活性接触,二是借助社区学堂补足历史性接触,三是运用手工坊建立经济性接触,经由种种接触途径,随迁老人与社区其他群体、与社区本身建立起"令人愉快的合作关系",有效消除了老人对城市生活的不适应,为老人迅速熟悉城市生活的各种规则、了解城市文化提供了契机。这些接触由于基于日常生活甚至基于共同的经济利益具有长期持续存在与发展的基础,从而为老人带来了频繁的社区交往,实现了老人间不同语言、日常生活习惯、价值观和规范等持续交流,进而强化了老人与整个社区正面的感情联系,最终使老人对整个社区产生了强烈的归属感,实现了"倦鸟有巢"的预期目标。

除了深圳北斗这种直接干预方式,社会工作机构还可以借助社区集体行动帮助农民工融入社区。王海洋的一项研究中介绍了一家简称"Y"的社工机构通过成功组织"关爱社区环境、人人参与"的大型社区活动,使社区各利益相关方开始关注自己生活社区的环境议题,并从自己开始尝试改变的案例。在促进各方参与的过程中,作为社会组织的"Y"社工中心起到了桥梁作用,使得原本没可能合作的社区利益相关方实现了合作的可能,[①] 而社区利益相关方中就包括了农民工群体,这说明借助强大的资源链接能力和活动组织能力,社会工作可以通过构筑社区集体行动,搭建农民工社区内的社会支持系统,使得农民工对社区产生归属感,成功实现农民工社区感的建设。

[①] 王海洋:《社会工作推动"服务型"社会治理的实践路径——以流动人口社区社会资本建构实践为例》,《社会工作》2016年第4期。

第九章 社会工作介入农民工社会管理的增能赋权路径

在农民工社会管理过程中,作为管理对象的个人应该成为参与管理、改变自身弱势的能动的主体,而不仅是政府管理的被动接受者。农民工社会管理的善治很大程度上依赖于农民工自身发展能力的提升。增能取向的社会工作在具体实践中积极帮助农民工增加人力资本、转变思想观念和行为习惯,着眼于增加农民工的能力,这一过程可以被称为社会工作介入农民工社会管理的增能赋权路径。

一 农民工权能的基本状况

就社会工作来看,农民工面临的问题和困境,除了社会结构的因素外,也与农民工自身有关。农民工通过自身的勤奋努力工作极大地改善了自身的经济地位,并努力适应城市生活。但是受制于诸多因素的影响,农民工权能不足仍然是其城市融入的主要障碍。

1. 人力资本不足

我国的农民工群体可以分为老一代农民工和新生代农民工两个群体。老一代农民工受教育程度极低,平均受教育程度在小学或初中水平,甚至有一些老一代农民工不识字,这使得他们只能从事体力劳动。不过,老一代农民工的优势在于能够吃苦耐劳,并在多年的外出务工中掌握了一定的工作技能,这部分弥补了受教育程度的不足,使得他们在城市的建筑业等重体力劳动行业具有很强的就业优势。由于我国义务教育的实施和高中高职教育的发展,新生代农民工的受教育程度要显著高于老一代农民工。有调查显示,新生代农民工有高中或高职学历的占新生代农民工总数的62.1%①,远远高于老一代农民工。不过,与城市同龄劳动力而言,新生代农民工受教育程度依然相对较低,特别是在接受高等教育的比例方面要远远落后。王春超等的一项时序研究就发现,尽管自2000年到2009年四个截面的数据表明,由于新生代农民的注入,农民工群体整体受教育水平在提高,但是相比同期城市市民的受教育水平提高程度而言,农民工的受教育程度劣势依然非常明显,而这一劣势使得农民工群体难以走出贫困。② 此外,新生代农民工还有一个重要劣势,他们没有父辈吃苦耐劳的精神,且由于工作经验有限,专业技能水平不高,使得他们不仅难以进入主要劳动力市场,即便在次要劳动力市场的优势也一再丧失。总体来说,两代农民工群体的人力资本储量均不足,而城市主要劳动力市场普遍对于受教育程度和专业技术水平有较高要求,广大农民工群体难以满足主要劳动力市场的要求,就只能进入脏、苦、累的次要劳动力市场就业。相关调查显示,农民工当前的就业行业分布为:16.4%的人就业于建筑业,10.6%的人就业于居民服务业,10.5%的人就业于商务服务业,10.5%的人就业于电子电器业,10%的人就业于住宿餐饮业,9.4%的人就业于机械制造业,9.4%的人就业于交通运输及仓储业,8.9%的人就业于制衣制鞋业(纺织服装)。③ 这些行业的工作强度大,条件差,薪资低,是典型的次要劳动力市场岗位。农民工的这种就业分布在很大程度上是由其较低的人力资本水平决定的。

人力资本不足还是造成农民工"短工化"趋势的主要原因。所谓"短工化",是指农民工在同一工作单位或者同一工作岗位上工作持续时间短,工作转换次数频繁的现象。农民工在进入劳动力市场时面

---

① 赖显明:《新生代农民工受教育程度与城市融入关系的统计分析——以广州市为例》,《南方农村》2014年第1期。
② 王春超、叶琴:《中国农民工多维贫困的演进——基于收入与教育维度的考察》,《经济研究》2014年第12期。
③ 纪韶:《中国农民工就业状态的调研》,《经济理论与经济管理》2011年第2期。

临的人力资本不足、市场信息不对称的现实状况，迫使农民工只能在择业中采取"先谋生，再发展"和"边工作，边学习"的模式，在反复"试错"中去实现知识增长，技能提升。但是"试错"虽然能够获得多种技能的机会，却难以让农民工获得技能积累并进而形成"一技之长"。[1]而在激烈的市场竞争中，职业序列的高低往往与职业技能的积累具有高度正相关关系。由于缺少技能积累，未能形成"一技之长"，农民工的职业流动很难"向上流动"，大多为跨区域的"水平流动"，甚至随着年龄的增长呈现"向下流动"。

2. 思维观念冲突

农民工及其子女要实现融入城市，必须认同城市文化，习得城市的价值观念和行为习惯。没有对城市文化的认同，城市融入便失去了实际内涵和精神动力，城市融入就是名副其实的"伪融入"，[2]而如果不能习得城市的价值观念和行为习惯，农民工群体便很容易继续遭受城市市民的排挤，难以实现市民身份的转变。特别是对于新生代农民工以及农民工子女而言，他们的城市融入愿望和市民化愿望往往非常强烈，但市民化过程中的诸多文化压力却让他们无所适从。

具体而言，城市融入过程中的文化压力主要有：（1）群体关系的差异。新生代农民工的人际关系交往技巧主要来自父辈继承，而父辈以血缘亲疏为基础的群体人际交往技巧往往无法有效应对复杂化、多元化的城市人际关系，这使得新生代农民工及农民工子女在城市交往中容易受挫。（2）社会规范文化的冲突。对城市居民来说，遵守法理天经地义，但农民工群体更讲究人情，即便是新生代农民工和农民工子女也不能完全转变过来，这使得农民工及农民工子女的社会行为容易越矩。（3）城乡生活方式的差异。农村自给自足、小富即安、小农心理等生活方式，具有个体本位特点。而城市居民的生活方式具有群体本位特点，这使得农民工及其子女常常因为举止谈吐而被污名

---

[1] 李萍：《"发展型"择业观、工作转换与新生代农民工职业的"去体力化"》，《青年研究》2017年第2期。

[2] 廖全明：《发展困惑、文化认同与心理重构——论农民工的城市融入问题》，《重庆大学学报》（社会科学版）2014年第1期。

化为"不礼貌""不文明"。(4) 价值观念的冲突。受乡土社会传统观念的影响,农村工及农民工子女容易养成热情好客、安分守己等价值观念,面对城市文化中的重利轻义、个人主义价值取向,成年农民工很容易对城市感到失望,或者走向更加重利轻义和个人主义的极端,农民工子女则容易受到伤害和不自信,进而在价值观念上无所适从。农民工特别是新生代农民工和农民工子女在以上方面与城市居民的显著差异对于其城市融入而言是极为不利的。

3. 主体参与不足

阿马蒂亚·森指出,"个人是被看作是参与变化的能动的主体,而不是分配给他们利益的被动的接受者""从最根本的意义上讲,个体的主体地位对于消除贫困、饥荒和剥夺等具有中心意义"。[①] 农民工社会管理中如果没有农民工的主体性参与,没有赋予农民工利益表达的合法路径与空间,那么政策文本的设计就有很大可能与农民工需求相去甚远,政策执行的过程就有很大可能走样变形,甚至伤害到农民工的利益。从课题组的调查来看,当前农民工的社区参与、组织参与都存在严重不足。

首先是社区参与水平较低。社区是农民工社会交往和城市融入的基本场域。按照参与的门槛高低,农民工社区参与可以分为四个层次,第一层次的参与是对社区的公共设施的使用状况和对社区文体活动的参与;第二层次的参与是和社区内的组织如居委会、物业和社团组织打交道;第三层次的参与是参加社区业委会活动和志愿者活动;第四个层次是参加社区工作(如担任楼长、参加治安巡逻等)和参加社区选举。其中,社区公共设施和文体活动的参与是最浅层次的,没有任何门槛要求的。在走访的社区中,我们发现社区的公共设施和文体活动都是面向社区人群免费开放的,正如一位社区工作人员所说,"只要你来,就可以使用这些设施,参加这些活动,甚至不要求住在社区,走过路过不要错过就行"。第二层次的参与是农民工在生

---

① [印] 阿马蒂亚·森:《以自由看待发展》,任赜、于真译,中国人民大学出版社2012年版,第24—25页。

活中密切接触的组织,即使农民工不主动,居委会和物业也会根据自身工作的要求主动联系社区内的农民工,这类参与有地域的限制。第三层次的参与是业委会活动和志愿者活动,这类参与对农民工的时间、主动性等要求比较高,农民工需要付出一定的参与成本。第四层次的参与是最高层次的参与,包括社区工作参与和社区选举参与,这两种情况下对农民工的社区成员资格要求最高,门槛条件最高。据我们 2016 年的调查数据显示,不管是没有门槛的一类参与,还是门槛条件高的四类参与,农民工的实际参与状况都不容乐观,其中参与度最高的是使用社区公共设施,但是也仅占被调查者总数的 41%,参与度最低的是社区选举,其比例仅为 14.1%(如表 9-1 所示)。

表 9-1　　　　　　　　农民工的社区参与状况　　　　　　　　单位:%

		有参与	没有参与
一类参与	社区的公共设施使用	41	59
	社区的文体活动	23	77
二类参与	与居委会打交道	23	77
	与物业打交道	30.8	69.2
	与群团组织打交道	22.6	77.4
三类参与	参加业委会活动	14.8	85.2
	参加志愿者活动	18.4	81.6
四类参与	参加社区工作	15.1	84.9
	参加社区选举	14.1	85.9

其次,组织参与严重不足。托克维尔在《论美国的民主》一书中强调了社会组织在民主政治中的重要性,他写道:"美国人……无不时时在组织社团。……为了举办庆典,创办神学院,开设旅店,建立教堂,销售图书,向边远地区派遣教士,美国人都要组织一个团体。他们也用这种办法设立医院、监狱和学校。"[①] 他认为,美国人在应

---

① [法]托克维尔:《论美国的民主》,董果良译,商务印书馆 1989 年版,第 635 页。

对公共问题时的第一本能是进行集体行动，在自愿基础上自动自发组织起来，组建拥有共同利益的社团来寻求解决问题的办法。农民工作为单独的个体，在面对强大的政府、企业时无疑是弱势的一方，而加入某个组织或自己组织起来则是农民工增加自身分量的理性选择。有学者对农民工的调查显示，"占85%的人认为应该成立农民工工会或农民工协会之类的维护农民工利益的组织。占75%的人明确表示愿意加入农民工工会或农民工协会"。[1] 但是现实的情况是，农民工的实际组织参与率并不高，根据我们2014年的调查结果，41.6%的农民工并没有加入任何组织，在工会组织、工友互助组织、工友兴趣团体、工友维权组织、义工社团组织、同乡会组织等类型组织中，只有同乡会的参与比例稍高，达到15.2%。较低的组织参与现状无疑不利于农民工的城市融入和农民工的自我管理。

4. 身份认同内卷

这对于新生代农民工以及农民工子女尤其如此。根据美国人类学家戈登威泽（Goldenweiser）的观点，"内卷化指一种文化模式达到某种最终形态以后，既没有办法稳定下来，也没有办法使自己转变为新的形态，取而代之的是在内部变得更加复杂，即系统在外部扩张条件受到严格约束的条件下，内部不断精细化和复杂化的过程。无论从新生代农民工对自身的群体认识，还是外在社会对其的认识，都出现了难以向更深层次转化的现象，即出现了新生代农民工社会认同的内卷化"。[2] 与老一辈农民工相比，新生代农民工及农民工子女既生活在一个更好的年代，也生活在一个更坏的年代。他们有更多的受教育机会和流动机会，因而受教育程度普遍比老一辈农民工群体要高，同时也在更早的生命阶段进入了城市，不必将自己束缚在"面朝黄土背朝天"的辛苦的农村生活中，可以实现向市民的转变。但同时，他们也注定要面临更加艰难的社会处境。一方面，他们几乎已经抛弃了农村

---

[1] 姜胜洪：《和谐社会视野下的农民工政治参与态度探析》，《前沿》2008年第2期。
[2] 汪国华：《新生代农民工交往行为的逻辑与文化适应的路向》，《中国青年研究》2009年第6期。

的生活方式和生产技能,且不愿意像父辈一样告老还乡,而是向往着成为城市市民,希望被城市接纳;但是另一方面,由于受到制度、经济、文化等外在因素影响,他们仍然难以融入城市。他们处于"留不下的城市,回不去的农村"的双重脱嵌状态,[1] 在城乡夹缝中左右为难,进退失据,从而不得不陷入自身身份认同内卷化的困境。

陷入身份认同困境的新生代农民工及农民工子女逃离这一困境的重要办法是构建自己的亚文化。而根据学者的研究,依托这一亚文化的农民工群体笃信自由主义与自我主义,其自发性、随意性很强。面对难以改变的现实,他们不得不在理想上妥协和忍让,进而形成了对待爱情推崇"快餐爱情"和"单身文化",对待社会不公则以"愤青"与情绪化的表达宣泄内心的不满,反叛阶级、种族、性别主流文化的意识弱化,取而代之的是以狂欢化的文化消费来抵制主流都市文化的行为特征。[2] 新生代农民工及农民工子女的亚文化是不健康的文化,这种亚文化与新生代农民工城市犯罪有很大关系。[3] 身份认同内卷化严重危害农民工群体及其子女的发展。

5. 心理健康堪忧

对于农民工及农民工子女而言,城市是一个陌生场域。在这个陌生场域,农民工及其子女往往会遭遇以下情况:(1)精神生活单调乏味引起情感上的孤独和无助。农民工群体多在次要劳动力市场工作,他们的工作时间长,闲暇时间短,且休假机会少。这使得大部分农民工不得不常年保持车间—食堂—宿舍三点一线的生活模式。老一代农民工基本上没什么文化娱乐活动,新生代农民工及农民工子女则多将闲暇时间打发到了网络游戏中。精神生活单一枯燥,使得他们时常感到城市生活的空虚无聊和孤独无助。[4](2)现实与理想的落差导

---

[1] 黄斌欢:《双重脱嵌与新生代农民工的阶级形成》,《社会学研究》2014 年第 2 期。
[2] 倪文聪、刘伟杰:《90 后农民工群体亚文化的实证调研——深入合肥市探求"新生代民工文化"的基态》,《中国市场》2012 年第 40 期。
[3] 王向阳:《从"需要层次"和"亚文化"理论分析新生代农民工犯罪原因》,《经济研究导刊》2012 年第 14 期。
[4] 廖全明:《发展困惑、文化认同与心理重构——论农民工的城市融入问题》,《重庆大学学报》(社会科学版)2014 年第 1 期。

致心理失衡乃至行为偏差。外出务工的农民工,尤其是新生代农民工大多有强烈的改变自身的愿望,但受限于制度以及人力资本不足,他们又大多只能进入收入低且工作不稳定的次要劳动力市场就业,这意味着他们很难通过进城务工从根本上改变自身处于社会底层的现状。这种现实与理想的落差容易使农民工备受挫折。城市中处处可见的不公平和歧视还会引起农民工群体将自身的困境完全归咎于社会,进而引起更强烈的心理失衡,进一步带来行为偏激的越轨行为,最终可能使农民工走向融入城市的反面——对城市采取报复行为。农民工越渴望融入城市,就越可能因为挫折而形成强烈的心理落差,进而对融入城市失去信心。

二 社会工作介入的主要策略

社会工作相信人之所以与环境交流之间出现障碍,以致无法实现自己的能力和价值,主要是由于环境对于个人的压迫和限制,社会工作要着眼于增加人的能力,以摆脱环境对人的束缚。同时,社会工作也坚定地认为,人们的权力来源于他们自身的努力,而不是别人的给予。如果发展计划和救济计划并非依赖于人们自身提高而做出的努力,那么它们可能影响人们自身权力的获得。[1] 因此,从某种意义上说,社会工作服务的过程就是一个持续的向农民工赋权和促进农民工增能的过程。在此,赋权和增能是同一个过程的两个结果,农民工由此过程将获得改善生活的力量和盼望。具体而言,社会工作相应的行动策略包括以下几点。

1. 技能培训

阿马蒂亚·森的可行能力理论认为,发展是扩展人们实质自由的过程。而自由的实质意义在于人们能够享受其有理由珍视的那种生活的可行能力,那么发展则意味着能力的扩展和提高。在森看来,人们

---

[1] 高万红:《增能视角下的流动人口社会工作实践探索——以昆明 Y 社区流动人口社区综合服务实践为例》,《华东理工大学学报》(社会科学版) 2011 年第 1 期。

对商品的需要是相对的,而对能力的需求则是绝对的,贫困不只是存在于生活基本品方面,其真正的含义在于贫困人口的能力贫困。在森看来,能力与社会机会密切相关,能力弱势会导致社会机会的进一步缺乏。① 舒尔茨则认为,教育、健康、在职培训、有关职业机会信息的探求,以及向其他地方进行迁移的投资,基本上决定了工资和薪金的结构。② 周小刚在对江西农民工进行调查后发现,教育程度、技能等因素对农民工的工资水平有显著影响。③ 显然,为农民工提供的就业帮助、经济援助、情感支持等具体支持仅仅只是"授之以鱼",并不足以解决农民工的全部问题,帮助农民工积累和提升发展能力的"授之以渔",才是农民工获得美好生活的立身之本和争取社会机会的最重要砝码。正是基于这种认识,社会工作十分重视农民工的教育培训,期待农民工通过人力资本积累,提高城市融入的能力。

在具体实践中,社工机构可以采取以下策略帮助农民工提高技能。其一,通过教育培训,提升农民工的知识水平和就业技能。社工机构既可以举办各种就业技能培训班或文化知识培养班,提供诸如 office 工作软件操作、公文写作、文学艺术等具有基础性质的课程内容,也可以深入工厂企业,开展与特定行业密切相关的教育培训。其二,开展系列主题活动,发放相关材料,传播各种知识和技能。例如,开展法律知识宣传、安全生产意识宣传等,增强农民工的法律意识和安全生产意识,这同样是在增加农民工个体的人力资本和就业能力。

2. 观念养成

农民工长期在农村生活,其思维观念和行为习惯难免具有乡土性,而新生代农民工及农民工子女则往往沉浸在与城市主流文化格格

---

① [印]阿马蒂亚·森:《以自由看待发展》,任赜、于真译,中国人民大学出版社 2012 年版,第 15 页。
② [美]西奥多·W. 舒尔茨:《论人力资本投资》,徐茜等译,北京经济学院出版社 1990 年版,第 9—15 页。
③ 周小刚:《中部地区城镇化进程中农民工市民化问题研究——以江西为例》,博士学位论文,南昌大学,2010 年,第 117 页。

第九章 社会工作介入农民工社会管理的增能赋权路径

不入的亚文化之中,而这些乡土性和亚文化往往是城市市民所厌恶和指摘的。要想改变农民工的思维观念和行为习惯,要想让新生代农民工及农民工子女走出亚文化圈,投入城市主流文化,需要投入大量的时间精力以及细致入微的工作。然而,这对于政府部门来说是不可想象的。一方面,政府部门不会将大量时间精力投入这样一件见效慢且收益不大的事情上去;另一方面,由于没有扎根传统,他们也很难提供细致入微的帮助。相比之下,社工机构具有扎根传统,社工机构及其工作人员长期处于服务农民工等弱势群体的第一线,与服务对象建立起了稳定的联系和深厚的关系,能够深入农民工及其子女的内心开展工作。

具体而言,社工机构可以采取以下行动策略:其一,开展思想观念和行为习惯培养的主题班会,帮助农民工及其子女理解城市思想观念的现实基础和意义,以及模仿城市市民举止谈吐,并养成相应的行为习惯。不过,在这一活动中,社工机构要着重注意不要"污名化"农村文化符号和新生代农民工亚文化的文化符号,以致造成情感伤害。其二,通过与农民工交朋友,通过日常的交往活动,以潜移默化的方式帮助农民工逐渐改变自身的思维观念和行为习惯。特别是要强调与农民工个体及农民工子女之间进行情感交流和思想沟通。这样做的好处在于一方面帮助农民工群体适应现代城市生活的要求,另一方面也尽量尊重农民工的尊严和意愿,而不至于令农民工群体感到尊严受损。

3. 潜能发掘

农民工群体是政府和公众眼中理所当然的弱势群体。在政府和公众看来,农民工群体无力依靠自己改变现状,只能通过他人的帮助才能实现自我发展。这一既定认识虽然有其正确性,但也遮掩了部分事实,即农民工同样有自身的优势所在,并且能够在改变命运中发挥重要作用。政府和公众看不到农民工的优势,因而往往采取施舍的方式帮扶农民工,这样做不仅不符合农民工的真实需要,而且往往是治标不治本,不能从根本上改变农民工所处的弱势地位。然而,在社工的"优势视角"看来,任何服务对象都有其优势所在。社工介入农民工社会管理与单纯的政府管理最重要的区别就在于社会工作会挖掘农民工的优势,并将农民工的优势视为重要的管理资源,将农民工视为社会管理的能动性主体,倡导立足于农民工的生活实际,在实践性生产与再生产中寻求农民工社会管理的善治答案。

具体而言,社工机构可以通过以下方式来挖掘农民工的内在潜能:其一,通过各式各样的教育激发与行动能力培养活动,让农民工及其子女重拾信心,激励农民工群体发挥自身主体性,并协助农民工群体或个人获得必要的资源和能力,促使他们不仅勇于承担行为责任,而且愿意并能够和其他人一起行动,以达到共同的目标与社会改变。[①] 其二,推进案主自决。充分认识到农民工的主观能动性,通过双方的协商与合作、在确立共同目标的基础上通过共同努力,共同推进农民工明晰对未来生活的规划和规划的实施,以帮助农民工实现满足生存和发展的各种需要。这样做的好处还在于使农民工站在与社工机构平等的位置上,实现农民工社会管理的既定目标。其三,吸纳农民工成为志愿者。社会工作机构敏锐地意识到农民工开展农民工服务的优势,通过在社会服务行动中帮助那些积极参与的农民工提升表达能力、信息获取能力、人际交往能力、自我反思能力,使之成为组织的核心志愿者,乃至培育成为新的专业社会工作者,从接受服务的对象成长为提供服务的助人者。

三 社会工作介入的案例分析

从增能赋权路径介入农民工社会管理,是社会工作区别于常规政府管理的突出特质,通过提升作为管理对象的农民工的可行能力,增强农民工主体性,社会工作成功使农民工从以往单纯的管理对象成长为管理主体,从管理活动中的被动参与者成长为主动参与者,显著增强了社会管理的活力。据本研究所搜集到的53家社工机构资料表明,每家社工机构都做了这方面的工作。由此可见,社工机构通过增能赋

---

① 周佳:《处境不利儿童发展权保护研究》,黑龙江教育出版社2010年版,第73页。

权路径参与农民工社会管理的热情。以下案例展示了社工机构如何通过增能赋权路径为农民工社会管理目标实现做出的突出贡献。

1. 技能培训案例

教育和培训能够直接提升农民工个体的能力，其成效直接而显著，因而，几乎所有的社工机构都很注重对农民工自身能力与素质提升的培训，特别是与工作相关的能力与素质方面的培训。课题组整理了11家社工机构的培训情况，整理结果如表9-2。

表9-2　　　社会工作机构开展农民工教育培训项目情况

培训大类	城市	机构名称	培训项目	效果
就业技能类	北京	农家女	电脑、英语、家政、护理	为近五十名打工妹提供了就业岗位
	北京	工友之家	电脑维修、软件使用、法律知识	直接辐射群体达30万—50万人
	天津	新市民工友	计算机、英语	
	广州	法泽	商务英语、美容彩妆、写作班	参加学习28751人次
	兰州	崇德	普通话、面点制作、刺绣编织	累计为3500名妇女提供培训
	长沙	他乡	计算机、法律	联合国千年发展目标基金项目子项目
	深圳	贵良	布艺、美容化妆	
工作安全意识类	北京	一砖一瓦	职业安全培训	
	兰州	德慧	自救技能培训、防拐知识培训	
	长沙	培源	法律知识讲桌	
	昆明	绿砖瓦	安全培训	

从表9-2来看，社工机构提供的相关培训种类齐全，且内容丰富。就就业技能类培训来看，不仅包括当前就业市场的常用技能，如办公软件使用，特别是生活服务行业的就业技能，如家政、美容化

妆，也有一些颇具特色的就业技能培训项目，例如刺绣编织、布艺等。就工作安全意识类来看，则涵盖了安全生产、紧急自救和法律保护等。这些技能培训将极大提升农民工个体的人力资本存量，进而在一定程度上解决农民工的就业困难。例如，北京农家女和兰州崇德的培训就直接带动了许多农村妇女走向了劳动力市场。而为了深入了解社工机构在这方面是怎样工作的，本报告还提供了以下案例。

北京一砖一瓦文化发展中心是一个致力于建筑工人生活与工作的社工服务机构。他们通过秉承专业的社工理念与方法，通过"进工地、进社区、进班组、进企业"等方式开展社区学堂、职业安全培训的研究、宣传与倡导。北京一砖一瓦文化发展中心从2013年就开展了"建筑业农民工职业安全预防宣传与培训"项目，得到了包括北京市温暖基金会等诸多单位的支持；该机构于2014年开展了"安全文化行——创新建筑业职业安全预防教育模式"的活动，也得到了诸多单位的支持与肯定。

北京一砖一瓦文化发展中心的主要做法有：一是进入社区和企业开展参与式职业安全预防教育项目。主要面向一线的工人及其企业安全管理人员。职业安全教育是建筑工人做好安全生产与预防的重要路径与方法。通过借鉴建筑企业开展职业安全预防教育与培训的相关经验，北京一砖一瓦文化发展中心的工作人员与劳动保护、安全工程、社会工作等诸多专业的师生一起，通过参与式手法，结合建筑工人本身的特点及其文化知识水平，设计了一系列适合建筑工人特点的职业安全培训课程，通过诸如小游戏、小组讨论、现场模拟、视频播放等各种参与式形式，调动了建筑工人参与培训的积极性。中心工作人员在培训以后通过公平合理的程序，选出了表现积极良好的建筑工人，授予"安全生产标兵""安全生产宣传大使"等一系列称号，使工友之间的相互影响与作用得到有效发挥。

二是开展职业安全生产专题的系列活动。中心工作人员结合每年安全生产月的主题，策划与开展安全生产月专题活动。活动积极邀请建筑施工企业共同参与，寓教于乐，对普及安全生产知识具有重要意义。职业安全生产专题的系列活动包括职业安全生产主题晚会、职业安全生产知识竞赛和体验活动、职业安全宣传咨询日和义诊活动以及"高温月送清凉"活动。职业安全生产主题晚会通过三句半、劳动保护用品秀、诗歌朗诵、歌曲、小品、比手画脚、情景模拟等活动和游戏将安全生产知识、安全管理条例、平时生产过程中可能遇到的安全生产问题等编进了所举办的文化晚会节目当中。在娱乐的过程中加强对安全生产知识的了解，让建筑工人真正意识到安全生产的重要性，真正意识到安全生产与自身息息相关。

职业安全生产知识竞赛和体验活动也是一种寓教于乐的活动，它一般与职业安全晚会共同举办，作为晚会开始前的热身与互动游戏进行。职业安全生产知识竞赛采用了猜灯谜、现场互动问答等趣味性和知识性相结合的方式鼓励广大建筑工人积极参与，参与互动问答与猜灯谜的工人将获得一份小礼物作为奖励。而安全知识体验活动是一种真人飞行棋游戏，通过鼓励工人参与游戏，将安全生产的知识作为前进和后退的衡量标准，通过掷色子的形式进行前进或后退操作。这种方式的游戏是由中心工作人员自主开发的。不仅适合建筑工人在日常工作之余一边娱乐，一边进行安全生产知识的学习，同时也适合在大型活动现场进行必要的热身与互动。职业安全宣传咨询日则是通过向建筑工人派发安全生产传单、解答安全生产问题等形式，在建筑工人中积极宣传安全生产知识。义诊活动是邀请医生和专家为建筑工人们免费提供义诊和健康体检，关注工友们的身体健康和安全作业。"高温月送清凉"活动则是在每年的7月，工作人员在酷暑难耐的时节为露天作业的建筑工人送去清凉物品，以及宣传防暑降温的知识传单和安全生产知识的传单。通过这一系列的活动，北京一砖一瓦文化发展中心取得了显著的效果，工人们的业余生活更加丰富，与管理人员之间的互动更加紧密，学习安全生产知识的热情高涨，职业安全生产的意识和能力得到显著增强。

北京一砖一瓦文化发展中心为了将安全生产意识种到农民工心底，开展了一系列系统性、贴近农民工工作和生活的活动：课堂形式的职业安全预防教育项目充分发挥了社工在服务过程中的教育者角色，课外安全生产专题的系列活动以及职业安全生产知识竞赛和体验活动充分调动了农民工的参与积极性。这种形式多样,且丰富有趣的生产安全意识培训,在寓教于乐中让服务对象的生产安全意识显著增强,贴近农民工的生活,也契合农民工学习接受新知识的特点,当然最重要的是通过广泛的参与,农民工认识到自身在解决问题中的作用,增强了农民工对工作的控制感。

社工机构不仅关注到农民工自身的能力问题,还注意到农民工子女的能力问题。农民工子女的能力关系到农民工能否实现代际社会流动,是农民工非常关心的问题。表9-3列举了六家提供相应服务的社工机构的服务状况。

表9-3　　社会工作机构开展农民工子女教育培训项目情况

培训大类	城市	机构名称	培训项目	效果
农民工子女文化知识	北京	阳光鹿童	学习教育、智力开发与性格培养	
	天津	通识	英语、数学、阅读、写作等能力培训	直接受益150人,间接受益300人
	上海	活力社区	艺术、人文、思维拓展等课程培训	
	广州	青年联合会	学习指导、兴趣爱好公益培训	
	成都	汇智	为项目幼儿园提供1—2门课程	直接受益农民工子女700余人
	昆明	携手	学业辅导、生命知识教育	

从表9-3来看,社工机构在提高农民工子女的能力方面主要做了以下工作:课程教学、学业辅导、智力和思维拓展以及兴趣爱好培养等,几乎覆盖了儿童教育的所有领域。这说明社会工作实实在在地做到了想农民工之所想,尽一切努力满足农民工发展的需要。同样,本报告提供以下案例展现社工机构在这方面的具体工作。

青岛你我创益社会工作服务中心的工作人员在李沧区妇联等相关

机构的支持下,从2014年开始在翠湖社区开展"春蕾妇女儿童家园"项目,从家长们最为关心的随迁子女能力与素质提升问题入手,开展了一系列的活动,取得了显著成效。

青岛你我创益社会工作服务中心主要采取的方法包括:

一是基础性服务。青岛你我创益社会工作服务中心推出的基础性服务包括了学业辅导、家庭关系改善辅导、儿童心理辅导等方面。

二是提供发展性服务。青岛你我创益社会工作服务中心的工作人员开展了诸如"小书虫"、兴趣小组、特色课程、城市融入之旅等各种活动,帮助农民工随迁子女增加知识面,扩展视野,增强其人际沟通能力与社会参与能力,从而使得农民工随迁子女的能力与素质得到提升,以利于更好地融入城市生活。其中,"小书虫"计划是一个以主题阅读、团体辅导为主要形式的大型读书活动。该活动全年开展了十次以上,对提高农民工随迁子女的阅读能力,培养浓厚的学习兴趣方面大有裨益。书法、美术、手工制作、英语口语、外语教学等各类暑假艺术特长课程,一方面培养了农民工随迁子女的兴趣爱好,丰富了他们的假期生活;另一方面达到鼓励他们勇敢表现自己,增强自信心的作用。始于2015年的城市融入之旅,目前已经完成十梅庵游玩、青岛市博物馆参观、走进中国海洋大学、参观海尔集团等6次活动,大大拓展了农民工随迁子女的视野。

从效果来看,青岛你我创益社会工作服务中心的诸多活动都取得了较好的效果。主要经验是从农民工家庭的刚性需求入手,设计合理的服务方式,并在服务的过程中取得服务对象的信任。所有的家庭对子女的教育问题都是格外重视的,农民工父母更有望子成龙的期望。青岛你我创益社会工作服务中心的工作人员通过诸如剑桥英语暑期课程、辅导孩子提高学习成绩、培养孩子的艺术天分与修养等,获得家长们的充分肯定和一致好评,获得了农民工家庭的普遍信任。

青岛你我创益社会工作服务中心坚持以农民工为本,从农民工的刚性需求入手,以促进农民工子女长远发展为目标,提供了学业辅导、心理辅导、特长培养、兴趣爱好培养等服务,有效帮助农民工子女提升了自我发展的能力。

除了为正常儿童提供教育服务外，社工机构还注意到特殊儿童的教育问题，并提供相应的帮助。

北京爱之旅康复中心是一家致力于智力残疾、自闭症等不同残疾等级的儿童进行康复训练，以帮助残疾儿童实现生活自理、促进残疾儿童沟通能力提升的社会服务机构。在北京的农民工大多来自一些经济欠发达地区，且大多数从事一些强度较大、收入较低的工作，对残疾儿童而言，每个月的康复费用至少需要2000元，这部分开支对收入较低的农民工家庭而言，占家庭的收入比例较大。所以他们普遍没有足够的资金去支持残疾儿童进行康复。由于缺乏相应的资金支持，这部分残疾儿童可能就会丧失最佳的康复治疗期，生活质量明显下降，最终加重家庭的负担。另外，残疾儿童如果不加以一定程度的干预与疏导，还可能产生诸如自卑、自暴自弃、厌世、反社会人格等各种心理问题。

北京爱之旅康复中心针对上述问题，主要做了如下工作：一是进行前期调研。前期调研发现，有十几个家庭的负担比较重，每个家庭有2—3孩子，居住面积大部分不足15平方米，卫生条件也非常差。这十几个家庭的孩子生活完全不能自理的占到28%。而能够自己吃饭、喝水，不会穿鞋，大小便不能自理的占比48%。可谓比较严重，需要进行一定程度的干预与训练。二是对孩子开展康复训练，提升其生活品质。北京爱之旅康复中心有6位康复师负责对农民工随迁残疾儿童进行康复训练。训练强度是每周至少一次，每次不少于3个小时。根据国家有关规定以及北京市残联的要求，中心还为每一个接受训练的残疾儿童建立专门的档案，对每次的训练情况进行详细记录。三是进行康复训练的汇报，使更多的家庭得以知晓，并促进家庭之间的互助。中心通过进行康复训练进程与成果汇报，让家长们清楚地看到孩子通过训练可以提升穿鞋、穿衣、系鞋带、动手能力、运动技能、感知能力等各个方面的能力。与此同时，通过吸引没有送来孩子的家长通过观看康复成果汇报，增进他们积极地、及时送孩子进行康复的行动。四是进行社区倡导。中心积极通过社区渠道宣传倡导康复训练，让社区群众更加了解和关心这些残疾儿童，并吸引更多的社会爱心人士参与到为残疾儿童服务的行动中来，从而提升了社会公众对残疾儿童社会康复的认同感和支持度。

该机构通过这样的一系列活动，取得了良好的社会效果。自从实施该项目以来，已经有超过20位农民工随迁残疾儿童直接受益，间接受益人数超过1000人。该项目在一定程度上减轻了农民工的家庭负担。经过一定阶段的康复训练，接受服务的残疾儿童生活自理能力得到提升，减轻了家长的照顾压力，甚至还可以帮助家长做些力所能及的家务活动。北京爱之旅康复中心的努力，不仅让农民工的生活境况得到显著改善，还增强了他们对政府与社会的认同感、归属感。

不管是在农民工个体人力资本提升，还是在农民工子女能力素养培养以及农民工残疾子女的康复方面，社工机构都取得了显著的成效。通过北京一砖一瓦、青岛你我创益、北京爱之旅等社工机构的工作，农民工个体及其子女的潜能得到挖掘，信心得到提升，从而具备了自我管理的基础。而社工机构能够在此方面取得以上成就，与社工机构以正确的理论指导实践，并且在具体实践中遵循了科学系统的行动框架是分不开的。

首先，社工机构坚持优势视角和增权取向知识框架的指引，既能做到挖掘农民工主体性，又能做到授人以渔，使农民工养成自我治理能力。政府机构和公益性组织将农民工看作需要接受救济的弱势群体，看不到农民工自身主体性的重大价值，因而几乎很少从赋权增能，进而发挥农民工的主体性入手来解决农民工社会管理的困境。与之相反，社工机构从优势视角和增权取向出发，视农民工为服务中的重要参与主体，从而注重在与农民工的合作中激发其主体性。例如，北京一砖一瓦在开展安全知识培训等一系列活动时，特别注重通过小游戏、小组讨论、现场模拟、知识竞赛等活动激发农民工群体参与到活动中，充分发挥自身的主体性。而北京爱之旅的服务对象虽然是残疾儿童，但是其服务的重点不在于照顾而在于康复，通过帮助残疾儿童进行康复训练，使残疾儿童能够生活自理，这是从根本上解决他们的生存问题。

其次，社工机构坚持按照正确的行动框架开展工作，注重通过挖掘农民工及其子女的潜在优势来推进农民工的自我管理。政府部门和公益性组织既然认定农民工是弱势群体，往往就采取物质救济的方式缓解农民工的贫困状况。这种做法并没有立足于农民工的生活实际，无法从根本上解决问题。与之相反，社工机构的行动框架倡导立足于农民工的生活实际，从满足农民工的实际需要入手，在实践性生产与再生产中寻求农民工社会管理的善治答案。对于普通农民工来说，找到好工作是最大需要，对于农民工子女来说，取得好成绩是最大的需要，而对于残疾儿童来说，恢复自理能力是最大的需求。北京一砖一瓦、青岛你我创益和北京爱之旅都抓住了农民工的迫切需求，并在教育培训、教育辅导、康复训练等过程中鼓励农民工和农民工子女相信自己的能力，将自己作为重要的行动主体参与到活动中来，而不是机械地由社工机构输出帮助，以取得最佳的工作效果。

这些机构的成绩表明，在提升农民工自我治理能力这个政府很少介入的这个领域，社工机构只要坚持社会工作的知识框架和行动框架，以这些理论和原则去指导新型农民工社会管理实践，就能够实现大的作为，从而为推动农民工城市融入和自我发展做出重大贡献。

2. 观念养成案例

除了影响农民工城市融入和自我管理外，为了帮助农民工及农民工子女转变价值观念和养成城市生活习惯，一些社工机构也开展了相应服务。本课题组列举了部分开展相关培训的机构的工作概况（如表9-4）。

表9-4　社会工作机构开展农民工观念习惯养成项目情况

培训大类	城市	机构名称	培训项目	效果
行为习惯和生活技能类	天津	葵花	发放健康知识清单，开展健康和法律知识讲座	
	武汉	泽霖	城市生活技能培训	
	广州	汇善爱	急救知识普及计划	
	深圳	阳光家庭	性教育、婚恋心理辅导、女工维权培训	
	昆明	道心	劳动教育、品德教育等、中医保健课堂	服务7万人次，减少工友生活成本210万元

从表9-4来看，社工机构在帮助农民工及其子女转变观念和习惯养成方面做了许多工作，工作范围不仅包括帮助农民工适应城市生活的城市生活技能培训以及多种多样的健康生活技能培训，还包括帮助农民工及其子女接受城市价值观念，认同城市文化的品德教育、性教育和婚恋心理辅导等。除此之外，还有机构注意到农民工子女自信心不足的情况。农民工随迁子女由于经历了从农村到城市的环境转变，容易产生自卑感，形成心理压力，自信心不足，最后会影响到学习成绩与在校表现，进而可能形成害怕学习的情绪，造成成绩下降，甚至退学，而社工机构恰好在此方面下了功夫。

福州一心社会工作服务中心发起了一个名为"益起童行"的项目，旨在改善当前农民工随迁子女就学以后环境适应性较弱、入学率较低、失学较为严重的情况。该服务中心以小学生和他们的家长作为服务的对象，目标是通过融合教育，促进学校、家长和学生三方的联系，提升农民工随迁子女对城市的归属感，从而促进农民工随迁子女的健康成长。具体的做法有：一是个别服务。运用专业的社工知识，对农民工随迁子女进行一对一的个别辅导，对不同的农民工随迁子女进行针对性较强的服务，从而达到增强自信心、适应能力以及社会融入的目的。二是入家探访。对一些有特殊困难的农民工随迁子女，经过班主任介绍、反馈或者专业社工人员的调查，采取入家探访的方式对这类农民工随迁子女进行服务。三是建立社工信箱。有些农民工随迁子女更愿意通过书信的方式倾诉他们的心声。福州一心社会工作服务中心通过建立社工信箱的方式发现服务对象的需求，帮助他们解决现有的问题，并且通过这种方式拉近与服务对象的心理距离，增进与农民工随迁子女的相互了解。

福州一心在工作中再次发挥了社工机构工作方式的柔性，能够直达服务对象内心的优势，通过对农民工子女进行一对一的个别辅导、入家探访和建立工作信箱等非常人性柔和的工作方式，打开了农民工子女的心扉，进而帮助他们树立了自信心。同时，还有的社工机构则着重培育农民工子女的思想品德。

完善的品格与人格，也是能力与素质的重要组成部分。广州黄埔区普爱社会工作服务社推出了"新市民子女融入与品格发展"项目,旨在完善农民工随迁子女的人格,进行全方位的品格教育。机构的主要做法包括:一是走进工厂——体验爱。工作人员通过带领农民工随迁子女到父母所在的工厂进行参观,去体验一线流水作业、去感受父母工作的劳累,感受父母的不易,进行生动真实的感恩教育。二是进行系列的品格教育。工作人员在校方的支持下,开展了各类主题班会,专业小组,通过不同的专题活动培养农民工随迁子女的自信、诚实、礼貌、有爱、遵纪守法、尊重他人、勤奋好学的美好品格……

广州普爱的工作不仅增强了农民工子女的自信心,而且还让农民工子女学会了礼貌有爱和遵纪守法等现代公民所应遵守的道德准则。从广州普爱和福州一心的工作来看,社工机构在帮助农民工及其子女转变价值观念和改变行为习惯方面经验丰富,并取得了一定的成效。

3. 潜能挖掘案例

长沙市工之友服务中心是一家由农民工自己创办的自组织公益机构,该机构位于农民工较多的长沙市长沙县泉塘社区。与其他社会工作机构不同,该机构的发起人是一位农民工,其日常运营采取农民工参与并负责机构各项运作的模式。目前该机构的服务主要分为两块,第一块是农民工的家庭教育。具体做法是依托"家有儿女,周五有约"活动,让农民工树立科学的家庭教育理念,掌握科学的家庭教育方法。第二块是农民工儿童阅读推广。具体做法是依托"四点半课堂"项目,在社区举办一个图书活动,让农民工的孩子在学校放学后来写作业、看书。长沙工之友最大的特点是依托农民工志愿者提供服务。其机构负责人在谈及服务时说:

农民工家长是我们最重要的志愿者来源,比如我们机构的会计、一些活动的老师都是我们的志愿者,他们给到我们很大的支持。"家有儿女,周五有约"项目本身就是由家长发起的,方式就是每周星期五晚上八点到九点,把一些家长聚集在我们机构,大家互相聊聊天,以一种参与式的方式,而不仅仅是授课。我们也有授课,授课次数特别少,更多的是希望家长来表达出自己的无助、问题,通过这样的经

第九章 社会工作介入农民工社会管理的增能赋权路径

验分享，家长的面对面的交流，来互相帮助解决孩子成长中的问题。这种方式让家长能够更加放松，去愿意表达自己的一些想法。我们还组建了家长群，目的就是充分发挥家长的力量，让家长们之间互相帮助。比如有个家长在深夜说和儿子吵起来，他儿子说你把我打死算了。家长就很无助，就在群里哭诉我该怎么办？群里就有睡不着的家长就在那里给支着，分享自己的想法和经验。这些经验和方法比专家的理论更有效，更能解决实际问题。

还有一块志愿者很有意思，就是2013、2014年我们服务过的孩子，他们长大了现在上初中高中了，也会在周末回到机构做志愿者，我们根据这种情况推行了"大带小"的服务形式，让大孩子们来指导小孩子进行阅读，或者让大孩子们分享自己成长的故事，分享现在学校里的故事。

不管是家长还是孩子们，都是机构发展的重要力量。他们不光是我们服务的对象，还是我们着力培养的志愿者。一般来说，在前两次他们来这里主要是接受服务，但是到第三、第四次我们就会根据情况交给他们一些任务。其实很多家长愿意来参加这样的活动。比如有次我有个活动需要家长帮助，我就联系了一个家长，家长对我说，你能想到我真的是非常荣幸。他非常开心，马上就放下手中的事情赶来给我帮忙。到项目后期，我们的专职社工仅仅提供一些辅导，比如帮助家长把框架搭起来，提供一些活动主题、活动形式的建议，具体的活动、操作流程都是家长们自己慢慢地商量。

长沙工之友在服务过程中与被服务对象——农民工建立合作伙伴关系的成功经验，充分展现了社会工作优势视角和增能赋权的独特价值。社会工作者在解决农民工家庭教育困难时没有试图去直接消除问题，也并未将主要精力放在从外部聘请教育专家上，而是转变角度采取了以家长为核心的视角，将服务重心放在发现、寻找、探索及利用家长自身资源上面，他们坚信"每一个家长都有自己教育孩子的方法"，"每个人都能贡献自己的智慧，每个人也都能从别人的方法中获得启迪"。每周五的现场交流和QQ群一直保持着一种对所有人开放的态度，正如负责人所说："每个人只要想来，都可以加入。在这里，没有地位高低，没有职业区别，甚至没有社工，大家都只有一个身份——关心孩子的家长。"在这里，每位家长既是求助者和服务的接受者，也被赋予了帮助他人的责任和义务，成为服务的提供者和成功助人者，社会工作者则更多以一种支持者、协助者的角色为其提供帮助。在整个服务过程中，社会工作者始终尊重家长的选择，陪伴家长探索、决定自己的目标并采取相应的行动，不仅有效地帮助农民工家长应对孩子成长中的问题，也成功实现了机构可持续发展。那些曾经接受服务的孩子们回到机构做志愿者，显然是工之友社工们最大的收获，因为这意味着身为社工追求的专业使命——助人自助的成功实现。

此外，长沙工之友的机构运行也充分展现了社会工作的优势取向。由于机构本身发展的特点，机构的专职社工只有三人。其主要运行机制采取的是让农民工参与组织正式运行，社会工作者充分赋权于农民工，发现农民工身上的潜力，培育、鼓励、协助、激发农民工积极参与的热情，让农民工参与机构运营。

除了长沙工之友外，越来越多的社会工作机构视农民工为开展服务的重要资源，充分利用农民工自己的潜能来开展活动。深圳龙祥社工开展的"易客家族"互联网+青工技能交换项目，鼓励企业职工自助互助式的技能交换方式，有效地解决了昂贵的培训费、刻板的学习方式、难以协调的时间等问题，为企业职工建立了新型、有效、灵活的学习平台，既为企业职工搭建了发挥"一技之长"的平台，也为参与者结交良师益友创造了更多的机会。北京协作者社工则推出了"助人自助"的农民工志愿者培育计划，在开展法律、健康、文化、心理等专业服务过程中，鼓励接受服务的农民工参与进来，在解决现实困难的同时提升其自我服务与服务社会的能力。截止到2016年，有近千名农民工在机构的帮助下，从求助者成长为志愿者，并有7名农民工通过国家社会工作职业水平资格认证考试，成为专业社会工作者，实现从求助者到助人者的转变。显然，优势视角和增权取向的社会工作不仅通过具体的服务工作有效改善了农民工的生活处境，也实现了为农民工赋权，以及为其在力所能及的范畴之中实现自身社会价值提供了舞台。同样也在这个过程中，社会工作帮助农民工建构起积极公民的价值观念，提升了作为积极公民行动的能力，实现了将农民工从管理对象变成了充满资源、具有高度主体性的管理主体。

第十章 结论与讨论

我国改革开放四十年的伟大成就与广大农民工群体涌入城市,为二、三产业提供大量廉价劳动力密不可分,但这同时也带来了巨大的社会管理风险。要应对这一风险,就必须改革传统农民工社会管理体制。中央政府已经意识到农民工社会管理体制改革的重要性,并进行了多项制度改革,然而农民工社会管理形势依然严峻。怎样有效实现体制转变,取得农民工社会管理工作的新突破,成为当前的一项重要现实课题。本书立足于农民工社会管理性质从管理向治理的转变,从农民工社会管理创新和农民工城市融入实现出发,尝试运用社会工作相关理论对农民工社会管理的创新做出理论上的分析、研究和阐释。通过对农民工流动的历史变迁与变化特征、农民工社会管理的演变过程、政策效果、本质特征等实证分析发现,当前农民工社会管理陷入困境的根本原因是制度与生活的困境。在此基础上,本书提出了社会工作介入农民工社会管理的论题,廓清了社会工作介入农民工社会管理的必然逻辑、主要特征、知识框架、行动框架等理论问题,并综合案例,比较深入地分析了社会工作介入农民工社会管理的三种实践路径:制度主义路径、社会整合路径以及增能赋权路径。

一 基本结论

通过对社会工作介入农民工社会管理的理论思考与实证分析,本书的基本结论可以概括为以下几点。

第一,农民工社会管理是应对流动时代宏观情境的必然之选。农民工流动出现的总体规模不断扩大、省内流动为主趋势持续增强、空间分布日益广泛、长期流动和长期稳定并存、家庭化流动趋势日渐增强等新情况、新变化和新问题，对农民工社会管理的理念、目标、内容、方法与手段等都构成了深远的影响。当前我国农民工流动处于以新生代为主体的多元异质性阶段，这一阶段的总体变化特征决定了当前我国农民工社会管理所要解决的主要问题是农民工城市融入和个体发展的问题。

第二，农民工社会管理的关键是要化解制度与生活的冲突，在"抽象的制度"与"生活的具体"之间达成联通。我国农民工社会管理从控制防范、保护补偿到共享公平的阶段性转变，本质上是由政府主导的制度创新过程，即围绕"如何通过完善治理结构来满足农民工融入城市生活的现实诉求"这一中心问题，从"户籍制度改革""农民工权益保护""农民工劳动就业""农民工社会保障""农民工教育培训"等话题出发，探寻通过制度的多方供给实现农民工社会管理善治，其背后的理论逻辑是用制度来认识农民工现象及其问题，也用制度来解决农民工现象及其问题。但是这种农民工社会管理模式在有效性层面并未出现如理论研究预期的效果，反而频频出现农民工政策的"失灵"，其根源在于制度逻辑的简单性与生活逻辑的复杂性之间具有不可规避的冲突或者抗衡。

第三，社会工作介入农民工社会管理是农民工社会管理创新的基本模式与可能方向。从农民工社会管理的制度与生活困境的纾解出发，农民工社会管理既无法单纯依靠政府自上而下的制度供给，又必须预防农民工个体化解决问题可能引发的社会风险。为此，可选择社会工作介入这种较为适宜的模式。所谓社会工作介入农民工社会管理，就是要以社会工作为中心、以社会工作为方法来推进农民工社会管理创新。社会工作介入农民工社会管理本质上是倡导一种微观社会服务与宏观社会改革相结合的复合治理，强调在具体的情境中特别是社区情境中认识和处理农民工问题，强调通过调整农民工与国家、社会的社会关系，达到农民工与城市居民的和谐共存，实现农民工福祉提升和社会公平正义，是一种有别于以往农民工社会管理的新思路。社会工作介入下的农民工社会管理尤为强调的是"社会网络"的意涵，注重建立在"沟通理性"基础上，形成一种关注农民工与市民群体、农民工与社会、农民工与国家之间联系的社会网络，这正是社会工作专业性之所在，也是农民工社会管理走向治理的方向性所指。

第四，社会工作介入农民工社会管理不是要对农民工社会管理重起炉灶，而是要嵌入现有的农民工社会管理实践。因此，从理论上回答社会工作如何介入农民工社会管理实践这一问题具有非常重要的现实意义。本研究认为，社会工作介入农民工社会管理是一种多层次、全方位的介入过程，其总体框架可以从知识框架、行动框架和主要路径三个层面来把握。社会工作的知识框架特别是生态系统理论、优势视角、增权取向和社会支持视角对社会工作介入农民工社会管理的知识谱系以农民工需要为本、以农民工权利为核、以利益共同体为基、以农民工服务为根是社会工作介入农民工社会管理需要坚持的关键性价值指引。推进农民工政策完善、强化农民工社会工作服务、推进农民工社会整合、促使农民工实现自我管理等是社会工作介入农民工社会管理具体行动框架的重要内容。

第五，社会工作介入农民工社会管理主要有三种实践路径：制度主义路径、社会整合路径以及增能赋权路径。制度主义路径是社会工作整体解决农民工社会管理问题的重要路径，社会工作不仅是社会政策的传递机制，它本身更是推动社会转向公平正义的一股重要力量。借助生动鲜活的政策实践过程，社会工作不仅可以通过社会倡导影响农民工政策制定，以专业服务落实农民工政策，还能通过实践行动验证并创新农民工社会政策，从而有效帮助农民工实现完整公民权、获得社会的承认、通向体面工作和"有尊严的生活"。社会整合路径是社会工作在生态系统理论框架下，应用"人在情境中"理念促进农民工社会管理转向的重要路径，由此路径出发，社会工作机构通过以社区为主要空间，通过家庭服务、社区活动以及社区发展计划，为农民工创造和提供持续参与社区生活的机会，从而改善农民工的社区境遇、建立农民工及其家庭与社区居民、社区组织等主体的信任关怀体系，实现农民工的社会整合。增能赋权路径是当前社会工作实务界活动最多、成效最佳的实践路径，社会工作在工作实践中视农民工为平等合作伙伴，充分发掘农民工优势，积极通过专业工作为农民工增能赋权，努力将农民工培养成能动性的社会管理主体，从而有望推动农民工管理走向自我管理与社会管理齐头并进的目标。

二　几点讨论

随着城市化、现代化、信息化的加快尤其是农民工越来越深入广泛地卷入现代化和信息化的浪潮，农民工在城市生活中体会到的经济性、政治性、社会性和个体性困境只会越来越多。以社会工作推动农民工社会管理走向治理，无疑是今后农民工社会治理体系建设的重点所在。本书对农民工社会管理的困境及其出路等展开了初步研究，提出了社会工作介入农民工社会管理的可能方向与可行路径。在今后的社会工作介入农民工社会管理实践中，以下几个问题尤为值得重视。

第一，正确认识政府（国家）作用。

以政府为主体的农民工社会管理在实践中出现了制度与生活的难题，并最终导致农民工社会管理的诸多困境。这就要求我们思考今后的农民工社会管理中应该如何认识政府作用或者说政府在农民工社会管理中应发挥什么作用这一重要问题。这也是进一步推进农民工社会管理创新所必须首先回应的问题。就本质而言，社会工作介入农民工社会管理，是对农民工社会管理主体结构的一种"本土化"的创新，它具有产生于中国特殊国情的独特性。一方面，社会工作介入是在新型城镇化主导下的"流动时代"背景下推进的，而无论是新型城镇化还是流动时代，都是我国社会发展阶段的独特描绘，与西方国家具有明显殊异。另一方面，在我国的政治语境中，党是社会主义事业的领导核心，政府是社会治理实践的当仁不让的绝对主体，社会组织和公民力量的成长尚显青涩，这与西方社会治理结构业已呈现多中心结构，各主体"能在竞争性关系中相互合作，共同致力于治理公共事务和提供公共服务"① 的图景还有明显差异。因此,社会工作介入农民工社会管理并不意味着政府(国家)的退出,相反它恰恰需要政府(国家)。

社会工作介入农民工社会管理要取得治理效力,需要政府至少在三个层面发挥应有的作用。一是需要政府优化配置制度结构。社会工作介入农民工社会管理需要一系列的制度安排及其形成制度结构的激励与约束,其导出需要深刻的制度变迁。政府应该在现代政府建构视野下"优化配置制度结构",使社会工作获得介入农民工社会管理的合法性身份,获得在农民工社会管理领域行动的充沛资源与资本,并明确其行动领域与边界及其行动抉择的依据。二是需要政府优化配置政府职能。政府是农民工社会管理的主导行动主体,在农民工社会管理主体多元化、行动网络化趋势下应对"去政府化"的可能性,需要政府从"道义关怀"转向"实质关怀",明确政府在农民工社会管理中的职能和责任,以现代国家建构为导向,"优化配置政府职能",切实承担保障基本公共服务均等化、维护社会公平公正的职责,逐步建构起农民工公平均等、包容可及的"国家公民身份"。三是需要政府履行多元主体的协调职责,使农民工社会管理的相关主体的行为得到适当调适,对多元化的利益予以整合,从而实现多元互动新格局。

第二,提升社会工作刚性问题。

尽管社会工作在理论上展现了介入农民工社会管理的巨大优势,在实践中展现了介入农民工社会管理的积极作为,但是,社会工作在介入农民工社会管理时仍然存在功能发挥不足的问题,表现在:第一,社工工作的政策倡导功能发挥不足。本研究调查的53家社工机构中仅有两家做了相关工作,且这两家机构都有"官方背景"或"高校背景"。第二,社会工作的社会服务功能发挥不足。社会工作介入农民工管理的主要载体是为农民工提供精细化的服务。但是与庞大的农民工群体需求相比,服务农民工的社会工作机构覆盖面狭窄,专业服务不足,更重要的是由于政策、经费、硬件等因素的制约,社

---

① 郎友兴等:《社会管理体制创新研究论纲》,《浙江社会科学》2011年第4期。

工机构提供的农民工社会工作服务稳定性和连续性较差。第三，社会工作的社区赋能功能发挥不足。社区是社会工作介入农民工社会管理的主要空间，但是社会工作在社区中开展农民工服务成效不明显。调研中发现，大多数社会工作机构在开展活动时并没有充分发挥其扎根社区的优势，而只是"在农民工群体之中做农民工工作"，对促进农民工社区参与方面、提升农民工外群体的社会网络和社会资本建设等方面作用有限，而更高层次的通过社区营造来实现农民工的社区赋能更是基本处于空白阶段。

社会工作介入农民工社会管理出现的功能发挥不足，既有体制的原因，更有社会工作自身刚性不足的原因。社会工作自身刚性不足导致社会工作停留在治理术的位置上，社会工作机构及其提供的专业服务，被政府视为辅助行政管理和提高管理效率的一种可行路径。这种基于实现管理目标的工具性需要越是基层的政府表现得越明显。受这种观念的支配，一些地方政府以购买主体自居，视社会工作机构为其资源的依赖者，以其掌握的经济资源要求社会工作机构做一些本不属于社会工作范畴的事，"关系型"招标也制造着不公平竞争，管理主义的监督对社会工作的深度服务带来不利影响[1]，社会工作者难以很好地开展他们认为必要的农民工专业服务，从而制约了社会工作介入的效能。

如何提升社会工作刚性不仅是化解介入农民工社会管理困境的重要议题，也是不同社会文化脉络中生长的社会工作在中国社会文化脉络中落地生根、壮大成长的无法回避的问题。而这一答案就是结合国情，建立中国特色的社会工作体系。加快中国特色社会工作体系建设，在目标和方向上，要加快构建中国特色的社会工作学科体系、学术体系、话语体系和实务体系[2]；在建设思路上，要遵照习近平总书记提出的"立足中国、借鉴国外，挖掘历史、把握当代，关怀人类、

---

[1] 肖小霞、张兴杰：《社工机构的生成路径与运作困境分析》，《江海学刊》2012年第5期。

[2] 李迎生：《中国特色社会工作体系建设初探》，《人文杂志》2019年第9期。

面向未来的思路"①，立足当代中国社会服务现实，开发本土社会服务资源，借鉴国际社会工作成果，整合创新、建构特色②；在具体方略上，则"要在责任、资源和服务上体现特色，责任上国家首要，资源上政府为主，服务上兼顾各方；要在实践推进上整体旋进，协助工作对象增能，推进宏观场景优化，助力工作团队成长；要在行动实施上合纵连横，领悟人民中心，聚焦问题纾解，与其他系统并存、互动与共进"。③ 中国特色社会工作体系建设有助于将专业的社会工作理念和实践理论落实到农民工社会管理领域，有助于创新社会工作介入农民工管理的实践路径，提升介入水平和质量，是在以政府主导的社会治理体制内保持社会工作独立性的根本路径，也是提高社会工作介入农民工社会管理效能的重要路径。

第三，促进外在结构生长的问题。

介入从词条上来解读，其意义为"进入事物之间进行干预""插进两者之间干预其事"。因此，介入必然有一个外在结构的问题。社会工作介入农民工社会管理的外在结构最核心的要素是社会政策和社区治理。不管社会工作以何种方式介入，在何种层面介入农民工社会管理，都绕不开社会政策和社区治理。

社会政策是政府为保障民众基本需要，维护社会公平面向民众提供各方面保障和服务的政策体系，包括健康政策、教育政策、社会保障政策、就业政策、住房政策，以及针对老年人保障与服务、儿童保护与服务、残疾人事业发展等方面的政策。社会政策是社会工作开展介入行动的制度资本，又是社会政策开展介入行动的合法性依据。尽管农民工社会政策一直在调整，但都是渐进、分部分进行的碎步改革：如确保农民工工资及时足额发放、取缔收容遣送制度、社会保障向农民工覆盖、农民工子女教育以及农民工培训等，还有相当部分是地方政府的局部改革，如户籍制度的改革，养老、

---

① 习近平：《在哲学社会科学工作座谈会上的讲话》，人民出版社 2016 年版，第 15 页。
② 李迎生：《构建中国特色社会工作的方法论原则》，《社会工作》2019 年第 4 期。
③ 汪昊：《中国特色社会工作体系建设呼声渐高》，《中国社会工作》2020 年第 1 期。

医疗、住房、公共服务制度的地方统筹，而且并不是一种系统的改革。这种情况既给社会工作介入提供了施展身手空间，但也限制了社会工作介入的成效，使社会工作的行动染上了无力、无效乃至无能的感觉。此外，虽然社会工作解决农民工问题的作用被日益重视，在社区发展、社会救助等多项中央政策文本中被提及，但坦率地来说，其作用发挥仍停留在描述层面，确保社会工作发挥作用的资金来源、明确社会工作介入边界等关键性细节在社会政策中并未得到明确。未来应该建构一个什么样的农民工社会政策，社会工作如何在农民工社会政策建构中发挥作用，社会政策如何设置社会工作可资利用的资源，如何保障社会工作实践获得源源不断的内生动力，等等问题仍旧值得进一步研究。

在"单位制—街居制—社区制度"转型的背景下，社区已然成为人民群众生活生产的重要基础，[1] 成为汇聚国家、市场和社会力量，展现三者之间复杂互动关系的空间载体，成为社会治理的基本单元。在国家建构社会的过程中，政府主导的社区建设如火如荼，大量的新社会组织在社区生长，社区党群服务蓬勃发展，人民群众的参与意识较以往也更为强烈，这些都使社区权力网络充满多元性、复杂性、互动性等特征。社会工作介入农民工社会管理，必然有一个如何进入、扎根和融入社区场域的问题。朱健刚等人的研究发现，由于复杂的街区权力关系的限制，社会工作在进入社区治理体系过程中被吸纳到街道的权力网络中，导致了外部服务行政化、内部治理官僚化和专业建制化的后果[2]，出现了"专业发展失败"。黄晓春的研究则发现，当前政府购买服务呈现出以体制内需求为导向、就近圈内购买以及悬浮于社区治理网络等特征[3]，导致社会工作在社区治理体系中的工具主

---

[1] 闵兢、徐永祥：《"社区制"治理范式何以可能：基于社会理性的视角》，《学习实践》2018年第11期。
[2] 朱健刚、陈安娜：《嵌入中的专业社会工作与街区权力关系——对一个政府购买服务项目的个案分析》，《社会学研究》2013年第1期。
[3] 黄晓春：《中国社会组织成长条件的再思考——一个总体性理论视角》，《社会学研究》2017年第1期。

义发展，陷入"资源汲取失败"。社会工作在有效嵌入社会治理中出现的种种困境，都将直接影响到社会工作介入农民工社会管理的模式选择及其实践成效。今后的研究需要进一步对社会工作如何"有效嵌入"社区治理并实现"有效发展"展开讨论与回应。

参考文献

(一) 著作

[奥地利] 弗里德利希·冯·哈耶克:《自由秩序原理》,邓正来译,生活·读书·新知三联书店2003年版。

[德] 诺贝特·埃利亚斯:《个体的社会》,翟三江、陆兴华译,译林出版社2003年版。

[法] 托克维尔:《论美国的民主》,董果良译,商务印书馆1989年版。

[美] 吉尔伯特:《社会福利政策引论》,沈黎译,华东理工大学出版社2013年版。

[美] 苏黛瑞:《在中国城市中争取公民权》,王春光等译,浙江人民出版社2009年版。

[美] Dennis Saleebey:《优势视角——社会工作实践的新模式》,李亚文、杜立婕译,华东理工大学出版社2004年版。

[美] W. I. 托马斯、[波] F. 兹纳涅茨基:《身处欧美的波兰农民》,张友云译,译林出版社2000年版。

[美] 埃莉诺·奥斯特罗姆等:《公共服务的制度建构》,上海三联书店2000年版。

[美] 丹尼斯·C. 缪勒:《公共选择理论》,韩旭、杨春学等译,中国社会科学出版社1999年版。

[美] 格雷·格斯顿:《公共政策的制定——程序和原理》,朱子文译,重庆出版社2001年版。

[美] 亨廷顿:《变化社会中的政治秩序》,王冠华译,生活·读书·

新知三联书店 1989 年版。

［美］拉尔夫·多戈夫、［美］弗兰克·M. 洛温伯格、［美］唐纳·哈林顿：《社会工作伦理实务工作指南》，隋玉杰译，中国人民大学出版社 2005 年版。

［美］罗伯特·K. 默顿：《社会研究与社会政策》，林聚任等译，生活·读书·新知三联书店 2001 年版。

［美］罗伯特·T. 戈伦比威斯基、杰里·G. 史蒂文森：《非营利组织管理案例与应用》，邓国胜译，中国人民大学出版社 2004 年版。

［美］罗尔斯：《正义论》，何怀宏等译，中国社会科学出版社 1988 年版。

［美］托马斯·R. 戴伊：《理解公共政策》，彭勃译，华夏出版社 2004 年版。

［美］西奥多·W. 舒尔茨：《论人力资本投资》，徐茜等译，北京经济学院出版社 1990 年版。

［美］詹姆斯·N. 罗西瑙：《没有政府的治理》，张胜军译，江西人民出版社 2001 年版。

［美］詹姆斯·S. 科尔曼：《社会理论的基础》，邓方译，社会科学文献出版社 2008 年版。

［美］珍妮特·V. 登哈特、［美］罗伯特·B. 登哈特：《新公共服务：服务，而不是掌舵》，丁煌译，中国人民大学出版社 2004 年版。

［印］阿马蒂亚·森：《以自由看待发展》，任赜、于真译，中国人民大学出版社 2012 年版。

［英］Barbra Teater：《社会工作理论与方法》，余潇等译，华东理工大学出版社 2013 年版。

［英］齐格蒙特·鲍曼：《个体化社会》，范祥涛译，上海三联书店 2001 年版。

［英］安东尼·吉登斯：《失控的世界》，周红云译，江西人民出版社 2001 年版。

［英］伦纳德·霍布豪斯：《社会正义要素》，吉林人民出版社 2006

年版。
陈丰:《城市化进程中流动人口服务管理创新研究》,华东理工大学出版社 2015 年版。
邓伟志:《创新社会管理体制》,上海社会科学院出版社 2008 年版。
丁煌:《西方公共行政管理理论精要》,中国人民大学出版社 2005 年版。
窦玉沛主编:《社会管理与社会和谐》,中国社会出版社 2005 年版。
杜海峰:《农民工生存与发展状况调查报告》,社会科学文献出版社 2015 年版。
方巍:《社会排斥及其发展性对策——杭州市农民工劳动社会保障个案研究》,上海人民出版社 2009 年版。
方向新等:《农民工城市融入问题研究》,人民出版社 2019 年版。
冯虹、叶迎、魏士洲、汪昕宇:《在京农民工就业待遇公平与首都和谐问题研究》,中国书店 2010 年版。
关信平主编:《社会政策概论》,高等教育出版社 2004 年版。
郭德俊:《动机心理学:理论与实践》,人民教育出版社 2005 年版。
国家卫生和计划生育委员会流动人口司:《中国流动人口发展报告 2016》,中国人口出版社 2016 年版。
国务院发展研究中心课题组:《农民工市民化——制度创新与顶层设计》,中国发展出版社 2011 年版。
何清涟著:《中国现代化的陷阱》,博大出版社 2004 年版。
何绍辉:《陌生人社区:整合与治理》,社会科学文献出版社 2017 年版。
何增科:《中国社会管理体制改革路线图》,国家行政学院出版社 2009 年版。
侯亚非、张展新:《流动人口的城市融入——个人、家庭、社区透视和制度变迁研究》,中国经济出版社 2010 年版。
侯亚非:《流动人口的城市融入》,中国经济出版社 2010 年版。
胡绪鹍:《转型期社会管理研究》,中国社会科学出版社 2013 年版。
黄宗智:《中国农村的过密化与现代化》,上海社会科学院出版社

1992 年版。

江立华：《农民工的转型与政府的政策选择》，中国社会科学出版社 2014 年版。

金维刚、石秀印：《中国农民工政策研究》，社会科学文献出版社 2016 年版。

景天魁等：《社会公正理论与政策》，社会科学文献出版社 2004 年版。

康绍邦、苏玲等编译：《城市社会学》，浙江人民出版社 1986 年版。

李强、刘精明、郑路：《城镇化与国内移民：理论与研究议题》，社会科学文献出版社 2015 年版。

李维：《没有陌生人的世界》，湖南人民出版社 2013 年版。

李迎生：《转型时期的社会政策》，中国人民大学出版社 2007 年版。

林毅夫：《解读中国经济》，北京大学出版社 2008 年版。

刘洪银、张洪霞、崔宁：《中国新生代农民工市民化模式与治理》，南开大学出版社 2014 年版。

刘建娥：《中国乡—城移民的城市社会融入》，社会科学文献出版社 2011 年版。

卢汉龙：《新中国社会管理体制研究》，上海人民出版社 2009 年版。

彭华民等：《西方社会福利理论前沿》，中国社会出版社 2009 年版。

钱宁：《社会正义、公民权利和集体主义》，社会科学文献出版社 2007 年版。

沈原：《市场、阶级与社会》，社会科学文献出版社 2007 年版。

宋丽玉：《优势观点》，社会科学文献出版社 2010 年版。

孙立平：《转型与断裂：改革以来中国社会结构的变迁》，清华大学出版社 2005 年版。

童山东：《职业教育中职业核心能力培养的理论与实践》，中国铁道出版社 2012 年版。

汪大海：《社会管理》，中国人民大学出版社 2013 年版。

汪新建：《人类行为与社会环境》，天津人民出版社 2008 年版。

王思斌：《混合福利制度与弱势群体社会资本的发展》，社会科学文献出版社 2002 年版。

王思斌：《中国社会工作教育的发展》，北京大学出版社 2014 年版。

王思斌主编：《社会工作概论》，高等教育出版社 2006 年版。

王祥兵：《农民工社会管理创新研究》，中国工人出版社 2013 年版。

肖子华等：《为流动人口撑起一片蓝天——社会组织服务流动人口案例集》，中国人口出版社 2017 年版。

杨东平主编：《中国流动儿童教育发展报告（2016）》，社会科学文献出版社 2017 年版。

杨静：《行动研究与社会工作》，社会科学文献出版社 2013 年版。

殷妙仲：《社区社会工作》，中国社会科学出版社 2006 年版。

俞可平：《治理与善治》，社会科学文献出版社 2000 年版。

俞可平等：《中国公民社会的兴起与治理的变迁》，社会科学文献出版社 2002 年版。

郁建兴：《在参与中成长的中国公民社会》，浙江大学出版社 2008 年版。

岳经纶、邓智平：《社会政策与社会治理》，中央编译出版社 2017 年版。

张国庆：《公共政策分析》，复旦大学出版社 2004 年版。

张曙：《社会工作行政》，社会科学文献出版社 2002 年版。

郑功成、黄黎若莲等：《中国农民工问题与社会保护》，人民出版社 2007 年版。

郑功成：《中国农民工问题与社会保护》，人民出版社 2007 年版。

周佳：《处境不利儿童发展权保护研究》，黑龙江教育出版社 2010 年版。

周小刚：《中部地区城镇化进程中农民工市民化问题研究——以江西为例》，博士学位论文，南昌大学，2010 年。

（二）期刊

[荷] 沃特·阿赫特贝格：《民主、正义与风险社会：生态民主政治的形态与意义》，周战超编译，《马克思主义与现实》2003 年第 3 期。

［美］肯尼斯·纽顿：《社会资本与民主》，《马克思主义与现实》2000年第2期。

白阿莹：《关于农民工基本权益问题的研究》，《中国领导科学》2016年第12期。

卞文忠、梅梅：《从"嵌入式"转向"合作式"发展——治理背景下社会工作的发展路径》，《人民论坛》2016年第2期。

蔡昉：《如何使城镇化成为不可逆的过程》，《财经智库》2016年第1期。

陈福平：《强市场中的"弱参与"：一个公民社会的考察路径》，《社会学研究》2009年第3期。

陈宏胜、王兴平：《面向农民工家庭的城镇公共服务体系优化：农民工市民化的关键》，《规划师》2015年第3期。

陈洪涛：《当代中国社会工作发展道路的挑战及应对思路》，《广东工业大学学报》（社会科学版）2013年第5期。

陈鹏：《中国社会管理创新体制模式研究——基于四种模式的案例分析》，《北京师范大学学报》（社会科学版）2015年第4期。

陈鹏：《中国社会治理40年：回顾与前瞻》，《北京师范大学学报》（社会科学版）2018年第6期。

陈树强：《增权：社会工作理论与实践的新视角》，《社会学研究》2003年第5期。

陈旭峰：《农民工社会组织管理体制创新研究》，《福建行政学院学报》2015年第6期。

陈珣、徐舒：《农民工与城镇职工的工资差距及动态同化》，《经济研究》2014年第10期。

陈振明、邵东珂等：《社会管理体制改革与社会管理能力的提升——福建省的案例研究》，《东南学术》2011年第4期。

陈志光：《居住隔离与社会距离——以农民工和本地居民为例》，《中共福建省委党校学报》2018年第3期。

程贵林、李元杰：《新生代农民工社会排斥现状研究》，《经济研究导刊》2015年第2期。

程小娟:《艰难的历程:20世纪80年代以来入城农民的文学镜像》,《华北水利水电学院学报》(社科版)2006年第3期。

程子航:《社会正义情境下中国社会工作教育的本质:批判与创造》,《社会工作与管理》2016年第6期。

戴长征、余艳红:《流动人口工会政治参与的困境及对策》,《科学社会主义》2015年第4期。

邓玮:《话语赋权:新生代农民工城市融入的新路径》,《中国行政管理》2016年第3期。

段小虎、张惠君、万行明:《政府购买公共文化服务制度安排与项目制"文化扶贫"研究》,《图书馆论坛》2016年第4期。

范斌:《弱势群体的增权及其模式选择》,《学术研究》2004年第12期。

范凤仪:《社会工作介入新生代农民工城市融入的实证研究》,《科技创业月刊》2013年第7期。

范燕宁:《社会工作专业的历史发展与基础价值理念》,《首都师范大学学报》(社会科学版)2004年第1期。

方舒:《论社会工作与社会管理的交互机理——从社会工作的本质属性谈起》,《社会科学》2013年第5期。

方向新:《农民工城市融入的演变趋向、突出特征与推进策略》,《求索》2019年第4期。

符平:《漂泊与抗争:青年农民工的生存境遇》,《调研世界》2006年第9期。

高君:《农民工市民化进程中的就业和社会保障问题研究》,《社会科学辑刊》2008年第3期。

高韧:《社会管理转型中的农村公共服务供给改革研究》,《求实》2014年第3期。

高万红:《增能视角下的流动人口社会工作实践探索——以昆明Y社区流动人口社区综合服务实践为例》,《华东理工大学学报》(社会科学版)2011年第6期。

高新宇、张登国、汪国华:《社会保障权生命周期视角下新生代农民工社会管理研究》,《中国青年研究》2014 年第 9 期。
葛道顺：《社会工作转向：结构需求与国家策略》,《社会发展研究》2015 年第 4 期。
葛忠明：《人与环境介入方法及其在中国应用的可能性》,《中国海洋大学学报》（社会科学版）2003 年第 2 期。
辜胜阻、易善策、李华：《中国特色城镇化道路研究》,《中国人口·资源与环境》2009 年第 1 期。
古学斌：《行动研究与社会工作的介入》,《中国社会工作研究》2013 年第 1 期。
顾东辉：《社会工作者的专业素养》,《中国社会工作》2008 年第 2 期。
顾东辉：《社会治理及社会工作的同构演绎》,《社会工作与管理》2014 年第 3 期。
顾东辉：《"治理型增能"：治理理念在流动人口增能中的应用》,《西北师大学报》（社会科学版）2015 年第 3 期。
顾东辉：《社会工作是新时代社会治理的重要载体》,《中国社会工作》2018 年第 10 期。
顾江霞：《农民工社会工作的政策框架探析——基于增权的视角》,《郑州轻工业学院学报》（社会科学版）2011 年第 3 期。
关信平：《论权利公平基础上的非户籍人口服务与管理》,《西北师大学报》（社会科学版）2015 年第 3 期。
郭虹：《城乡统筹与农民工的城市融入》,《社会科学研究》2011 年第 6 期。
郭娟、韩晓燕：《流动人口子女及其服务者的增能：以"大哥哥大姐姐计划"为例》,《华东理工大学学报》（社会科学版）2017 年第 3 期。
郭伟和：《从一种规训技术走向一种社会建设——社会工作参与现代国家治理的作用转变》,《浙江工商大学学报》2016 年第 4 期。
郭星华、石任昊：《从社会管制、社会管理到社会治理——改革开放以来中国现代法治建设的变迁》,《黑龙江社会科学》2014 年第 6 期。

韩兆柱、翟文康：《西方公共治理理论体系的构建及对我国的启示》，《河北大学学报》（哲学社会科学版）2016年第4期。

何芸、卫小将：《社会治理携手社会工作：刚柔相济治理技术与艺术的生成》，《浙江工商大学学报》2016年第4期。

贺东航、孔繁斌：《公共政策执行的中国经验》，《中国社会科学》2011年第5期。

贺雪峰：《论半熟人社会——理解村委会选举的一个视角》，《政治学研究》2000年第3期。

贺寨平：《国外社会支持网研究综述》，《国外社会科学》2001年第1期。

黄斌欢：《双重脱嵌与新生代农民工的阶级形成》，《社会学研究》2014年第2期。

黄锐：《重申社会工作本质：四个维度》，《学海》2018年第6期。

黄卫平、陈文：《尊重民权与改善民生：价值的依归——论社会管理体制改革的理性选择》，《人民论坛》2011年第11期。

黄晓春：《中国社会组织成长条件的再思考——一个总体性理论视角》，《社会学研究》2017年第1期。

黄岩：《激活"稻草人"：东莞裕元罢工中的工会转型》，《西北师大学报》（社会科学版）2016年第1期。

黄志强、容溶：《社工介入津头社区新生代农民工城市融入研究》，《广西师范学院学报》（哲学社会科学版）2015年第4期。

黄宗智：《中国发展经验的理论与实用含义——非正规经济实践》，《开放时代》2010年第10期。

黄祖辉：《我国农业劳动力的转移》，《中国社会科学》1992年第4期。

纪韶：《中国农民工就业状态的调研》，《经济理论与经济管理》2011年第2期。

姜国洲：《城市政府地方政府社会管理和公共服务体制改革思路研究》，《中国行政管理》2008年第10期。

姜胜洪：《和谐社会视野下的农民工政治参与态度探析》，《前沿》

2008 年第 2 期。

焦若水：《生活世界视角下社会工作本土化研究》，《广西民族大学学报》（哲学社会科学版）2018 年第 2 期。

柯凯鈇：《私法自治视角下现阶段我国劳动关系社会治理研究——以新生代农民工为例》，《东南学术》2015 年第 3 期。

赖显明：《新生代农民工受教育程度与城市融入关系的统计分析——以广州市为例》，《南方农村》2014 年第 1 期。

郎友兴等：《社会管理体制创新研究论纲》，《浙江社会科学》2011 年第 4 期。

李昌平、游敏：《加快社会建设必须改革"社会全能型政府"》，《南方日报》2012 年 5 月 26 日。

李超、万海远、田志磊：《为教育而流动——随迁子女教育政策改革对农民工流动的影响》，《财贸经济》2018 年第 1 期。

李莉：《关于中国社会管理体制改革的几个基本问题的认识》，《学习与实践》2011 年第 5 期。

李刘艳、吴丰华：《改革开放以来我国农民市民化阶段划分与展望》，《经济学家》2017 年第 8 期。

李培林、李炜：《农民工在中国转型中的经济地位和社会态度》，《社会学研究》2007 年第 3 期。

李培林：《创新社会管理是我国改革的新任务》，《理论参考》2011 年第 3 期。

李培林：《巨变：村落的终结——都市里的村庄研究》，《中国社会科学》2002 年第 1 期。

李平原、刘海潮：《探析奥斯特罗姆的多中心治理理论——从政府、市场、社会多元共治的视角》，《甘肃理论学刊》2014 年第 3 期。

李萍：《"发展型"择业观、工作转换与新生代农民工职业的"去体力化"》，《青年研究》2017 年第 2 期。

李强：《当前我国城市化和流动人口的几个理论问题》，《江苏行政学院学报》2002 年第 1 期。

李涛、李真、杨玳瑁：《"协作者"的企业社会工作服务实践与创新》,《广东工业大学学报》(社会科学版) 2013 年第 4 期。

李文祥:《本土性与专业性社会工作的整合与重塑——基于农民工城镇融入实践的研究》,《社会科学辑刊》2015 年第 2 期。

李晓凤:《企业社会工作"社区综合发展模式"的运作路径初探——以深圳某工业型社区的企业社会工作实务介入为例》,《社会工作》2012 年第 2 期。

李迎生、方舒、卫小将、王娅郦、李文静:《社会工作介入社会管理研究——基于北京等地的经验》,《社会工作》2013 年第 1 期。

李迎生:《加强和创新社会管理:社会工作的视角》,《社会科学研究》2014 年第 1 期。

李迎生:《探索社会工作介入社会治理创新的有效路径》,《社会工作与管理》2014 年第 3 期。

李迎生:《构建中国特色社会工作的方法论原则》,《社会工作》2019 年第 4 期。

李迎生:《中国特色社会工作体系建设初探》,《人文杂志》2019 年第 9 期。

李友梅:《自主性的增长:制度与生活视野下的中国社会生活变迁》,上海社会科学界联合会:《2008 年度上海市社会科学界第六届学术年会文集(年度主题卷)》,上海社会科学界联合会,2008 年。

李真、李涛、刘倩、卢金艳、杨玳瑁:《社会工作服务农民工的功能与角色》,《广东工业大学学报》(社会科学版) 2013 年第 3 期。

梁波、王海英:《城市融入:外来农民工的市民化——对已有研究的综述》,《人口与发展》2010 年第 4 期。

梁鲁晋:《结构洞理论综述及应用研究探析》,《管理学家》(学术版) 2011 年第 4 期。

梁玉成:《社会资本和社会网无用吗?》,《社会学研究》2010 年第 5 期。

廖全明:《发展困惑、文化认同与心理重构——论农民工的城市融入问题》,《重庆大学学报》(社会科学版) 2014 年第 1 期。

林闽钢:《"社会服务包"的理念与方法——城市流动人口管理与服

务再探讨》,《人民论坛》2015年第5期。

刘爱玉:《城市化过程中的农民工市民化问题》,《中国行政管理》2012年第1期。

刘兵、张洪英:《农民工随迁子女社会融入的社会工作介入模式研究》,《长春理工大学学报》(社会科学版)2014年第6期。

刘程:《资本建构、资本转换与新生代农民工的城市融合》,《中国青年研究》2012年第8期。

刘传江:《农民工生存状态的边缘化与市民化》,《人口与计划生育》2004年第11期。

刘红攀:《社会工作介入社会治理创新的有效路径探索》,《价值工程》2017年第10期。

刘建民:《优势视角：新生代农民工城市融入服务实证研究》,《广西民族大学学报》(哲学社会科学版)2011年第1期。

刘金发:《从社会管理到社会治理：创新的经验、反思与新常态——对38个社会管理创新综合试点的分析》,《南都学坛》2017年第4期。

刘巧兰:《合作治理：新生代农民工社会融入路向选择的新框架》,《行政科学论坛》2016年第9期。

刘世定、王汉生、孙立平、郭于华:《政府对外来农民工的管理——"广东外来农民工考察"报告之三》,《管理世界》1995年第6期。

刘艳文:《农民工参加城镇社会保障的现状与政策改进》,《西部论坛》2013年第5期。

刘尧、林建成:《政社合作与国家治理现代化——基于基层社会管理创新的实践考察》,《昆明理工大学学报》(社会科学版)2017年第6期。

刘玉兰、彭华民:《家庭抗逆力视角下流动儿童家庭社会工作服务实践重构》,《中州学刊》2016年第11期。

卢磊:《社会工作介入农民工服务的主要角色》,《公益时报》2017年4月4日。

鲁可荣、杨亮承:《新生代农民工社会融入与社会管理机制创新》,《山东青年政治学院学报》2012年第4期。

鲁可荣、周洁、刘红凯：《新型城镇化中外来农民工社会融入服务及社会管理机制创新——基于浙江省武义县桐琴镇的调查》，《华中农业大学学报》（社会科学版）2013年第6期。

罗峰：《流动中的农民异质化及其社会治理》，《湖北大学学报》（哲学社会科学版）2014年第1期。

马凤芝：《社会发展视野下的社会工作》，《广东社会科学》2014年第1期。

马洪波：《农民工城市融入的社会工作视角及其路径》，《社会工作》2015年第3期。

马俊贤、郭丽莉：《上海外来农民工住房保障问题研究》，《统计科学与实践》2013年第11期。

马雪松：《从"盲流"到产业工人——农民工的三十年》，《企业经济》2008年第5期。

马亚静、潘素芳、刘梦：《私营企业农民工问题与企业社会工作》，《中国劳动关系学院学报》2006年第6期。

毛其智、龙瀛、吴康：《中国人口密度时空演变与城镇化空间格局初探——从2000年到2010年》，《城市规划》2015年第2期。

闵兢、徐永祥：《"社区制"治理范式何以可能：基于社会理性的视角》，《学习实践》2018年第11期。

倪赤丹：《社会支持理论：社会工作研究的新"范式"》，《广东工业大学学报》（社会科学版）2013年第3期。

倪文聪、刘伟杰：《90后农民工群体亚文化的实证调研——深入合肥市探求"新生代民工文化"的基态》，《中国市场》2012年第40期。

聂娟、李超海：《"散工"群体的生存状态与社会治理——以广州的实地调查为例》，《学术研究》2014年第12期。

宁夏、叶敬忠：《改革开放以来的农民工流动——一个政治经济学的国内研究综述》，《政治经济学评论》2016年第1期。

欧阳慧、邹一南：《分区域分群体推进农民工差别化落户城镇》，《中国软科学》2017年第3期。

潘旦：《农民工自组织的增权功能及影响因素研究》，《华东理工大学学报》（社会科学版）2017 年第 4 期。

彭华民：《福利三角：一个社会政策分析的范式》，《社会学研究》2006 年第 4 期。

秦秋：《从无权到增权：农民工社会组织成长历程研究——以青岛市"新市民之家"为个案》，《高等农业教育》2017 年第 4 期。

任文启：《利他使群：社会工作本质的中国表述》，《社会建设》2016 年第 1 期。

任贤良、熊小立：《盲流还是潮流？——对农村劳动力流动的深层思考》，《农村经济》1989 年第 6 期。

任远、邬民乐：《城市流动人口的社会融合：文献述评》，《人口研究》2006 年第 3 期。

邵书龙：《社会分层与农民工子女教育："两为主"政策博弈的教育社会学分析》，《教育发展研究》2010 年第 11 期。

沈洁：《新生代农民工社会融合与社会排斥问题研究》，第八届中国青少年发展论坛，2012 年 12 月 1 日。

施雪华：《当前中国社会管理的成就、问题与改革》，《学习与探索》2013 年第 3 期。

时立荣：《透过社区看农民工的城市融入问题》，《新视野》2005 年第 4 期。

宋方青：《社区治理：在硬法与软法之间》，《现代法治研究》2016 年第 1 期。

宋惠芳：《社区增权：中国基层社会管理新视角》，《北京科技大学学报》（社会科学版）2017 年第 6 期。

孙奎立、谭灵芝、杨扬：《农民工社会融入的社会工作干预研究》，《荆楚学刊》2016 年第 5 期。

孙莹：《社会政策与社会工作的议题》，《中国青年政治学院学报》2001 年第 2 期。

孙志丽、张昱：《社会工作本质研究述评》，《前沿》2011 年第 17 期。

唐鸿铃、齐芳：《新生代农民工社会工作支持研究》，《社会工作》

2012 年第 11 期。

唐军、胡建国、李君甫：《社会管理体制改革与创新的理论思考》，《北京工业大学学报》（社会科学版）2011 年第 2 期。

唐有财：《双重转型、双重张力与流动人口治理框架的建构》，《社会科学》2015 年第 6 期。

腾芸、向德平：《发展性社会工作参与扶贫扶志的空间与路径》，《社会工作》2019 年第 6 期。

田北海：《农民工社会管理模式转型与创新路径探讨》，《华中农业大学学报》（社会科学版）2011 年第 2 期。

田丰：《城市工人与农民工的收入差距研究》，《社会学研究》2010 年第 2 期。

童敏：《从问题视角到问题解决视角——社会工作优势视角再审视》，《厦门大学学报》（哲学社会科学版）2013 年第 6 期。

童敏：《制度语境下农民工社会工作服务的新视角——从静态直接服务到动态关系服务》，《广东工业大学学报》（社会科学版）2013 年第 3 期。

童星、张海波：《农民工社会政策及其建构》，《社会保障研究》2006 年第 1 期。

万向东、孙中伟：《农民工工资剪刀差及其影响因素的初步探索》，《中山大学学报》（社会科学版）2011 年第 3 期。

汪超：《农民工政策公平性隐缺的一种话语解构路径——兼议公平性形式化的演绎逻辑》，《求实》2019 年第 4 期。

汪国华：《新生代农民工交往行为的逻辑与文化适应的路向》，《中国青年研究》2009 年第 6 期。

汪昊：《中国特色社会工作体系建设呼声渐高》，《中国社会工作》2020 年第 1 期。

王春超、叶琴：《中国农民工多维贫困的演进——基于收入与教育维度的考察》，《经济研究》2014 年第 12 期。

王春光：《新生代农村流动人口的外出动因与行为选择》，《中国党政干部论坛》2002 年第 7 期。

王春光：《农村流动人口的"半城市化"问题研究》，《社会学研究》2006年第5期。

王春光：《中国社会政策调整与农民工城市融入》，《探索与争鸣》2011年第5期。

王春光：《加快城乡社会管理和服务体制的一体化改革》，《国家行政学院学报》2012年第2期。

王佃利、刘保军、楼苏萍：《新生代农民工的城市融入——框架建构与调研分析》，《中国行政管理》2011年第2期。

王东：《农民工社会支持系统的研究——一个社会工作理论研究的视角》，《西南民族大学学报》（人文社科版）2005年第1期。

王刚：《农民工发展权保护研究》，《哈尔滨师范大学社会科学学报》2018年第1期。

王海蓉：《四川城市流动人口社会治理研究》，《中国名城》2017年第4期。

王海洋：《社会工作推动"服务型"社会治理的实践路径——以流动人口社区社会资本建构实践为例》，《社会工作》2016年第4期。

王红晓、自正发：《新生代农民工社会认同内卷化的原因与对策》，《红河学院学报》2017年第4期。

王梦云、翟洁：《赋权增能理论视域下我国老年人力资源开发研究》，《河北大学成人教育学院学报》2016年第3期。

王瑞德：《"个体努力"与"教育公平"——一个基于文化批判的分析》，《教育理论与实践》2017年第4期。

王思斌：《我国诸社会工作之内涵及其比较分析》，《中国社会工作》1998年第1期。

王思斌：《社会工作机构在社会治理创新中的网络型服务治理》，《学海》2015年第3期。

王思斌：《社会政策实施与社会工作的发展》，《江苏社会科学》2006年第2期。

王思斌：《社会工作在创新社会治理体系中的地位和作用——一种基础服务型社会治理》，《社会工作》2014年第1期。

王思斌：《社会治理结构的进化与社会工作的服务型治理》，《北京大学学报》（哲学社会科学版）2014年第6期。

王思斌：《略论社会政策的社会治理功能》，《社会政策研究》2016年第1期。

王思斌：《社会工作在构建共建共享社会治理格局中的作用》，《国家行政学院学报》2016年第1期。

王素华、邬德利：《农民工市民化过程中亲子关系变化及其改善》，《人民论坛》2015年第35期。

王向阳：《从"需要层次"和"亚文化"理论分析新生代农民工犯罪原因》，《经济研究导刊》2012年第14期。

王小章、冯婷：《从身份壁垒到市场性门槛：农民工政策40年》，《浙江社会科学》2018年第1期。

王兴周、张文宏：《城市性：农民工市民化的新方向》，《社会科学战线》2007年第4期。

王学梦、刘艳梅：《社区社会工作发展的多维模式及其问题分析——基于上海、深圳、广州、杭州等地经验》，《中共杭州市委党校学报》2018年第1期。

王阳、陈昌军：《党建协同、组织互嵌与人口流入型地区治理——以上海市奉贤区高桥社区为例》，《上海城市管理》2017年第5期。

王益宇、汪敏生：《社区教育：解决农民工社会排斥问题的有效路径》，《成人教育》2008年第4期。

王竹林：《农民工市民化的制度阐释》，《商业研究》2008年第2期。

卫小将、何芸：《主体性的再思与打造：社会工作视域中的农民工》，《华中科技大学学报》（社会科学版）2011年第2期。

卫小将：《压制、矫正与赋权：社会工作与农民工治理术的理路》，《中国农业大学学报》（社会科学版）2017年第3期。

文军：《当代中国社会工作发展面临的十大挑战》，《社会科学》2009年第7期。

吴晓林：《社会整合理论的起源与发展：国外研究的考察》，《国外理论动态》2013年第2期。

吴业苗：《公共服务等值化建设与农民工——核心制度与推进路径》，《城市问题》2009 年第 11 期。

夏学銮：《论社会工作的内涵和外延》，《萍乡高等专科学校学报》2000 年第 2 期。

向玉琼：《从制度主义转向行动主义的社会治理——读张康之教授〈公共行政的行动主义〉》，《北京行政学院学报》2015 年第 5 期。

项继权：《城镇化的"中国问题"及其解决之道》，《华中师范大学学报》（人文社会科学版）2011 年第 1 期。

肖小霞、张兴杰：《社工机构的生成路径与运作困境分析》，《江海学刊》2012 年第 5 期。

肖瑛：《从"国家与社会"到"制度与生活"：中国社会变迁研究的视角转换》，《中国社会科学》2014 年第 9 期。

谢建社、谢宇：《新型城市社区管理与服务模式探求——以广州为例》，《福建论坛》（人文社会科学版）2012 年第 8 期。

谢建社：《社工与农民工在双需共赢中发展》，《九江学院学报》2008 年第 1 期。

谢建社：《开拓农民工社会工作新领域之思考》，《社会建设》2014 年第 2 期。

谢炜聪、姚仰生：《地方政府处置劳资群体性事件的策略分析》，《工会理论研究》（上海工会管理职业学院学报）2016 年第 6 期。

谢永飞、王红艺、江华锋：《新生代农民工城市融入的社会工作介入探讨》，《兰州学刊》2013 年第 5 期。

谢有长、宁陶：《农民工在城市适应过程中的阻碍因素分析》，《经济与社会发展》2005 年第 12 期。

熊跃根：《从社会诊断迈向社会干预：社会工作理论发展的反思》，《江海学刊》2012 年第 4 期。

徐选国、赵阳：《迈向共享发展：改革开放 40 年我国社会工作实践的结构转向》，《新视野》2018 年第 4 期。

徐选国：《中国社会工作发展的社会性转向》，《社会工作》2017 年第 3 期。

徐永祥、杨威威、徐选国：《社会性、主体性与社会工作知识结构及实务模式的反思性建构》，《社会建设》2018年第4期。

徐增阳、付守芳：《改革开放40年来农民工政策的范式转变——基于985份政策文献的量化分析》，《行政论坛》2019年第1期。

薛红：《发现家庭：对上海一项"建筑工人'亲子关系'培训项目"社会工作干预的实践和反思》，《社会工作》2016年第5期。

许传新：《"落地未生根"——新生代农民工城市社会适应研究》，《南方人口》2007年第4期。

杨朝清：《"干到干不动为止"背后的农民工养老困境》，《中国职工教育》2015年第9期。

杨东平主编：《中国流动儿童教育发展报告2016》，社会科学文献出版社2017年版。

杨舸：《社会管理创新语境下农民工组织化问题研究》，《江西社会科学》2013年第6期。

杨慧、苏腾：《新型农民工社会服务机构评价——以山东临沂零工市场为例》，《人民论坛》2014第32期。

杨君、徐选国、徐永祥：《迈向服务型社区治理：整体性治理与社会再组织化》，《中国农业大学学报》（社会科学版）2015年第3期。

杨敏、杨玉宏：《"服务－治理－管理"新型关系与社区治理新探索》，《思想战线》2013年第3期。

杨绍华、易赛键：《以改革创新精神破解社会管理难题——深圳市社会管理创新工作调研》，《求是》2010年第17期。

杨文飞：《农民工家庭生态系统研究——农民工问题研究的新视角》，《东南学术》2007年第4期。

杨雪冬：《走向社会权利导向的社会管理体制》，《华中师范大学学报》（人文社会科学版）2010年第1期。

杨云峰：《农民工反精神贫困探析——以社会工作视角》，《社会科学战线》2007年第5期。

姚华平：《我国社会管理体制改革30年》，《社会主义研究》2009年第6期。

姚进忠：《农民工子女社会适应的社会工作介入探讨——基于生态系统理论的分析》，《北京科技大学学报》（社会科学版）2010年第1期。

姚进忠：《福利多元：农民工城市融入服务体系建构的社会工作行动研究》，《中国行政管理》2018年第1期。

姚进忠：《农民工社会政策的建构逻辑与未来走向——基于1978—2012年政策文本》，《北京理工大学学报》（社会科学版）2015年第5期。

姚望：《新生代农民工原子化利益表达的生成逻辑、消极影响与治理策略》，《贵州社会科学》2017年第5期。

应星：《"气场"与群体性事件的发生机制——两个个案的比较》，《社会学研究》2009年第6期。

咏彦：《农民工工资上涨得还很不够》，《第一财经日报》2016年11月15日。

于建嵘：《基本公共服务均等化与农民工问题》，《中国农村观察》2008年第2期。

余建华：《社会工作服务：美国经验及其对中国的启示》，《社会工作》（学术版）2011年第6期。

郁建兴、高翔：《地方发展型政府的行为逻辑及制度基础》，《中国社会科学》2012年第5期。

郁建兴、刘大志：《治理理论的现代性与后现代性》，《浙江大学学报》（人文社会科学版）2003年第2期。

原会建：《合作型社会管理模式下农民工子女的社会资本建构》，《中国行政管理》2011年第5期。

岳经纶、邓智平：《社会管理创新的理论与行动框架——以社会政策学为视角》，《探索与争鸣》2011年第10期。

岳天明、朱志刚：《我国农民工增能发展型社会福利服务供给研究》，《学习与实践》2017年第12期。

悦中山、李卫东、李艳：《农民工的社会融合与社会管理——政府、市场和社会三部门视角下的研究》，《公共管理学报》2012年第

4期。

占少华：《农民工的管理与服务机制探析——以"中国农民工反贫困项目"为例》，《青年研究》2005年第5期。

张春泥：《农民工为何频繁变换工作 户籍制度下农民工的工作流动研究》，《社会》2011年第6期。

张帆、陆艺：《基于公民权利价值导向的社会管理体制创新》，《求实》2012年第4期。

张国胜：《农民工市民化的城市融入机制研究》，《江西财经大学学报》2007年第2期。

张和清、杨锡聪、古学斌：《优势视角下的农村社会工作——以能力建设和资产建立为核心的农村社会工作实践模式》，《社会学研究》2008年第6期。

张凯兰：《社会管理体制改革中社区民间组织的功能及实现》，《湖南社会科学》2010年第3期。

张时飞：《积极参与城市农民工的社会服务——转型期中国社会工作新的专业视野》，《中国社会工作》1996年第3期。

张偲、温来成：《论我国政府购买公共服务的边界》，《地方财政研究》2018年第4期。

张威：《生活世界为本的社会工作理论思想——兼论构建社会工作基础理论的战略意义》，《社会工作》2017年第4期。

张毅、刘力进：《乡镇企业是转移农村剩余劳动力的基本出路》，《中国工业经济研究》1991年第2期。

赵立波、窦泽秀、毕监武：《政府转型与社会管理体制改革》，《科学社会主义》2005年第3期。

赵万林：《社会工作干预社会政策的路径与方法——政策实践、社会重建与影像发声》，《社会政策研究》2017年第3期。

赵妩：《社会融合视角下流动人口服务管理路径探析——以余姚为例》，《浙江工商大学学报》2015年第4期。

赵延东、王奋宇：《城乡流动人口的经济地位获得及决定因素》，《中国人口科学》2002年第4期。

郑杭生、陆益龙:《开放、改革与包容性发展——大转型大流动时期的城市流动人口管理》,《学海》2011年第6期。

郑英隆:《改革开放30年来我国农民工管理的演进、动因与启示》,《经济管理》2011年第4期。

钟水映、李魁:《农民工市民化过程中的现代式社会资本构建》,《东北大学学报》(社会科学版)2007年第6期。

周利兵:《论多方主体协同推进农民工职业培训——基于社会治理的视角》,《长白学刊》2016年第1期。

朱荟、郑林如:《困境与调适:少数民族流动家庭的城市适应与社工介入》,《贵州民族研究》2017年第4期。

朱健刚、陈安娜:《嵌入中的专业社会工作与街区权力关系——对一个政府购买服务项目的个案分析》,《社会学研究》2013年第1期。

朱考金、刘瑞清:《青年农民工的社会支持网与城市融入研究——以南京市为例》,《青年研究》2007年第8期。

朱希峰:《盘活存量,激活增量——拓展社会工作服务新领域》,《中国社会报》2008年4月3日第3版。

朱旭峰:《中国社会政策变迁中的专家参与模式研究》,《社会学研究》2011年第2期。

朱泽:《"民工潮"问题的现状、成因和对策》,《中国农村经济》1993年第12期。

庄士成、王莉:《社会融合困境与城镇化"陷阱":一个经济社会学的分析视角》,《经济问题探索》2014年第11期。

后　　记

　　农民工是中国经济社会发展的中坚力量。规模宏大且不断增长的农民工流动和迁徙为我国经济的腾飞、社会的发展提供了源源不断的动力，但也给社会管理造成严峻的挑战，考验着施政者社会管理的智慧和勇气，农民工管理是中国国家治理体系和治理能力现代化战略中无法绕开的命题。农民工管理没有成熟模式可参照，只能摸着石头过河。在以往的农民工管理实践中，尽管寓管理于服务的理念日益明晰，政策重点业已从社会管控逐步转向农民工权益保障和公共服务均等化，但由于社会体制仍然没有能够调和农民工流动与户籍制度改革、区域间资源配置政策、公共服务供给体制等众多矛盾，在城乡日益开放、人口流动日益频繁的新时空情境下，农民工城市融入进程依然步履蹒跚，农民工城市融入依然困难重重。这充分说明，要解决农民工管理中存在的诸多问题，必须对现有的农民工社会管理加以创新，这不仅关系到农民工城市融入进程的有序推进，而且关系到国家治理体系和治理能力现代化的推进。

　　我出生于乡村，成长于乡村，我的父辈大多属于第一代农民工，他们忍受着别人怀疑的目光，拖着疲惫的身躯，用超时工作换取微薄的薪水。如今，他们大都"卸甲归田"，继续在广阔的田野里默默奉献余生。我的同辈兄弟姐妹们多在初中毕业以后就背起行囊离开乡村进入城市打工，成为第二代农民工。他们之中有的是流水线工人，有的是家政人员，有的是月嫂，有的是的哥，有的是售货员，有的是装修工人，有的是工地上的包工头，有的是保安，有的是个体店主……他们穿梭于城市—乡村之间，过着"两栖人"的生活：白天，他们是

> > > 社会工作介入：迈向治理的农民工社会管理

城市各行各业劳动大军中的生力军；夜晚，他们在城市出租屋里、工厂宿舍里修整疲惫的身躯。年底的时候，他们拖着行囊，怀揣一年的辛劳所得，从全国各地回到老家，陪父母孩子过年，也安放漂泊的心；从正月初三、初四开始，他们又松开哭泣着的孩子的双手，在父母期盼的目光中远行。他们飘荡着柴米油盐酱醋气息的日常故事和交织着汗水和泪水的生活处遇常常牵动着我的心弦，给我的工作带来许多灵感。有时候，他们也会在遇到困难时向我请教该如何处理，尽管很多时候我会发现，除了干巴巴的语言，还有各种繁杂的政策文本，我能够真正帮助他们的地方少之又少。这种充满牵挂与愧疚的心绪让我从大学开始始终把关注农民工、研究农民工作为研究的重要内容。2012年我十分幸运地成功立项了国家社科基金青年项目"社会工作介入与农民工新型社会管理体制建构研究"，在研究工作推进中，由我执笔的《湖南省农民工参加城镇职工社会保险的报告》通过湖南省政协递送到省领导面前，获得了时任湖南省委书记徐守盛同志的肯定性批示，相关的政策建议受到省人社厅等部门的重视，并在实践中实现，算是为湖南省农民工城乡社会保险的衔接做出了一点小小的努力。此外，我还与导师一起参加了湖南省户籍制度改革评估，撰写了《湖南省户籍制度改革评估报告》，为湖南省户籍制度改革的推进提供相关建议。种种工作，力量虽小，但心意长久。

随着对农民工社会管理的认识不断深入，我愈发认识到农民工问题的有效解决是一个庞大的系统工程，我所看到的政策，我所观察到的现象，都还只是农民工社会管理的冰山一角。特别是在中央业已出台大量农民工政策时，如何在纷繁复杂的现实生活中落实政策以及如何在日新月异的社会变迁中不断改进政策使之不断契合农民工的需求，仍然是一个需要持续深入研究的课题。无论是相对成熟的社会工作研究，还是新兴的社会治理研究，都是内容丰富、博大精深的多学科和跨学科的研究领域。本着对农民工福祉的高度关注，我不自量力，不揣冒昧，从社会工作和社会治理结合的视角来思考农民工管理及其创新，力图建构起一个在社会工作理念、理论和方法观照下的农民工管理行动框架。由于学识有限，谬误不足之处、贻笑大方之时在

后　记

所难免，恳请各位方家及读者不吝指正。

从课题的申报、立项、调研、结项，到本书的撰写、修改，得到了各个方面的支持和帮助。感谢我的导师方向新研究员对我学术上的教导和生活上的指引，老师的悉心教诲，让我受益终生；老师严谨治学、严于律己的精神，是我一生学习的榜样。感谢湖南省社会科学院童中贤研究员、胡艳辉研究员、何绍辉研究员、邓秀华研究员、胡守勇副研究员、宋春艳副研究员等为研究提出的宝贵意见。感谢社会学所全所同志一直以来对我工作和生活上的帮助和关心。特别要感谢湖南省社科规划办的关心，感谢项目结项匿名评审专家提出的宝贵意见，感谢湖南省社会科学院的支持，感谢中国社会科学出版社责任编辑马明先生为本书出版所倾注的大量心血。

最后，要感谢我的家人在我写作中给予的生活上的大力支持，尤其是我的婆婆和妈妈。为让我安心工作，她们不辞辛劳，默默奉献，为我分担家务，协助照料两个年幼的孩子。特别感谢我可爱的女儿歆歆与优优，虽然她们的相继出生让我不得不分散大量的精力，甚至一度被迫中断工作，但与她们相伴的经历真的妙不可言，她们是我努力前行的动力。

刘艳文
2020年2月于长沙